Liebe Leserinnen und Leser,

vielleicht haben guter Journalismus und gutes Essen Gemeinsamkeiten. Sie können beflügeln, nachhaltig wirken und den Alltag etwas lebenswerter machen. Gudrun Harrer und Christa Fuchs ist beides wichtig, Schreiben und Essen, das Kochen sowieso. Vorliegende Sonderedition ihres Buches „Besoffene Kapuziner und andere Rezepturen zur kulinarischen Verbesserung Mitteleuropas“ umfasst STANDARD- Kolumnen der Jahre 1999 bis 2005. Von der Eisenbahnerkuh über die eingemachte Gans bis zum Karnickel, wobei auch die Obst- und Gemüsegärten nicht links liegen gelassen werden, spannt sich der Bogen. Exotisches und Bodenständiges, kulinarische Ernsthaftigkeit und anekdotenhafte Erzählfreude wechseln sich in diesem (mit Rezepten gespickten) Band ab.

Einen doppelten Genuß – beim Lesen und Kosten – wünscht

Oscar Bronner
Herausgeber DER STANDARD

Michael Völker

Gudrun Harrer ist bekannt für ihre Analysen zur irakischen Verfassung, für ihre Fischsuppe und die Pasta. Sie ist Expertin für Arabistik und den Nahen Osten. Und sie kocht gerne. Über beides schreibt sie, wenn sie nicht gerade auf heikler Mission in Bagdad ist.

Eigentlich wollte Harrer Opernsängerin werden, sie studierte Gesang in Detmold und in Mailand. Ein Rottweiler-Biss in den Arm beendete die Karriere am Klavier, und auch das Interesse an den großen Opernbühnen ließ nach. In Wien studierte Harrer schließlich Arabistik und Islamwissenschaften. Anfang der 90er-Jahre begann sie im STANDARD zu arbeiten, wurde Außenpolitik-Ressortleiterin, 2006 musste sie an das Außenministerium ausgeborgt werden.

Harrer wurde 1959 in Schwanenstadt in Oberösterreich geboren. Sie ist ledig, hat keine Kinder, aber einen großen Freundeskreis, den sie selten genug, dann aber aufwändig bekocht.

Wenn es ans Eingemachte geht, also ans Kochen, ist zumeist ***Christa Fuchs*** an Harrers Seite. Sie ist die eigentliche Köchin, behauptet Harrer, und Fuchs widerspricht nur halbherzig. Fuchs hat ebenfalls eine gescheiterte Karriere als Opernsängerin hinter sich, kennen gelernt haben sie sich beim Studium des Gesanges und des Weines in Detmold. Fuchs arbeitet im RONDO, den schönen Seiten des STANDARD.

Fuchs wurde 1957 in Vöcklabruck geboren, heute ist sie verheiratet und hat eine Tochter. Ihre Familie hat sie schließlich um Gudrun Harrer erweitert, eine Lebensfreundschaft. Wie sie zum Kochen gekommen ist? „Mit 17 war ich Au Pair-Mädchen in Frankreich“, sagt Fuchs, „damit waren die Dinge klar“.

Christa Fuchs • Gudrun Harrer

Besoffene Kapuziner

und andere Rezepturen zur
kulinarischen Verbesserung Mitteleuropas

Mit Illustrationen von
Moidi Kretschmann

mandelbaum *verlag*
in Kooperation mit
DER STANDARD

ISBN 3-85476-168-6

1. Auflage 2005

Lektorat: Michael Baiculescu
Satz & Gestaltung: Michael Baiculescu
Umschlagillustration: Linda Wolfsgruber
Illustrationen im Buch: Moidi Kretschmann
Druck: Interpress, Budapest

Inhaltsverzeichnis

Vorwort

Kochbücher lese ich…

durchaus wenig erstaunlich, weil man ja essen will und muss, relativ oft. So oft, dass man auf den Seiten mit dem Hühnerragoutrezept sieht, dass ich wirklich Ragout zu kochen versucht habe. Es dauert ziemlich lange, bis ich mir ein Rezept merke, und beim Merken-Wollen bin ich einigermaßen genau. Und irgendwann einmal ist dann das Ragout sowohl in meinem Hirn wie auch auf den Kochbuchseiten.

Vorworte zu Kochbüchern lese ich hingegen nie. Das letzte Vorwort zu einem Kochbuch, das – natürlich meine ich das Vorwort – ich zuerst auch nicht gelesen, aber jetzt zwecks Präparation für dieses Vorwort, für das ich mich Christa Fuchs und Gudrun Harrer aufgedrängt habe, studierte: Es stammt von einem so genannten »Präsidenten des Kuratoriums zur Erhaltung des kulinarischen Erbes Österreichs«, und diesem Präsidenten zufolge besagt ein Sprichwort: »Wo gut gekocht wird, lebt es sich gut.« Dies ist nun wiederum doch eher ein Satz, den ich nicht so gelten lassen möchte. Ich würde eher sagen: »Wo gut gekocht wird, nimmt man alles in Kauf, sogar, dass es sich mitunter nur mittelprächtig lebt.« Oder: »Wo die Leute zu gut leben, pfeifen sie auf das gute Kochen.« Oder: »Leut, die gut zu kochen und zu leben verstehen, sind Ausnahmeerscheinungen« – wie Fuchs und Harrer. Ich lasse das jetzt einmal so stehen, und ich hoffe, dass sich der »Präsident des Kuratoriums zur Erhaltung des kulinarischen Erbes Österreichs« bei mir meldet und mich, quasi von Vorwort-Kollege zu Vorwort-Kollege eines Besseren belehrt. Bis dahin halte ich lieber an einer anderen, selbst gekochten Weisheit fest, die da lautet: »Wo gut gekocht wird und wo das Kochen gut beschrieben wird, entstehen, wenn schon in meinen Kochversuchen höchst unterschiedlich gelungene Mahlzeiten, so doch nicht selten wunderbare Sätze.«

So zum Beispiel in diesem Buch der »interessante Hinweis« aus dem Irak, »dass, wenn ein Mann eine Kuh, ein Maultier oder einen Esel, nun, vögelt, er dem Besitzer das Tier ersetzen muss, weil dann nicht nur die Kuh, das Maultier oder der Esel ungenießbar sind, sondern auch deren Junge!« – Gefolgt von dem Ausruf: »Bei Gott, die haben dort offenbar die gleichen Probleme wie in alpenländischen und sizilianischen Dörfern!«

Oder: »Auch in der Frage, welche Pasta die Ehre hat, unserem Pesto als Vehikel zu dienen, sind wir nicht besonders orthodox.«

Oder: »Gut, die Fuchs meint ja tatsächlich, dass der Knödel küchenpsychologisch des Österreichers Selbstbild ist: harmoniebedürftig, freundlich, gemütlich, schlau-pfiffig, unstreberisch, scharfen Kanten abhold.« Das finde ich fast so gut wie meinen Lieblingssatz in diesem Jahr – »Gut, dass wir die Rauweihen durchgezogen haben« –, aber woher der kommt, verrate ich jetzt nicht.

Ich verrate nur so viel: Das letzte (und erste) Kochbuch von Christa Fuchs und Gudrun Harrer – »Als Oma im Keller Quargel aß«, ist bei mir nur auf den Risotto-Seiten als beim-kochen-gebraucht-worden erkennbar. Die restliche Zeit habe ich es einfach nur gelesen, einfach, weil ich zu mehr als Risotto-(und Ragout-) Kochen noch zu ungeübt bin. Ich schätze, dass das vorliegende zweite (und angeblich letzte: bitte nicht!) Kochbuch von Fuchs/ Harrer daran nur bedingt etwas ändern wird: Mein Honorar für dieses Vorwort besteht aber aus fünf Mal Lehrling der Damen sein und Knoblauch (oder war's Ingwer?) klein hacken dürfen. Und das Buch noch einmal lesen. Immer wieder. Gut, dass ich dieses Vorwort durchgezogen habe.

Claus Philipp

Glocken der Heimat

»Beidl« sagt man auf dem österreichischen Lande zum zweitbesten Stück des männlichen Säugetieres – und der Handel damit zum Zwecke des Verzehrs ist verboten. Nicht etwa, weil ein Eiweißschock droht, sondern aus Gründen der »Ethik«.

»Selbst wenn man Katze in Tomatensauce, geschmorte Stierhoden oder Armadillowürste aß, immer hatte man das Gefühl, in sicheren Händen zu sein.« So heißt es über das legendäre Edinburgher Restaurant »The Decadent« von Medlar Lucan und Durian Gray (sic!), deren nun auf Deutsch erschienene »Kunst der dekadenten Küche« mit den Haselmaus-, Igel- und Hunderezepten wir vor allem jenen lieben Lesern und Leserinnen ans Herz legen möchten, die uns gar unartige Beschimpfungen zuteil werden ließen, als wir uns zuletzt zu unserer kulinarischen Liebe zum Täubchen, der Ratte der Lüfte, natürlich jener aus der vornehmen Verwandtschaft, bekannten. Aber nicht einmal im Lucan/Gray wird man so richtig fündig, wenn man will, so wie wir heute, einmal so richtig untergriffig sein und die Handvoll dann einer möglichst interessanten Zubereitung zuführen wollen. Vage ist auf ein Kochbuch des Küchenchefs von Papst Pius V., Bartolomeo Scappi, aus dem Jahr 1570 verwiesen mit einer Crostata, gefüllt mit Bries, Augen, Ohren und Hoden eines jungen Ziegenbocks. Auch bei Dumas père findet man von Bär bis zu Schildkröte alles, was die junge Braut braucht, um eine Küche zu führen, aber keine »testicules«. An dieser Stelle wird eine metaphorische Verrenkung nötig: Hoden sind ein weißer Fleck in der Kochbuchlandschaft (bitte bildlich vorstellen).

Aber unlängst hatten wir sie plötzlich bei einem Freund auf dem Teller, und zwar die von einem (jungen) Hammel. Sie zu kochen wird ja wohl nicht verboten sein – wohl aber der Verkauf, zumindest im katholischen Lande Österreich laut Lebensmittelkodex, und zwar »aus ethischen Gründen«. Das ist interessant. Obwohl: Dass – Pardon – Säcke in den Status des Kultischen erhoben werden, ist nichts Neues, das konnte auch schon die mit Stierhoden behängte Artemis Ephesia (sorry guys, es sind keine Busen)

leisten. Waren übrigens schon Teil der Aufbaudiät der olympischen Athleten, das Testosteron haben also auch schon die Griechen erfunden. Wenn man dem Internet glauben darf, dann schmieren sich heute manche Herren einen Extrakt aus Stierhoden ganz gern sonst wo hin.

Wir sind ganz für die orale Aufnahme. Zum Beispiel nach Anweisung des in dieser Beziehung immer verlässlichen Zio Antonio Carluccio, der Herz, Lunge und Hoden vom Lamm in einem Stück Darm zu kleinen Involtini bindet, mit Salz, Petersil und Chili würzt und im Rohr bäckt oder besser noch über der Holzkohlenglut grillt. Sonst sind uns nur ragoutartige Rezepte und natürlich das uraustriakische Panieren untergekommen, bei uns in Wien wird ja bald noch die Sachertorte in Bröseln gewälzt und herausgebacken. Oder die Mozartkugeln: Übrigens kannten wir mal einen Italiener, der meinte, bei diesen handle es sich tatsächlich um eine (hoffentlich Miniatur-)Ausgabe der Mozartschen »balle«.

Also verboten, aber wo kein Kläger, da ist bekanntlich auch kein Richter: Wie streng die Behörden bei Meldung einschreiten, oder ob auf den Schlachthöfen auch wirklich kontrolliert wird, ob jeweils genügend Hörner, Hufe und Hoden von den gemetzelten männlichen Rindviechern übrig bleiben, wissen wir nicht. Im städtischen Bereich dürfte die Beschaffung tatsächlich eher schwierig sein, bei Stammkunden der bäuerlichen Selbstvermarkter schaut es gewiss anders aus – wobei die von uns unlängst verspeisten Lammhoden aber ganz offiziell auf einem Wiener Markt verkauft wurden, wo sagen wir natürlich nicht, sollen s' suchen, die Herren Inschpektoren, der Händler wusste wahrscheinlich gar nichts von dem dummen Verbot. »Rognons blancs«, weiße Nierndeln, lautet übrigens das vornehme Synonym, deeskalierende Alias-Namen gibt es ja überhaupt zuhauf, wie »spanische Nieren« (nein, hier machen wir keine Torero-Witze), aber die Schweizer »Glocken der Heimat« sind unser Favorit. Gefunden wurden auch »Alpeneier«, und natürlich gibt es jede Menge lokale Varianten in jeder Sprache. »Man sagt Beidl«, will heißen Beutel, zitiert Thomas Rottenberg im »Standard« eine Jungbäuerin, bei der er eine Stierhodenreservierung platzierte: »In unserem Fall also Biobeidl.« Er berichtet auch, dass ausgerechnet im Land der Prüderie alljährlich das große »Montana Testicle Festival« stattfindet, bei dem sage und schreibe zwei Tonnen von »Bergaustern« verkocht werden.

Das Verbot und dadurch Abdrängen in die Illegalität hat die testosterongeschwängerte Aura der Dinger, wie immer man sie nennt, nur verstärkt, gerade die hürdenreiche Beschaffung des Rohstoffes hat geheimlogenartige Anhängerschaften kreiert. Die Fuchs erinnert sich aus ihrer immer ferner liegenden Kindheit an verschwörerische Stierhodenessen der Timelkamer Schützenrunde. Auch wissen wir von höchst geheimnisvollen Treffen im schönen Erlauftal zu berichten. In einem idyllischen Landgasthof findet alljährlich an einem Samstag um den ersten Advent eine Stierhoden-Partie statt. Als er das Wirtshaus vor über zwanzig Jahren übernommen habe, sei man an ihn herangetreten, sagt der Wirt (der sich natürlich nähere Angaben verbeten hat, aber meint, dass behördlicherseits die Angelegenheit in den vergangenen Jahren weniger streng gehandhabt wird): Es gäbe da in der Gegend einige Interessenten, und ob er sich erbötig mache, die Ware liefere man ... Herr X. Y. machte sich tatsächlich erbötig, und im holzgetäfelten, mit ausgestopften Jagdtrophäen dekorierten Extrazimmer fanden daraufhin in familiärer Atmosphäre mit zehn bis fünfzehn Kommensalen die ersten Stierhoden-Exerzitien statt. Mittlerweile ist die Zahl der konspirativen Esserschaft auf 80 Personen angewachsen, der hauseigene

Saal ist somit ziemlich ausgelastet, sonst aber ist alles geblieben wie es war: Die präsumtiven Teilnehmer werden entweder schriftlich oder telefonisch verständigt, keine Tafel, kein Speisekartenaushang kündigt von dem Ereignis, nach wie vor hat es den streng exklusiven Charakter einer geschlossenen Gesellschaft. Bei der Zahl von Essern ist es aber eine harte Herausforderung an die Beschaffungslogistik, der lokale Fleischhauer und sein Bruder, ebenfalls Fleischhauer und in einem Schlachthof beschäftigt, sammeln und richten die faustgroßen oder auch etwas größeren Prachtstücke der Zuchtstiere auch gleich zu, das heißt, sie entfernen die harte, umgebende Haut. Vor dem großen Ereignis dümpeln dann im winterkalten Stiegenhaus des Gasthauses die Stierhoden in den diversesten wasserbefüllten Becken vor sich hin, denn das scheint ganz entscheidend: Sie müssen ausgiebig gewässert werden, ja, ja, der Ammoniak ist ein Hund.

Stierhoden in Rahmsauce

Stierhoden
Butter
Zwiebeln
Tomatenmark
Rindsuppe
Salz, Pfeffer
Sauerrahm, Mehl
fakultativ Petersilie und Paradeiswürfel

Die Beidln gibt es dann in zweierlei Ausführung. Erstens in Sauce: Sie werden halbiert, feinblättrig geschnitten und nochmals gewässert, in Butter wird fein gehackte Zwiebel angeschwitzt, die abgetropften Streifen werden dazugegeben, angebraten und der dabei entstehende Saft – »die Stierhoden safteln allerweil«, erklärt der Wirt – eingekocht. Empfindlichere Naturen braten die Stierhoden zuerst nur alleine an, schütten den austretenden Saft weg und geben erst jetzt die à part angeschwitzten Zwiebeln dazu. Dann kommt Tomatenmark dazu und wird mitgeröstet, mit Rindsuppe aufgießen, dünsten, salzen und pfeffern und mit einem Rahmgmachtl (Sauerrahm mit etwas Mehl versprudelt) binden. Das Gericht sollte eine suppige Konsistenz haben, wie Beuschel, dazu wird Brot gereicht. Petersilie und frische Paradeiswürfel zum Schluss täten der Sache gewiss nicht schlecht, erlauben wir uns anzumerken, wie es ja überhaupt gewiss allerlei raffinierte Ragoutgerichte gibt, die da zum Einsatz kommen können. Das Ding an sich schmeckt ja nicht nach viel, »Champignon« ist die häufigste Auskunft.

Für den Hauptgang werden die Stierhoden mittels Schmetterlingsschnitt in Schnitzelform gebracht, paniert und dann tiefgefroren, Letzteres ist ganz entscheidend, vielleicht wegen des Saftelns, die Schnitzel verlieren sonst die Panier. Wir haben jedenfalls gebeten, uns im kommenden Winter auch zu verständigen, wobei ein Freund, der schon öfter dabei war, warnt: Die Konversation sei bei diesem Gelage ziemlich deftig, nein nein, nicht die Herren, die Damen seien vom Thema des Abends teilweise über alle Maßen inspiriert. Die Harrer, die Stierhoden, übrigens banal paniert, in Norditalien schon vor zwanzig Jahren völlig legal gegessen hat, kann sich an eine solche Wirkung nicht erinnern. Aber damals war man eben auf die Verbalerotik noch nicht so angewiesen, vielleicht wäre das heute anders.

Kleinflugkörper mit Landeplatz Pfanne

Tauben – wer sie in der Nachkriegszeit als billigen Eiweißspender essen musste, wird sie vielleicht verachten. Wir aber meinen, es ist Zeit, dass sie ihren Platz auf dem österreichischen Speisezettel wiederbekommen.

Täubchen, das entflattert ist: Von der Haus- über die Ringel- zur Kropftaube ... außer der Rauchfangtauben (eine nicht gerade schmeichelhafte wienerische Bezeichnung für eine grindige Weibsperson oder ihre Gschrappen) und der Kolombine (der »Täubchen« genannten weiblichen Hauptperson in der Commedia dell'Arte) und der Colomba di Pasqua (italienischer Germbunkl nach Panettone-Art) stammen mehr oder weniger alle von der wilden Felsentaube, der Columba livia livia, ab. Darwin sagt, dass schon vor 5000 Jahren Tauben gehalten wurden und die Taube somit zu den ältesten Haustieren zählt, durch Mutation und Zuchtauswahl gibt es heute eine beispiellose Rassenvielfalt – 220 nach deutschem Rassestandard.

Ob man die alle fressen kann? So versucht die Harrer den Fuchs'schen Furor zu unterbrechen, mit dem diese sich in Kondition, Flugschnelligkeit und Orientierungsvermögen des »Rennpferdes des kleinen Mannes« verliert, als »selbstreproduzierender Kleinflugkörper auf biologischer Basis mit fest programmierter automatischer Rückkehr aus beliebigen Richtungen und Distanzen« von 1878 bis 1994 im schweizerischen Armeedienst tätig.

Die müssen am Ende ihrer Karriere ganz schön zach gewesen sein. Wir reden hier aber natürlich vom edlen Taubenvieh mit hochwertigem, langfasrigem, zartem Muskelfleisch, mit geringem Fettgehalt, das in China und den nordafrikanischen Ländern seit menschlichen Ewigkeiten gezüchtet und verspeist wird, hier zu Lande eine kostspielige Art, seine Fleischeslust zu stillen: Dreißig Euro aufwärts pro Kilo kosten die Miniaturflieger. Das ist allerdings nicht überall so, in Frankreich nicht und auch nicht in manchen Gegenden Deutschlands. Aber bei uns sind sie teuer, und die

Fleischausbeute ist gering. Eigentlich bleibt ja nur die Brust, die kann's aber, rangiert unter den Delikatessen ganz oben: saftiges, zartes, makelloses Muskelfleisch mit ausgeprägtem, jedoch feinem Eigengeschmack.

Auch die Aufzucht ist nicht gerade das große Geschäft: Jährlich zieht ein Paar im günstigsten Fall ein gutes Dutzend Jungtauben groß, zwei Stück pro »Wurf«, die werden mittels der Kropfmilch, eines stark eiweißhaltigen Saftes, in der ersten Woche hochgepäppelt, ein Umstand, der eine Massenaufzucht unmöglich macht. Die Tauberln verdoppeln dank dieser Babynahrung allein innerhalb der ersten drei Tage ihr Körpergewicht, nach 21 bis 23 Tagen sind sie schlachtreif und bringen je nach Rasse ein Gewicht von 390 bis 480 Gramm auf die Waage – pro Person rechnet man eine Taube, da beginnt die Hausfrau wieder zu kalkulieren, und ihr steigen die Grausbirnen auf.

Ja, und so war's früher: Der Schwiegervater der Fuchs stieg in den Fünfzigerjahren – Nachkriegszeit! – immer im rechten Moment in den Taubenkobel hinauf und riss dem zukünftigen Sonntagsbraten den Kopf ab. Diese Jungtauben gab es dann in Rahmsauce, und der seinerzeit rachitische Fuchs-Gemahl (hat sich später tadellos ausgewachsen), dem man auf diese Art billig Eiweiß zuführen wollte, ist bis zum heutigen Tage Tauben-traumatisiert.

Zu den sprichwörtlichen gebratenen ***Tauben*** fällt uns zuerst die sehr ***traditionelle gefüllte*** Variante nach Bogenberger ein: Die küchenfertigen Tauben (gerupft, ausgenommen, innen gewaschen, Stifte entfernt, abgeflämmt) werden mit einer Semmelfülle – mit den gehackten Taubeninnereien (die Lebern etwas gröber), rohen Zwiebelwürferln sowie mit Petersil und Liebstöckel gewürzt – gefüllt, zugenäht, gesalzen, gepfeffert und bei 170 Grad zugedeckt im Rohr etwa eine Stunde gebraten. Verdammt lange – wegen der rohen Eier und anderen rohen Sachen in der Fülle! Für uns ist ja das oberste Kriterium beim Garpunkt: à point, saftig und zart, also keinesfalls zu lang gebraten, sonst ist das edle Tier verhunzt.

Tauben, traditionell gefüllt

1 Taube pro Person
Semmelfülle
gehackte Taubeninnereien
Zwiebelwürfel
Petersil, Liebstöckel

Obauers überspringen diese Hürde elegant, indem sie die ***Tauben mit Couscous*** füllen: Für vier Tauben zehn Deka Couscous in

Öl anschwitzen, mit einem Achtelliter kochendem Wasser aufgießen, Topf zudecken, vom Herd nehmen und Couscous noch zehn Minuten quellen lassen; mit je einem Esslöffel Rosinen, gehackten Ingwer, Amarenakirschen, je drei Esslöffeln blättrig geschnittenen Rhabarber, klein geschnittenen Datteln, zwei Esslöffeln Orangeat sowie einer Prise Kurkuma und Kreuzkümmel würzen, salzen und die vier Tauben damit füllen. Die Harrer hat zu Silvester auf die Amarenakirschen freiwillig verzichtet und keinen Rhabarber gehabt: Ihre Berberitzen-Zugabe in lieu of wurde allgemein akklamiert. Die Täubchen dann salzen und pfeffern und in einer Pfanne mit geschmolzener Butter platzieren, mit Butter bepinseln und bei 220 Grad circa zwanzig, fünfundzwanzig Minuten lang braten, Bratensatz entfetten, mit einem Spritzer Essig, einem Schuss Süßwein und Wasser löschen.

Tauben, mit Couscous gefüllt

4 Tauben
10 Deka Couscous
je 1 EL Rosinen
gehackter Ingwer
Amarenakirschen
(oder Berberitzen)
je 3 EL Rhabarber
Datteln
2 EL Orangeat
Kurkuma, Kreuzkümmel
geschmolzene Butter
1 Spritzer Essig, 1 Schuss Süßwein
Öl, Butter

Die Süße zur Taube ist ja etwas Klassisches – mit großer Rührung erinnern wir uns des gezuckerten marokkanischen Taubenstrudels von Fadma, der genialen jungen Köchin eines früheren marokkanischen Botschafters –, und auch Witzigmann geht einen süßen Weg mit seinem Rezept mit Ingwer und »Tannenwipfelhonig«. Teilweise werden die Tauben auch wie Wildgeflügel behandelt, womit sie im günstigsten Falle nach Schnepfenart, also in Ganslebersauce mit reichlicher Trüffelgabe auftreten, im schlechteren Falle in einer specklastigen Wildsauce. Saucen mit Oliven und Weiß- oder Rotwein sind logische südeuropäische Varianten.

Die Überhöhung in Sachen Taube ist natürlich die Wildtaube, gemeint ist die Ringeltaube, mit ihrem sehr dunklen Fleisch mit feinem Wildgeschmack, äußerst scheu und schwer jagbar, nicht wie die depperte und undelikate Türkentaube, die Mitte des vergangenen Jahrhunderts aus dem Südosten zuzog. In Italien werden Ringeltauben übrigens nicht nur gejagt, sondern in an die Mauern gehängten Terrakottatöpfen gefangen: Sie nisten darin und werden dann abgekragelt, wenn es so weit ist.

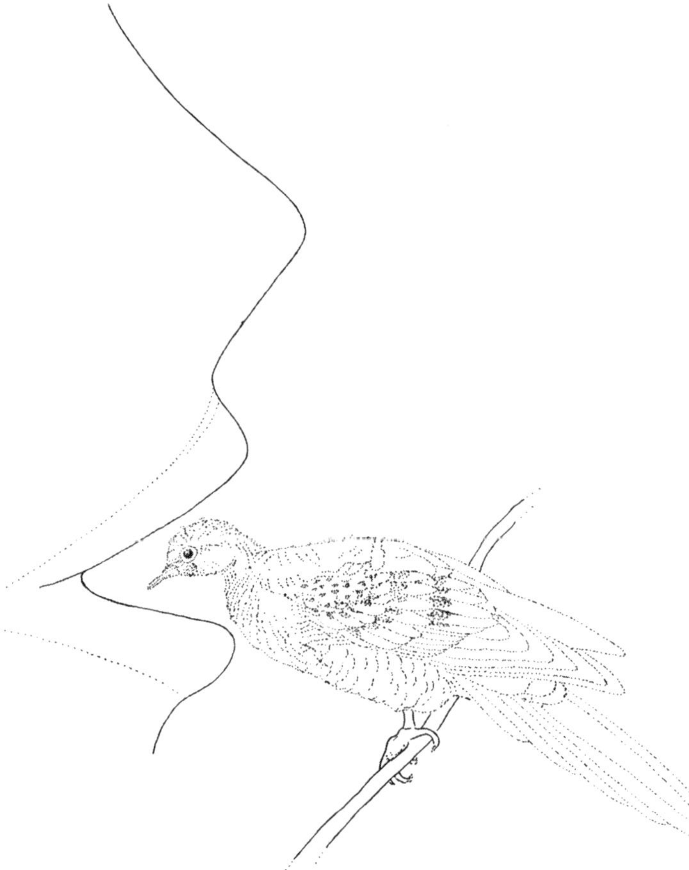

Und obwohl sie die hochwertige Körndlfütterung durch Touristen eigentlich auch für die Pfanne prädestinieren würde, wird man Stadttauben aus anderen Gründen an den Kragen gehen: etwa, wenn einem so ein Viech am Geburtstag ins fein coiffierte Haupthaar scheißt. Und darum jetzt jahreszeitgemäß: »Ja, der Frühling, der Frühling ist hier, gehen wir Taubenvergiften im Park!«

Scharfen Kanten abhold

Der Knödel: küchenpsychologisch betrachtet des Österreichers Selbstbild, wobei sich bei ihm die bösen Überraschungen in Grenzen halten. Heute gibt's Serviettenknödel-Basics. Banal? Unsere Außer-Haus-Erfahrungen haben uns anderes gelehrt.

In sattem und selbstgefälligem Besitzerstolz bewachen wir, wie Alberich seinen Goldschatz, unsere kulinarische Großerbschaft, den Knödel: in Jahrhunderten ersessenes und eressenes Besitztum, ein klassenloses Austriacum, in seiner idealtypischen runden Erscheinungsform »heimliches Symbol aller Formvollendetheit, proleptisches Zeichen einer Versöhnung von Geist und Materie, Grundlage eines heimlichen Hedonismus ursprünglich katholisch-abendländischen Kulturwesens«. Das sagt Ernst Machart bei Anton Staudinger, aber das können sie im Moment nur bei uns nachlesen, denn die »Nur Knödel« Staudingers sind vergriffen, und das ist eine echt austriakische Schande, nicht, dass es vergriffen ist, sondern dass es nicht neu aufgelegt wurde. Hat aber zumindest den Vorteil, dass wir heute kalt aus ihm abschreiben können.

Gut, die Fuchs meint ja tatsächlich, dass der Knödel küchenpsychologisch des Österreichers Selbstbild ist: harmoniebedürftig, freundlich, gemütlich, schlau-pfiffig, unstreberisch, scharfen Kanten abhold. Beim Philosophicum in Lech am Arlberg sitzend, wo es heuer um den Schein, den falschen Anschein, geht, gibt die Harrer zu bedenken, dass ein Knödel noch nie gelogen hat. Und die Behauptung, dass er ureigenstes Austriacum ist: Schweift der selbstverliebte Blick nur ein bisschen in die Weite, dann landet er in Bayern – was aus westösterreichischer Sicht sowieso irgendwie dazugehört, und in Böhmen, was aus ostösterreichischer Sicht auch irgendwie dazugehört.

Während wir das also locker wegstecken, verstört der Einwurf: »England, 1600, dumpling, mehr oder minder rund geformte Teigmasse, gelegentlich auch gefüllt, gekocht oder gebacken.« Wir parieren die Attacke elegant kunstgeschichtlich: Das aus dem 12. Jahrhundert stammende Fresko in der Burgkapelle in Hocheppan zeigt die älteste erhaltene einschlägige Darstellung, die knödelver-

speisende Wehenmutter am Wochenbette Marias. Wir setzen noch eins drauf und führen die vorrömisch-keltischen Funde in Form gefüllter Teigspeisen in voralpenländischen Pfahlbauten ins Treffen, womit wir quasi bewiesen hätten, dass die Knödel so wie wir aus Oberösterreich stammen. Dass wir Knödelähnliches allerdings auch schon in Kathmandu und anderswo auf der Welt gegessen haben und die mögliche Affiliation zum Raviolo, das alles wird hier einfach ignoriert ...

Und was unser Knödel alles kann: 31 Vokabel und Idiome listet der Staudinger auf, wobei wir beschließen, zumindest »wie ein abgeschreckter Knödel dreinschaun«, will meinen, sehr überrascht sein, ins Repertoire aufzunehmen, etwa: »Da schaute Saddam Hussein aber wie ein abgeschreckter Knödel drein, als er die amerikanischen Soldaten erblickte.«

Lassen wir den Unfug. Die Fuchs, die einen Knödel in der Schüssel hat (verheiratet ist) und es wissen muss, lobt dessen Adaptionsfähigkeit: in der Suppe, als Hauptspeise, nackert, gefüllt, als Beilage oder zum Dessert. Weiters sind zu bewundern seine kalendarischen Dimensionen in Form des Knödeltags, jeden Tag ein anderer, manchmal mehrere, wobei der Freitag als Mehlspeistag generell als stark knödelanfällig zu betrachten ist.

Nach so vielen theoretischen Knödelwindungen zur Praxis: Im Charakterfach »gefüllte Knödel« wagten wir uns schon vor Jahren in Form der in höchstem Maß Konflikte gerierenden Bratknödel – für Knödelausländer: mit Brat (Brät) gefüllte, gekochte Knödel – auf eisglattes Parkett. Obwohl wir damals hinsichtlich Zusammensetzung und Art von Hülle und Fülle diplomatisch alle Türen offen ließen, war es unsere bis dato leserbriefträchtigste Kochgeschichte. Die Tante hatte es gleich gewusst: »Über Bratknödel schreibt's? Ihr traut's euch was!« Ähnlich heikel erwiesen sich auch die Marillenknödel, belehrende Rückmeldungen, wie es die Oma gemacht habe und es somit einzig richtig sein könne, ließen nicht auf sich warten.

Heute aber wenden wir uns dem Knödel im allerengsten Sinn zu, dem Semmelknödel, der Keimzelle jeder Haushaltung, in dessen Geheimnisse Onkel H. alle seine Kinder, bevor sie zum Studium nach Wien gingen, höchstselbst einführte: Liebe Neuhausständler und Neuhausständlerinnen, merket auf! Weil wir aber das Optimum aus der Sache holen wollen, also ein luftig-lockeres

Gebilde mit Souffléanklängen herstellen und jedwede Panne und Gschisti Gschasti wie Probeknödel u.ä. vermeiden wollen, wird es ein ***Serviettenknödel***. Knödelphilosophisch glatt daneben. Aber so sind wir nun einmal, subversiv bis in die Semmelnknödeln.

Und so geht es und nicht anders: Einen halben Liter kochende Milch über den Inhalt einer Packung Semmelwürferln gießen und zwecks Flüssigkeitsaufnahme zwanzig Minuten rasten lassen, zwölf Deka fein gehackte Zwiebel (die Mutter von Eckart Witzigmann hätte zusätzlich noch acht Deka Porreewürferl genommen, das ist uns aber doch zu viel des Zwüfis) in sechs Deka Butter anschwitzen, bis sie einen leicht güldenen Schimmer annehmen. Weitere sechs Deka Butter in einem Pfandl erhitzen, bis sie nussbraun geworden ist, das ist ganz, ganz wichtig, aber bitte nicht verbrennen. Eine Prise Zucker einstreuen (ein Hauch Karamell!) und zwei Esslöffel gehackten Petersil zufügen, sofort zusammen mit den Zwiebeln und drei Eidottern unter die Knödelbrotmasse mischen, dann die drei zu Schnee geschlagenen Eiklar dazu, mit Salz, Pfeffer und unbedingt Muskatnuss abschmecken.

Serviettenknödel

½ l kochende Milch
25 Deka Semmelwürfeln
12 Deka fein gehackte Zwiebel
12 Deka Butter
1 Prise Zucker
2 EL gehackten Petersil
3 Eier
Salz, Pfeffer, Muskatnuss

Ein Geschirrtuch nass machen, auswringen (man könnte das Tuch auch dick mit Butter einfetten) und die Knödelmasse darin zu einer Rolle formen, den Stoff nicht allzu straff darum hüllen (Masse geht noch auf), mit Küchengarn an beiden Enden zubinden und in einem ausreichend großen Topf in die kochende, leicht gesalzene Flut versenken, kurz zudecken, bis das Wasser wieder kocht, und an die 40 Minuten leise gar sieden. Vor dem Aufschneiden noch kurz rasten lassen.

Banal sagen Sie? Was wir da schon gesehen haben! Kalte Milch ohne Rasten, weil's eh schon sinnlos ist, Bona-Öl statt Butter, Margarine, kein Muskat und – jede Menge Mehl. Wir hingegen, elegant, kein Stäubchen! In die Nähe eines Scheiterhaufensoufflés gerückt.

Aber klar können wir es auch raffinierter, ***Krebsknöderl***, nach Staudinger: 15 Deka Semmelwürfel in zwei Deka Butter kurz schwenken, zusammen mit 15 Deka gekochtem Krebsfleisch (buon divertimento beim Auslösen) fein hacken, von drei Deka Butter und drei Dottern einen Abtrieb herstellen, alles vermischen, Masse salzen, Knöderl formen und einige Minuten in Salzwasser ziehen lassen.

Krebsknöderl

15 Deka Semmelwürfeln
5 Deka Butter
15 Deka gekochtes Krebsfleisch
3 Ei-Dotter

Und weil das noch besser und komplizierter geht, Butter durch ***Krebsbutter*** ersetzen: 20 Deka Krebspanzer und -scheren – wär' doch schad' drum – krach, krach durch die Fleischmaschine (ohne löchrigen Einsatz) gedreht, dann fein im Mörser zerstoßen, 15 Deka Butter untergemischt, bei mäßiger Hitze die Schalen schmurgeln, bis die Butter aufschäumt, vom Feuer ziehen und mit eineinhalb Liter sehr kaltem Wasser löschen, kühl stellen und gestockte Krebsbutterschicht abnehmen.

Diese Knöderl als Einlage in Porree- oder Kohlrabicremesuppe oder als Hauptspeis mit Gurken-Dillgemüse oder hostiendünn geschnittenen Kohlrabiblättchen, in Obers al dente gegart, mit einem Schuss Weißwein, Salz, Muskatnuss, ein paar Spritzern Zitrone und gehackter Petersilie finalisiert. Und ist im Prinzip auch nichts anderes als ein quasi nackerter Hauptspeis-Knödel.

24. September 2004

Die Iraker und ihre »Schaafsbeine«

Ursprünglich ein Restl-Essen, hat sich Pacha längst zu einem Nationalgericht entwickelt.

»Die Araber«, sagt der irakische Freund am Telefon und freut sich, dass er auch einmal zu den angenehmen Seiten des Lebens befragt wird, »essen Pacha in Stücke geschnitten, gefüllt werden sie nur in der Stadt.« »Die Araber« – das ist ihm so ausgekommen – sind also jene Iraker, gleich ob Sunniten oder Schiiten, die auf dem Land leben. Nicht die korrumpierten Städter. Pacha – das Wort ist persisch – essen sie beide. Wobei die echte Pacha-Kultur eher aber eine urbane ist, Pacha ist eine Straßen- und Marktspeise.

Pacha (sprich Patscha), das ist »Bein, Fuss, insbesondere der untere Theil vom Knie abwärts, hauptsächlich von Thieren; Schaafsbein« sagt mein Türkisch-Arabisch-Persisches Wörterbuch von Jules Théodore Zenker von 1866 (türkisch wurde damals ja auch mit arabischen Buchstaben geschrieben), aber es nennt auch die weitere Bedeutung: »aus Schaafsbeinen und Kopf bereitete Gallert oder Ragout«.

Die nächste Eintragung im Zenker ist Pachachi (Patschatschi) – man erinnert sich, Adnan Pachachi, ein irakischer Außenminister aus der Prä-Saddam-Ära, war im Juni bereits zum irakischen Präsidenten ernannt worden und verzichtete dann. Was mich zumindest aus irakisch-nationalkulinarischen Gründen betrübt. Das türkische angehängte -tschi (-çi) oder -dschi (-ci) bezeichnet jemanden, der eine Tätigkeit ausübt (zum Beispiel: gazete, Zeitung, gazeteci, Journalist; oder kitap, Buch, kitapçi, Buchhändler etc.). Und so wäre unser Pachachi halt nichts anderes als der Schafshaxenragoutverkäufer.

Ist doch schön. Nun muss man aber wissen, dass die Pachachis in der Monarchie zu den »principal capitalist families« gehörten, mit der politischen Klasse ident, wie Hanna Batatu in seinem »The Old Social Classes and the Revolutionary Movements of Iraq« schreibt. Daraus erklärt sich vielleicht, dass ein anderer Freund,

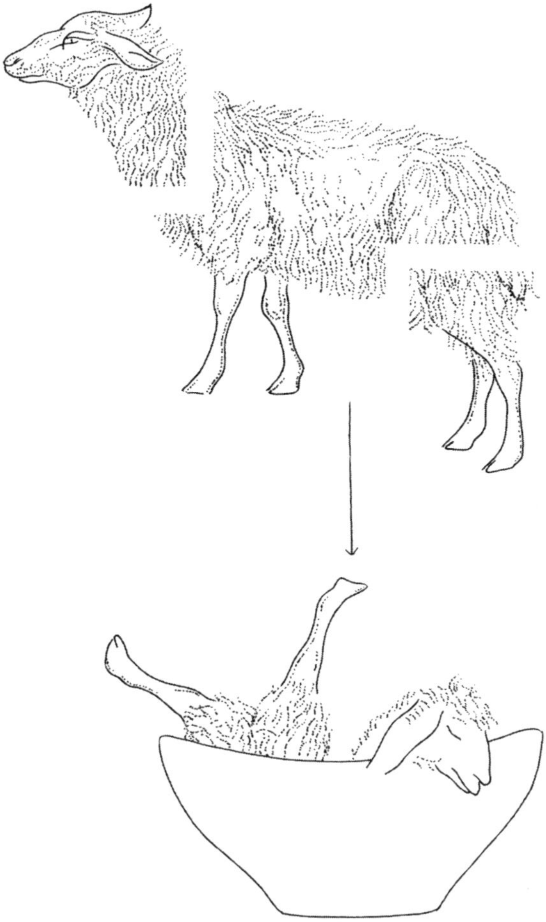

auf die Pachachi-Etymologie angesprochen, indigniert meint, nein, Pachachi käme gewiss vom (ebenfalls persischen) Wort »Badsch«, Zoll, Abgabe – also Zöllner, wahrscheinlich sozial angesehener als der »Pacha, Pacha, kauft's Pacha!« rufende Markttandler. Und wodurch sich vielleicht die viele Kohle besser erklären würde, denn ob man von Schafszechen reich werden kann? Daraufhin Anruf bei Markus Köhbach, Turkologie-Professor an der Uni Wien, der, wenn je irgendwo im osmanischen Reich, wozu ja auch Bagdad gehörte, ein »Badsch-dschi« umtriebig gewesen wäre, mit Sicherheit von diesem Kenntnis hätte – aber auch er neigt, zu meiner Befriedigung, den Lammfüssen zu.

Und da heißt es immer, Journalisten recherchieren nicht ordentlich. Aber genauso denken einige Leser brav mit und fragen sich längst, wie man denn, wie eingangs angedeutet, Pacha, also Beine und Kopf, füllen kann. Nun ist es so, dass der gelernte Iraker unter Pacha auch Schafsmägen versteht, die mit dem anderen Pacha-Sachen gemeinsam, aber auch getrennt existieren können, und eben auch gefüllt, mit Reis, Nüssen und Rosinen, appetitliche weiße Säckchen, auch Qibbe genannt (nicht zu verwechseln mit den mit Fleisch gefüllten Kibbe-Bällchen der arabischen Vorspeisen-Küche).

Nun komme ich hier gar nicht mit Rezepturen, Nachkochen ist nicht, und es gibt übrigens ohnehin zu viele verschiedene. Nur so viel, Pacha wird immer in »Suppe« geschmort, also mit Wasser aufgefüllt, das dann bis zur Sauce eingekocht wird, mit Zwiebel und Knoblauch und Baharat (Gewürzmischung), und auch die getrockneten Limonen, Numi genannt (auf dem Naschmarkt zu haben), scheinen unverzichtbar. Übrigens gibt es das Ganze in suppiger Form, als Kalla-Pacha (Kalla, persisch Kopf, »insbesondere der abgeschnittene, zum Essen zubereitete von Thieren«, sagt Zenker), mit Schafsäugl oder was immer man will, als typisches urbanes Hackler-Frühstück in Teheran, da kriegt man was Warmes, Gehaltvolles in den Magen um fünfe, sechse. Ich kann das auch durchaus nachvollziehen, wenn ich mir ein Schnapserl dazu denke, was in Teheran derzeit nicht möglich ist, und in Bagdad, wenn es so weiter geht, auch nicht mehr lange.

23. Juli 2004

Katholisches Kompott, aufgebrezelt

In Zuckerwasser vor sich hindümpelnde, mehr oder minder zerkochte, geschmacklich ausgelutschte Fruchtstücke, das war Kompott – bevor wir es aus der klösterlichen Gefangenschaft befreiten.

So ein Kompott ist ja an sich wirklich eine sehr simple Sache: Obst in Zuckerwasser gekocht beziehungsweise pochiert, und wenn's hoch kommt mit Vanille, Weißwein, Zimt oder Nelke aufgebrezelt. In dieser seiner Schlichtheit kennen es die braven Österreicher als Begleiter der diversen Aufläufe und Schmarren und sonstigen Hervorbringungen der heimischen Mehlspeisküche, die eines fruchtig-saftigen Accompagnements bedürfen: Typische Freitagessen würde der kulinarisch katholisch sozialisierte Mensch halt sagen. Der Inbegriff des katholischen Kompottes ist natürlich Apfelkompott, bei beiden Autorinnen war es olfaktorisch während der ganzen Kindheit omnipräsent, eingewoben in den Geruchsschleier aus abgestandener, säuerlicher Klosterschwesternweiblichkeit und Weihwasser.

Aber auch ohne katholische Traumata: Kompott, das ist für die meisten Menschen heute nichts als ein verstaubtes Kapitel der Vorratswirtschaftslehre: Was da doch alles eingerext und eingeweckt wurde, um die hortikulturelle Beute in den Winter zu retten – und dann hatte der Winter gar nicht so viele Freitage, und ein Teil der Schätze wurde nach ein paar Jahren Kellerstandzeit entsorgt.

Wir aber befreien hier das Kompott aus seiner klösterlichen Zelle und lassen das Obst aus eigener Kraft einen aromatischen Saft zaubern, mit ein bisserl Alkohol als letzten Schliff. Natürlich kochen/zerkochen wir das Obst nicht, sondern lassen ihm seine typische fruchtige Frische – das heißt, es bleibt roh, zumindest zum Teil. Voraussetzung für unser compote moderne sind erstklassige Früchte: von der aromatischesten Sorte, frisch und hochreif, jedoch hinsichtlich der Konsistenz noch fest. Unsere Kompottkocherei ist also keine Rettungsaktion für überreifes, angedetschtes Obst vor dem Komposthaufen.

Wenn wir also mit viel Glück die optimalen Marillen ergattert haben – vollorange, mit roten, gesprenkelten Backerln, wahrscheinlich nicht allzu groß, beim Aufbrechen der Frucht blitzen Saftperlen (Hände weg von den in Supermärkten kübelweise angebotenen zitronengelb-grünlichen) – kann es losgehen: Für unser ***Marillenkompott*** lassen wir sieben Stück – die weicheren – unserer stolzen Beute in einem Deziliter Weißwein und zwei Deziliter Orangensaft mit einer halben Zimtstange und etwas Zucker köcheln, bis sie weich sind. Es wäre auch nicht verkehrt zwei, drei Kerne zu knacken und die Mandeln mitzukochen (das bisserl Blausäure hat noch keinem geschadet). Wir pürieren das Ganze zuerst mit dem Stabmixer und streichen es anschließend durch ein Sieb.

Marillenkompott

FÜR 8 PERSONEN

19 Marillen
0,1 l Weißwein
0,2 l Orangensaft
½ Zimtstange
Zucker
3 Marillenkerne
Marillenlikör

Die erkaltete Sauce, der alle Geschmackskraft, aber auch Finesse der Marille innewohnt, wird mit Marillenlikör und Zucker abgeschmeckt. Für die Einlage zwölf Marillen kurz blanchieren und abschrecken, Stück für Stück schälen, in Spalten schneiden und sofort in die Sauce einrühren, um eine Oxidation zu vermeiden – und somit haben wir uns die in diesem Zusammenhang rabiate Säure der Zitrone erspart, die das Braunwerden verhindern soll.

Diese Menge reicht für acht Personen, dazu gibt es Mandeleis, und weil man das ja alles ganz wunderbar vorbereiten kann, ist es schon zumutbar, vor dem Servieren noch ein paar Salbeiblätter durch einen ganz dünnen Backteig zu ziehen und knusprig zu frittieren. Die Marillensaison ist kurz, deswegen geben wir unser Plazet, die Sauce auf Vorrat zu produzieren, in einen eisigen Tiefschlaf zu versetzen und mit Nektarinenspalten wieder auferstehen zu lassen.

Und mit ***Kirschen*** machen wir es so: Wir kochen vier Deziliter Rotwein und fünf Deka Zucker auf ein Viertel ein, die Sauce mit Orangen- und Zitronensaft sowie Kirschlikör (andere Liköre gehen auch, Schnaps wäre aber zu hart) abschmecken und ein halbes Kilo entkernte Kirschen unterrühren. Mit mitgekochtem Zimt, Nelke und Vanille kann man noch eine etwas würzigerer Note einbringen. Dazu passt Schmeicheleis: Vanille, Sauerrahm oder Eierlikör.

Kirschkompott

0,4 l Rotwein
5 Deka Zucker
Orangen- und Zitronensaft
Kirschlikör
½ Kilo entkernte Kirschen
Zimt, Nelke und Vanille

Und nun kochen Sie selbst nach diesem Strickmuster: Sauce aus Birnen (Achtung: exzellente Sorte verwenden, da gibt es besonders viel Schund) mit Weißwein und Champagner; Pfirsich mit Moscato d'Asti, abgeschmeckt mit Pfirsichlikör und Hollerblütensirup ... Und auch die manchmal schröckliche ***Rote Grütze*** (die in ihrer Konsistenz die Verwandtschaft mit der noch viel schrecklicheren, wabbelnden Götterspeise nicht verleugnen kann) bringen wir noch in Façon: Sechzig Deka Beeren (zu gleichen Teilen Ribisel, Erd-, Heidel- und Himbeeren) mit zehn Deka Zucker und einem Achtelliter Rotwein

Rote Grütze

1 kg Beeren (zu gleichen Teilen Ribisel, Erd-, Heidel- und Himbeeren)
10 Deka Zucker
1/8 l Rotwein
Cointreau

weich kochen, pürieren und passieren, mit Cointreau abschmecken, in die kalte Sauce zusätzlich vierzig Deka dieser Beerenmischung als Einlage, mit einem schlichten, aber echtem Vanilleeis: Da muss man sich nicht genieren. Und Topfenknödel, Reisauflauf, Grießschmarren passen zu diesen Kompotten natürlich auch ganz wunderbar.

25. Juni 2004

Kiniglhasenfatwa

Vor ein paar Tagen hat es noch die Ostereier gebracht, heute muss es dran glauben: das Karnickel, unseren Altvorderen als Stallhase in nicht so lieber Erinnerung. Und Schiiten reißen sich auch nicht darum, warum, wird hier von Gudrun Harrer und Christa Fuchs geklärt. Oder auch nicht

Leider hat uns der Ayatollah Sistani aus Najaf nicht mehr rechtzeitig geantwortet, der hat wahrscheinlich im Moment eher andere Sorgen. Mit Karnickeln kann man den irakischen Mullah insofern in Verbindung bringen, als seine Schiiten solche angeblich nicht essen (dürfen?) – im Gegensatz zu den sunnitischen Muslimen –, und wir wollten da eben seine hohe Lehrmeinung einholen und haben auf seiner Homepage www.sistani.org in der Q&A-Rubrik respektvoll unsere Frage abgesetzt.

Aber der weise Mann schweigt, und sonst haben wir im Kapitel »haram und halal« – verboten und erlaubt – dazu nichts gefunden, dafür den interessanten Hinweis, dass, wenn ein Mann eine Kuh, ein Maultier oder einen Esel, nun, vögelt, er dem Besitzer das Tier ersetzen muss, weil dann nicht nur die Kuh, das Maultier oder der Esel ungenießbar sind, sondern auch deren Junge! Bei Gott, die haben dort offenbar die gleichen Probleme wie in alpenländischen und sizilianischen Dörfern, was die Harrer-These erhärtet, dass die Leut' und die Viecher eh überall auf der Welt gleich sind.

Das ist bitte keine Themenverfehlung, wir sind ja hier bei der Fruchtbarkeit schlechthin, laut Dumas père soll ein Kaninchenweibchen im Jahr acht- bis neunhundert Junge werfen können – was sich aber rechnerisch nie und nimmer ausgeht, wenn die Karnickel, wie er auch anmerkt, ihre Jungen dreißig Tage lang tragen. Da hat er, ganz im Gegensatz zur Fuchs, nicht mitgedacht. Aber ist ja egal, fruchtbar sind sie jedenfalls, schon Plinius und Varro berichten, dass die ausufernde Hasenpopulation beziehungsweise ihre Bauten die spanische Stadt Tarragona derartig unterminierten, dass dreißig Häuser einstürzten. Und auf der liparischen Insel Baziluzzo fraßen wilde Kaninchen die Ernten auf und lösten eine Hungersnot aus. Deshalb ist die Baziluzzianische Diaspora so groß.

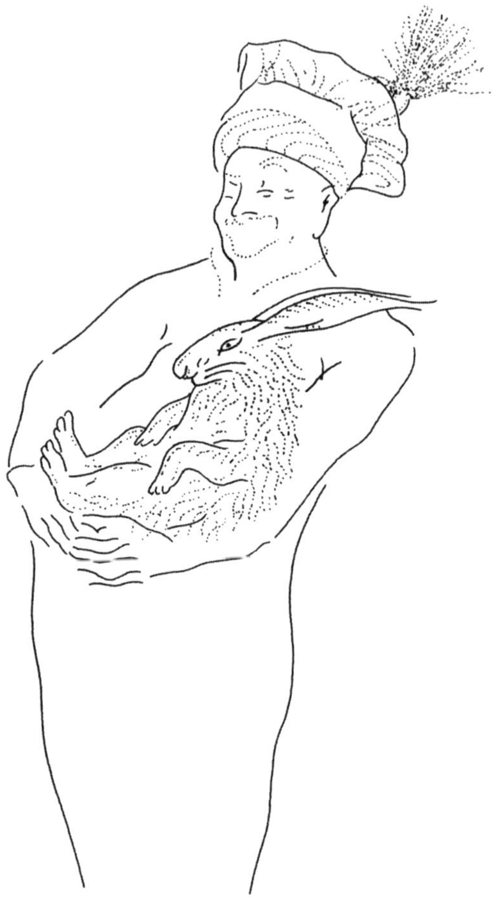

Nun aber, wie wehrt sich der Mensch gegen die Kiniglhasen, so er kein Schiit ist? Er frisst sie! Und je jünger desto besser: Von der Antike bis zum Mittelalter galten fast ausgetragene Hasenföten als Leckerbissen. Also das muss nicht sein, aber alte Stallhasen bitte auch nicht.

Als solche haben sie sich auch den Ruf ruiniert. Aber die Reserviertheit, wenn nicht Widerwillen der Kriegsgeneration gegenüber Kaninchenfleisch, erklärt sich so: Während des Zweiten Weltkriegs durften Hasen in Privathaushalten in unbeschränkter Zahl gehalten werden, im Gegensatz zu anderem Getier, über dessen Haltungszahlen von den Behörden Aufzeichnungen geführt wurden und das bei überschrittenem Soll abgeliefert werden musste. Während alles übrige Fleisch streng rationiert und nur auf Marken zu haben war, kletterte der Konsum an Kaninchenfleisch. Es war die Hochblüte der Kaninchenzucht, Altvordere erzählen, dass bei manchen Leuten in allen geeigneten Räumen vom Dachboden bis zum Keller Ställe hineingepfercht wurden, unter Umständen sogar ins Badezimmer. Auch der Sechs-Personen-Haushalt der Fuchsischen Großeltern verfügte über eine Population von 120 Viechern, allerdings durften sich diese nicht in der Badewanne tummeln. Und die dominierende Freizeitbeschäftigung der armen Kinderlein war das Kaninchenfuttersammeln.

In Wirtschaftswunderzeiten war dem Kaninchen deshalb eher eine Zuchtpause vergönnt, obwohl sich die Harrer daran erinnern kann, dass Anfang der Siebzigerjahre eine der Bernersenner-Hündinnen ihrer Großeltern einmal beim Nachbarn gleich acht Stück – aber vielleicht ist das eine der in ihrer Familie üblichen homerischen Übertreibungen – auf einen Streich erlegte. Gezahlt haben wir sie wohl, ob sie damit in unser Eigentum übergingen und wir sie gegessen haben oder ob sie dem feinen Hundi gebraten wurden, kann ich mich nicht erinnern, eher Letzteres, auf die kulinarischen Vorlieben unserer Hunde wurde im Allgemeinen Rücksicht genommen. Und erst später, so Anfang der Achtzigerjahre, kamen ja die Karnickel mit der neuen, leichten Küche wieder zu Ehren, wegen ihres sehr mageren Fleisches.

Aber lassen wir das Schwatzen und kommen wir endlich zum Kochen, im Haushalte des uns befreundeten Iranisten Bert Fragner wurde etwa trotz etwaiger schiitischer Ressentiments heuer zum Osterhasenfeste für 14 Personen eine wahre Karnickel-Orgie veranstaltet, von der gebratenen Leber über die kurz mit Kräutern – Rosmarin, Salbei, Thymian, Knoblauch – marinierten, geschmorten Rücken und ausgelösten Schenkel, bis zum Kleinfleisch zur Pasta, als Sugo, sehr sorgfältig aus dem von den Beinern ausgekochten Fond mit halbsüßem Wein und einzeln angerösteten Wurzeln.

So mediterran, so gut, auch wir sind mit unserem ***Coniglio con le olive*** südlich unterwegs: Ein Kanin-

Coniglio con le olive

1 Kaninchen
2 gehackte Knoblauchzehen
Rosmarin
Olivenöl
¼ l Rotwein
Hühnersuppe
2 enthäutete Fleischtomaten
15 schwarze Oliven, gehackt

chen in sechs Teile schneiden, die Stücke mit zwei gehackten Knoblauchzehen und den fein geschnittenen Nadeln eines Rosmarinzweigs einreiben, Olivenöl in einer schweren Pfanne erhitzen und die nur sehr wenig gesalzenen Kaninchenteile darin langsam goldbraun anbraten, den Kopf braten und schmoren wir mit, das kann der Sauce nur gut tun. Mit einem Viertelliter kräftigen Rotwein ablöschen, pfeffern und dreißig Minuten zugedeckt köcheln lassen, unter Umständen etwas Hühnersuppe zugießen, zwei große, enthäutete Fleischtomaten und fünfzehn schwarze Oliven grob hacken und zum Fleisch geben, noch weitere vierzig Minuten schmoren, bis das Fleisch ganz weich ist. Verspeist wird dieser Kiniglhase am besten erst am nächsten Tag, da hat sich die köstliche Sauce geschmacklich abgerundet und das Fleisch quasi mariniert, dazu gibt's Polenta.

Kaninchen à la française

1 Kaninchen
Butterschmalz
Dijonsenf
1 TL Estragon
¼ l Weißwein
Rindssuppe
¼ l Obers

A la française verfährt man ähnlich: Der geteilte Hase wird dieses Mal in Butterschmalz angebraten, hernach die Stücke dünn mit Dijonsenf bestrichen, in den Schmortopf retourniert, darüber gut ein Teelöffel getrockneter Estragon fein zerrieben. Mit einem Viertelliter Wein, der vorher auf die Hälfte reduziert wurde, aufgießen und mit guter Rindsuppe auffüllen, sodass die Fleischstücke bis zur Hälfte mit Flüssigkeit bedeckt sind, den Topf zudecken und fast zwei Stunden auf sehr kleiner Flamme schmoren lassen, 15 Minuten vor Kochende einen Viertelliter Obers zugießen und unter Umständen am Schluss die Sauce auf großer Flamme einkochen, eventuell mit Kalbsfond und Senf abschmecken.

Ambitionierte Mitstreiter können dem Karnickel auch eine Behandlung mit getrockneten Herrenpilzen angedeihen lassen, dann in Speck anbraten und mit Salbei würzen, oder Morcheln können den gemeinen Stallhasen im Finish adeln, vorher wurde er in einer nur mit Hühnerfond und Estragon aromatisierten Oberssauce gegart. Mit einer Oberssauce hat auch Meister Matt das Karnickel zubereitet, und so haben wir es ihm ein paar Jahre lang nachgekocht: Die gewürzten, bemehlten Fleischstücke auf kleiner Flamme in etwas Butter sautieren, dann Schalotten, Thymian und Rosmarin dazu, mit Weißwein und Kaninchenfond aufgießen. Im Rohr zugedeckt rosa garen lassen, dann das Fleisch auslösen, in gulaschgroße Stücke schneiden, den Fond reduzieren, mit Obers auffüllen, einkochen, passieren, mit Butter montieren, gehackten Knoblauch und Kerbel dazu und mit Zitronensaft abschmecken.

So, und jetzt hat gerade ein irakischer, äh, Taufscheinschiite angerufen, aber auch wenn seine religiösen Credentials nicht astrein sind, musste er uns mit einer Kiniglhasenfatwa aushelfen. Also, die Geschichte ist so: Als der Imam Ali mit seinem Pferd durch die Gegend ritt, rannte ein Karnickel dem Pferd zwischen die Füße, dieses scheute – ob es den Imam abwarf, konnte unser Freund nicht sagen, da hat er in der Religionsstunde gefehlt.

Aber dann schob er noch den »echten« Grund nach, ganz verlegen, wie es sich für einen echten Macho gehört. Die Schiiten, sagte er, essen kein Kaninchen, weil Kaninchenweibchen eine Periode haben. Pfuiteufel, punktum. Liebe Leute, wir können das jetzt so schnell nicht nachprüfen, aber verschweigen wollten wir es euch auch nicht.

23. April 2004

Was zum Seekuckuck …

Bizarre Namen und ein bizarres Äußeres haben die Felsenfische des Mittelmeers, die sich viel zu selten auf unsere Märkte verirren. Knurrhähne und Drachenköpfe kommen bei uns ins »verrückte Wasser«.

Ein Knurrhahn ist kein Gickerl, ein Seekuckuck kein Singvogel, eine Meersau kein Borstenvieh: Also bitte keine Reklamationen im Restaurant wegen falsch servierter Gerichte, wir bewegen uns auf ichthyologischem Terrain. Und zwar auf dem der Felsenfische, Meereswesen mit bizarrem Äußeren, teilweise stachelbewehrt, die sich jedweden züchterischen Ambitionen widersetzen. Alle oben Genannten gehören übrigens zur Spezies der Panzerwangenfische, stachelflossig und großkopfig, nämlich 1. Knurrhahn als Fischfamilie, 2. Seekuckuck ist die rote Erscheinungsform des Knurrhahns und 3. Meersau ist der braune Bruder des hochberühmten Roten Drachenkopfs.

Da die Weltmeere einerseits überfischt und verdreckt sind, andererseits die Nachfrage nach Meeresfisch aber weltweit ständig steigt, kommt der Aufzucht in Aquakulturen zunehmend wirtschaftliche Bedeutung zu. Berichte über schockierende Zustände in Lachsfarmen (dichtester Besatz, verschmutztes und belastetes Wasser, Einsatz von Antibiotika und Wachstumshormonen) haben Anfang der 90er-Jahre diese Aufzuchtmethode in Verruf gebracht. Mittlerweile gibt es zwar auch erstklassige Aquafarmen, die unter strengen Auflagen arbeiten, aber trotz aller Anstrengungen, den unvergleichlich würzig-mineralischen Geschmack der Wildfische erreichen die Produkte nicht.

Aber unseren Felsenfischen war bis dato züchterisch ohnehin nicht beizukommen, erfolgreich widersetzen sie sich den menschlichen Gängeleien, Manipulationen und dem Profitstreben. Der König unter ihnen – und in den Mittelmeerländern, besonders aber in Frankreich, besonders geschätzt – ist der Große Rote Drachenkopf (französisch: rascasse rouge, italienisch: scorfano rosso), ein Skorpionfisch, der Übergruppe der stachelflossigen Panzerwangenfischen zugehörig. Im Aussehen muss er der Schrecken aller ängstlichen

Tiefkühl-Fischziegelfresser sein: ein kräftiger Körper, stachelig gepanzerter großer Kopf, böser Blick, großes, breites Maul, am Kinn zahlreiche Hautanhängsel und eine stachelstrahlige Rückenflosse mit eingelagerten Giftdrüsen. Von seinen Fans, zu denen wir uns zählen, wird er wegen seines festen, weißen, würzigen Fleisches verehrt. Aber für die wahre Delikatesse wird traditionell der Schädel gehalten, und in jedem Land rund ums Mittelmeer kann man die Afficionados, nachdem sie sich das Körperfleisch sozusagen als Einstimmung gegeben haben, beobachten: über die Suppenteller gebeugt, andächtig konzentriert den stacheligen Kopf abkiefelnd und schmatzend auszutzelnd, bis nur mehr die nicht bezwingbaren knochigen Kopfgerippe sauber geputzt übrig bleiben.

In der Beliebtheit gleich nach dem wilden Drachenkopf kommen die Knurrhähne mit ihrem festen, leicht süßlichen Fleisch. Ihr häufigster Vertreter ist der attraktive rote Seekuckuck (grondin rouge / cappone imperiale), auch er mit Stacheln am großen, gepanzerten Kopf und großen Brustflossen sowie drei zusätzlichen frei beweglichen Brustflossen, die wie kleine Beine wirken und auf denen er sich auf der Suche nach kleinen Krebstieren und Fischen über den Meeresboden bewegt. Dabei soll er mit Hilfe der Schwimmblase grunzend-knurrende Geräusche von sich geben, na, gehört haben wir ihn noch nie. Früher war er verglichen mit dem Drachenkopf noch eine Mezzie, aber mittlerweile hat er preislich gleichgezogen.

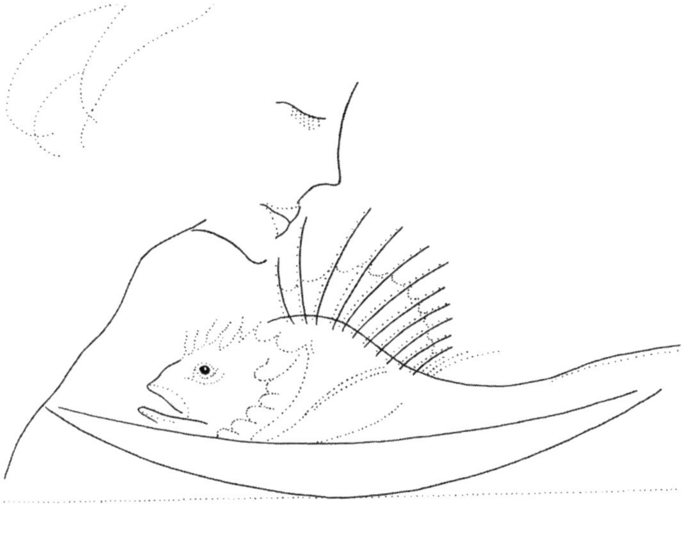

Drachenkopf / Knurrhahn in Acqua pazza

1 Knurrhahn / Drachenkopf (ca. 1 kg)
1 Stangensellerie
1 kleine Zwiebel
Olivenöl
2 Zehen Knoblauch
1 Glas Weißwein
2 große Paradeiser
Petersilie

Aber nun zum Kochen: Felsenfische sind ein klarer Fall für die Fischsuppe, ob es sich nun um den italienischen Cacciucco, die französische Bouillabaisse oder die griechische zitronig-gemüsige Psarosoupa handelt. Auch wir schmeißen Drachenkopf und Knurrhahn in den Suppentopf, in die ***Acqua pazza***, also ins narrische Wasser: Dafür muss ein Fisch von zirka einem Kilo zuerst geputzt und geschuppt werden, und im Falle des Drachenkopfs raten wir dringend, dafür Gummihandschuhe anzuziehen und mit Bedacht vorzugehen – jeder Stich entzündet sich –, erst unlängst ist der wirklich routinierten Fuchs trotz Handschuhs beim Schuppen der Stachel einer Rückenflossengräte ins Nagelbett gefahren, pfui Teufel.

In einem ovalen Topf in Olivenöl eine kleine Zwiebel, ein Stück Stangensellerie sowie zwei Zehen Knoblauch, alles gehackt, anschwitzen, mit einem halben Liter Wasser aufgießen (weniger Wasser, dafür ein Gläschen Weißwein ist auch nicht verkehrt), auf die Hälfte einkochen lassen, den gesalzenen Fisch einlegen, und bei mittlerem bis lebhaftem Feuer fünfzehn bis zwanzig Minuten kochen, von Zeit zu Zeit den Fisch wenden. Zur Hälfte der Kochzeit eine Hand voll geschälte, entkernte, gehackte Paradeiser zufügen, zum Schluss die Sauce abschmecken und gehackten Petersil einrühren. Nota bene: Jeder, der eine andere Acqua-pazza-Version kennt, hat auch Recht, es gibt jede Menge, wir machen es eben nun einmal so.

Nicht original, aber eine Wucht ist auch die Fuchsische Powervariante: Den Fisch filetieren, die Karkassen auskochen (Wangerl und alles Fleisch aus dem gekochten Kopf lösen) und die Acqua pazza mit dem Fischfond bereiten.

Wenn Ihnen hingegen während des Mittelmeerurlaubs irgendwo ein Steigerl mit anscheinend nicht einmal sortierten, sieben bis zehn Zentimeter großen Fischen (rote, graue, silbrige) unterkommt, schlägt die Stunde der ***Soupe aux poissons de roche.*** In der Kiste könnten / sollten sein: rote und braune Drachenköpfe, Meerbarben, Streifenbarben, Petermännchen, Meeraal, Knurrhähne, muränenartige Fischlein, was immer es gibt, wenn sich noch ein paar Taschenkrebse dazugeschwindelt haben, umso besser. Die Vielfalt sollte möglichst groß sein, weil jede Sorte ihren ganz spezifischen Geschmack in die Suppe einbringt und erst diese Melange das unvergleichliche Aroma garantiert.

Soupe aux poissons de roche

1 kg kleine feste Fische
1 Zwiebel
Porreestange
Olivenöl
2 große Paradeiser
2 Knoblauchzehen
Je 1 Zweig Thymian und wilder Fenchel
1 Lorbeerblatt
Orangenschale
Safran
Weißbrot

Die Fischlein ausnehmen, das Schuppen ersparen wir Ihnen. Die Petermännchen mit Vorsicht behandeln: Giftstacheln mit nervenlähmendem Gift sitzen auf der ersten Rückenflosse und den Kiemendeckeln, ihr Stich ist schmerzhafter als der einer Biene. Eine mittlere Zwiebel und das Weiße einer Porreestange in dünne Scheiben schneiden und in einigen Esslöffeln Olivenöl anschwitzen, zwei große, in Scheiben geschnittene Paradeiser zufügen und kurz mitgaren, mit zwei zerdrückten Knoblauchzehen, je einem Zweig Thymian und wilden Fenchel, einem Lorbeerblatt und einem Stück Orangenschale würzen, ein Kilo Felsenfische dazu, mit Wasser aufgießen, etwas salzen und unter gelegentlichem Umrühren an die zwanzig Minuten stark kochen lassen (ja, liebe Fuchs, nicht länger, auch nicht heimlich noch am Herdrand ziehen lassen!).

Den Gatsch – die Fischlein sind zerfallen – durch ein feinmaschiges Sieb gießen, mit einem großen Holzlöffel gut ausdrücken (über die Reste freut sich die Katz'), mit einer ordentlichen Prise Safran abschmecken. Dazu gegrillte, mit Knoblauch abgeriebene Weißbrotscheiben und eine »rouille« (im abgekürzten Verfahren: Knoblauchmayonnaise mit Harissa). Auch bei hiesigen Fischhändlern haben wir diese magischen Kisterln schon erspäht – vielleicht gäbe es sie ja öfter, wenn mehr Leute danach fragen würden. In diesem Sinne, wohlauf denn!

30. Jänner 2004

Eine geschmalzene Sünde

Altmodisch und nach der reinen Ernährungslehre verboten: Confit d'oie, eingemachte Gans

Ja, derfen's denn des, wieder ganz altmodisch die Leber ins Fett eingießen und als Amuse-Gueule hinstellen, anstatt des Topfenaufstrichs superlight? Erlöse uns von allen Übeln, alles tierische Fett führt zum Tod, und sein Konsum ist Sünde, dreißig Jahre lang haben wir der unheiligen Trinität von Nahrungsmittelindustrie und Pharmakonzernen (=Geld) sowie den Ärzteverbänden (=Autorität) gehorsam gefolgt: Cholesterin und gesättigte Fettsäuren sind Verursacher von Herz-Kreislauf-Erkrankungen, demzufolge sind auf den Index zu setzen Butter, Obers und Schmalz im Besonderen. Schwein, Gans und Ente sind quasi unreine Viecher, ebenso fette Fische. Am schlimmsten hat es die arme Sau erwischt: Was ihr alles angetan wurde, um sie vom Fett zu befreien und ihren Bestand an magerem Rippenfleisch zu vergrößern – unter anderem durch die wundersame Vermehrung ihrer Rippen –, geht auf keine Kuhhaut.

Von sichtbaren und aber noch viel heimtückischeren versteckten, weil nicht in einem anerzogenen Reflex zu entfernenden Fetten war viel der warnenden Rede. Vordem der Sexualmoral der Kirchen vorbehaltene Begriffe wie Sünde, Schuld und Angst wurden erfolgreich auf die entwicklungsgeschichtlich gleich alte Nahrungsaufnahme transferiert (mit denselben neurotischen Konsequenzen). Und die Einhaltung der Regeln wird mit dem ewigen Leben hienieden belohnt, oder doch fast ewig, amen.

Aber halt, jetzt gibt es Entwarnung für Pensionskassen und Totengräber: Denn siehe, gar nicht wenige der vermeintlich gesunden Margarinen (laut deutschem Ökotest 50 Prozent der getesteten Produkte, im Speziellen bei der als besonders gesund geltenden Sonnenblumenmargarine) enthalten so genannte Trans-Fettsäuren, die sich noch viel ungünstiger als die gesättigten Fettsäuren auf den Cholesterinspiegel auswirken. Britische Forscher konnten aufgrund der im Fettgewebe sich widerspiegelnden Fettsäurezusammensetzungen nachweisen, dass sich unter Herztoten signifikant

mehr Margarinekonsumenten befinden. Tierversuche und Langzeitstudien in Krankenhäusern zeigten, dass das Herzinfarktrisiko mit der verzehrten Margarinemenge wächst. Während es bei Butterkonsum sinkt.

Auch das »französische Paradoxon« bringt die Doktrin ins Wanken: Die Franzosen, dem Genusse besonders zugetan und mit dem tierischen Fette auf du und du – Butter- und Oberssaucen, Käse, Gansleber, Terrinen etc. – weisen zwar gleich hohe Blutcholesterinwerte wie die Resteuropäer auf, die Rate der Herz-Kreislauf-Erkrankungen ist im Vergleich jedoch in Relation signifikant niedriger (und das bei zusätzlich ziemlich intensivem Gauloise- und Gitane-Konsum). Der mäßige, aber regelmäßige Rotweinkonsum ist also eindeutig gesünder als ein Verzicht aufs Fett.

Für Fuchs und Harrer heißt das heute, dass wir erstens sofort eine Flasche öffnen und zweitens kochmäßig Altmodisches und Verbotenes wagen. Mitte der 70er-Jahre war Schweineschmalz das meistverwendete Fett in der österreichischen Küche, es geht uns nicht besonders ab, aber wir erkennen seine wichtige Rolle bei der Konservierung der diversesten Lebensmittel an: die bereits erwähnten eingegossenen Lebern, in Schweineschmalz konservierte schwarze Trüffeln (das Fett schön warm, damit die Trüffeln garen), Wachteln (schön saftig gegrillt) und so weiter.

Der Jahreszeit entsprechend wenden wir uns mit einem verwandten Verfahren dem Gansl zu und machen ein ***Confit d'oie***, kochen also eine Gans ein, französischer geht's nicht, das hat La Pucelle d'Orléans gegessen, bevor sie ihre Truppen in die Schlacht gegen die Engländer geführt hat: von einer fetten, abgeflämmten Gans das Fett aus dem Inneren (möglichst auch von den Innereien und Därmen) lösen und bei sanfter Hitze auslassen. Gansl vierteln und mit einem im Mörser zerstoßenen Gemisch aus 25 Deka Meersalz, 12,5 Deka Zucker, etwas Thymian, einer Gewürznelke, einem halben Lorbeerblatt und 1,5 Gramm Salpeter (aus der Apotheke) einreiben, in ein irdenes Geschirr legen, mit dem restlichen Gewürzsalz bedecken und 24 Stunden pökeln.

Confit d'oie

1 fette Gans
25 Deka Meersal
12,5 Deka Zucker
Thymian
1 Gewürznelke
½ Lorbeerblatt
1,5 g Salpeter

Danach von den Gansstücken sorgfältig das Salz abwischen, das Ganslschmalz und gleich viel Schweineschmalz lauwarm erhitzen, Gansteile einlegen, langsam erhitzen und bei mäßiger Temperatur (keinesfalls ausbacken!) etwa zwei Stunden garen: Das Schmalz sollte klar und das Fleisch so weich sein, dass mit einer Stricknadel kein Widerstand zu spüren ist. Die Fleischstücke herausnehmen, die gröbsten Knochen entfernen, in eine Steingutform eine Schmalzschicht eingießen und erstarren lassen, Fleisch so einlegen, dass es nicht die Wände berührt, mit dem restlichen Schmalz bedecken. Nach zwei Tagen eine Schicht Schweineschmalz nachgießen, um Risse auszufüllen, am darauf folgenden Tag nochmals mit einer Schmalzschicht versiegeln.

Die derart konservierte Gans hält ein Jahr und erfreut mit einem ganz spezifischen Geschmack. Klassisch ist natürlich die Weiterverarbeitung in einem Cassoulet, für den Solo-Genuss hingegen Fleischteile in etwas eigenem Schmalz braun anbraten und unter häufigem Wenden gut durchwärmen, unter Umständen Orangen-Ingwer-Chutney oder Wintersalate als Begleitung. Und nicht vergessen, als Ablass von dieser ernährungswissenschaftlichen Todsünde braucht es nur ein ordentliches Flascherl Rotwein.

28. November 2003

Eine Pflaume ist keine Zwetschke

Es gilt hier nicht nur ein botanisches Missverständnis aufzuklären, sondern auch ein kulinarisches Klagen anzuheben: Die gute alte Hauszwetschke – mit k, wie es das österreichische Wörterbuch will – ist beinahe vom Markt verschwunden.

Damit wir uns recht verstehen, wovon hier die Rede ist: von der Zwetschke, Zwetschge, Zwetsche, Quetsche. Liebe Nachbarn, Deutsche, zwischenzeitlich auch Reichsdeutsche, Piefke! In aller Deutlichkeit und gebotenen Dringlichkeit müssen wir festhalten: Eine Zwetschke, prunus domestica var. occonomica, ist keine Pflaume, prunus domestica! Nein, und abermals nein! Verwandt ja, eine Großcousine sozusagen – weil die Pflaume der Mirabelle, prunus domestica var. insititia, und Ringlotte, prunus domestica var. italica, verwandtschaftlich viel näher steht (rundliche Figürlichkeit, fiese Renitenz eines Nichtkerngehers, saftig-tropfende, Flecken kreierende Fleischlichkeit), aber Herr im Himmel, Zwetschke und Pflaume sind keine Synonyme, und somit wäre auch der Pflaumen(streusel)kuchen ein sprachlicher Topfen, und alle österreichischen Kochbuchappendixe, die unseren lieben Nachbarn die Sache einzudeutschen versuchen, Marille-Aprikose, Obers-Sahne, Faschiertes-Hackfleisch etc., irren bei der Position Zwetschke-Pflaume gründlich. Ein Powidl aus Pflaumen, das heißt aufgepapperlten, großkopfert gewordenen Kriecherln? Lächerlich!

Aber obwohl nun biologisch ja wohl alles klar ist, gibt es eine EU-Verordnung 1168/1999 zur Festlegung der »Vermarktung für Pflaumen«. Das lässt Böses ahnen, und die Vorurteile werden dann auch nicht enttäuscht: drei Qualitätsklassen, oberste Kriterien sind Makellosigkeit im Erscheinungsbild (form-, entwicklungs-, farb- und hautfehlerfrei: Als wüsste nicht jedes Kind, dass die Früchte mit einem kleinen Sprung am Stängelansatz die allerbesten sind) und Größe (Mindestgrößenangaben in Millimeter), kein Wort von Geschmack oder Qualität der Sorte.

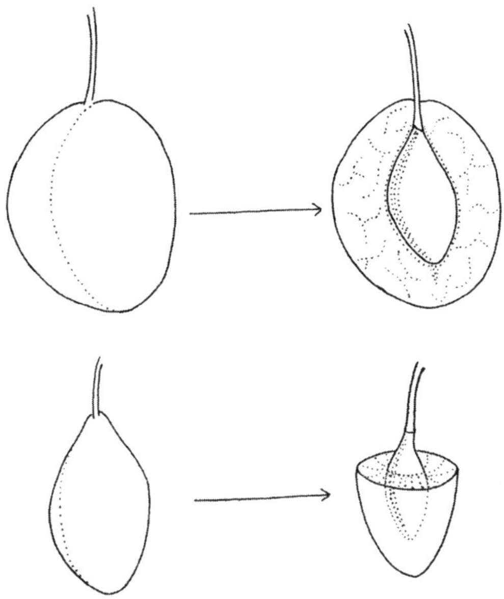

Analog dazu ist dann eben die Marktsituation, die kennen wir ja von Erdbeeren, Paradeisern und Marillen nur zu gut: Riesige, geschmacklose, namenlose Früchte (wo ist die Wangenheims Frühzwetschke?), die verzweifelnde Konsumentin jagt über den Markt, kauft da und dort ein Kilo – sie will ja eh nur einen Zwetschkenröster zum Mohneis machen – um ganz sicher zu gehen. Schwer beladen geht's nach Hause, nix ist's, nicht einmal eine Ahnung der seit der Kindheit verinnerlichten, unvergesslichen Geschmackssensation, und oftmals kommt zur Geschmacklosigkeit noch eine fortgeschrittene Oxidation (bräunliches Fruchtfleisch um den Kern), also überlagert und verdorben.

Die Hauszwetschke – klein und beschränkte Lagerfähigkeit – ist nicht marktkompatibel und wird daher selten angeboten, sondern vor allem für die Schnapserzeugung verwendet, was für ein Jammer! Aber hin und wieder findet man sie doch auf dem Markt: gelblich, fest im Fruchtfleisch, saftig, süß-säuerlicher Charakter und umwerfendes Aroma; diese raren Glücksfälle wandern natürlich nicht in den Kochtopf, sondern werden gegessen, bis der Magen schmerzt.

Da gute Zwetschkenjahre heftig ausfallen und dieser Überfluss niemals ad hoc zum Deressen wäre, gibt es keinen Mangel an konservierenden Rezepten. Hierzulande ist das Trocknen eine traditionelle, jedoch ziemlich lieblose Operation. Aber in Frankreich, wo man den kulinarischen Dingen höchste Sorgfalt und Liebe entgegenbringt, wird in mühsamer Kleinarbeit die Königin der Dörrzwetschken, die Pruneau d'Agen, sozusagen manufakturiert, und sie erhebt sich majestätisch über die bei uns den Markt dominierenden schnöden industriellen kalifornischen Produkte. Die französischen Dörrzwetschken begleiten Fleischgänge, genauso übrigens wie die Essigzwetschken der Harrer-Mutter, die damit ein altes Familienrezept wiederbelebt hat: Zwetschken, in einer mit Nelken, Zimtstange, Lorbeer, Pfefferkörnern und Honig gewürzten Essig-Wassermischung eingerext. In Italien werden Zwetschken auch in 95-prozentigen Alkohol eingelegt und später solo oder mit Schlagobers oder Eis genossen, und als Rumtopfveteraninnen wissen wir: Diese Art von Dessert gibt Familienfesten den ganz besondern Kick.

Zwetschkenfleck

Blitzblätterteig:
25 Deka glattes Mehl
2,5 Gramm Salz
3 cl Rum
1 cl Wasser
25 Deka Süßrahmbutter

Vanillecreme:
5 dl Milch
2 Eidotter
5 Deka Zucker
Vanille
6 Deka Maizena
10 Deka Zucker

Zwetschken
Marillenmarmelade
Staubzucker
Rum

Und dann werden sie natürlich eingekocht, die Zwetschken: als schnöde Marmelade oder aber als Powidl, bei dessen Produktion der Einsatz von Einkochhilfen wie dem segensreichen Gelierzucker ein Sakrileg darstellte, Zwetschke pur ist angesagt und fortwährendes Kochen und Rühren bis zur idealen Konsistenz. Die Haut bleibt drinnen, sich sanft kräuselnd gibt sie Powidl das ganz besondere Aroma und den kleinen Widerstand im Biss.

Der Powidl geht den österreichischen Weg, in die Mehlspeise, und diese Karriere lassen wir heute auch unsere Zwetschke antreten, als ***Zwetschkenfleck***, der sich allerdings über die gängige Germteigunterlagenspezies erhebt. Dazu bedarf es der Mühen eines Blätterteiges, und nein!, diesmal kommt er nicht aus dem Kühl- oder Tiefkühlfach, wobei vielleicht noch ein paar Butterflankerl in das industrielle Margarinemachwerk hineingeschwindelt werden. Allerdings ist es ein Blitzblätterteig, also nicht die ganz strenge Schule der mille feuilles: 25 Deka glattes Mehl, 2,5 Gramm Salz, 3 Zentiliter Rum, ein Zentiliter kaltes Wasser und 25 Deka kalte, in grobe Würfel geschnittene Süßrahmbutter werden kurz durchgeknetet, sodass die Butterwürfel noch einigermaßen erhalten bleiben. Zuerst zwei einfache Touren (dreiteilig übereinander schlagen) arbeiten, dann zwei doppelte (vierteilig zusammenlegen). Gesegnet seien die Herbsttemperaturen, zur Marillenzeit wären Teig und Köchin ins Schwitzen geraten.

In der Zwischenzeit eine Vanillecreme herstellen, dazu einen Deziliter Milch mit zwei Dottern, fünf Deka Zucker, Vanille und sechs Deka Maizena versprudeln, vier Deziliter Milch mit zehn Deka Zucker aufkochen, das versprudelte Gemisch einrühren und unter ständigem Rühren durchkochen lassen. Den gut gekühlten Blätterteig drei Millimeter dick ausrollen, auf ein Backblech transferieren, dünn mit der erkalteten Vanillecreme bestreichen, mit den entkernten, geviertelten Zwetschken dicht belegen und flott bei 190 Grad mit Umluft goldbraun, also nicht zu hell backen: Dann erst entwickelt die Butter ihr speziell buttrig-nussiges Aroma. Noch heiß mit kochender, passierter Marillenmarmelade dünn einpinseln und etwas später mit einem dickflüssigen Gemisch aus Staubzucker, Rum und Wasser dünnst bestreichen. Und bitte essen, solange der Teig noch knusprig ist: ob Butter oder Margarine, das ist eben nicht Powidl!

26. September 2003

Loblied der »Lemauni«

Durch die Mauren kamen die Zitronen nach Spanien und Sizilien, und in Oberösterreich wusste im 20. Jahrhundert die Tante Lini noch, wie sie wirklich hießen: Lemauni. Deshalb kochen wir heute arabisch, genauer gesagt marokkanisch

»Lemauni« sagte die Großtante und hielt in unerschütterlicher Konsequenz bis an ihr Lebensende an dieser sprachlichen Antiquität fest. Im Familienkreis mochte das als Schrulle noch angehen, aber spätestens in der Greißlerei war es für die sie begleitenden Großneffen und -nichten im Volksschulalter peinlich – altvaterisch, total daneben, megaout und urpeinlich würden heutige Sprösslinge sagen.

Die gute Tante Lini war philologisch natürlich völlig im Recht: »Lemauni«, vom arabischen »laymun«, merkts euch das, ihr Rotznasen, also die Zitronen kamen aus Indien über die arabische Halbinsel in den Westen, das heißt nach Spanien und Sizilien. Und die Zuwanderin brachte einiges mit: Am bekanntesten ist ihr Vitamin-C-Reichtum, was hierzulande zur Winterszeit dazu führt, dass der Tee meist als zwangsbeglückende Grippeprophylaxe mit Zitrone verabreicht wird – vielleicht auch, um die noch immer miese hiesige Teequalität zu vertuschen. Dass Zitronensaft Eisen angreift, desinfiziert, entfärbt, ist bewiesen, darauf dass er HIV-Viren umbringt und Schwangerschaften wortwörtlich im Keim erstickt, würden wir uns aber eher nicht verlassen. Ebenfalls zu überprüfen wären Berichte über die Angst des Trompeters vor der Limone: Bläser, die sehen, wie jemand an einer Zitrone lutscht, verziehen unwillkürlich den Mund und können nicht mehr spielen.

Und, endlich sind wir so weit, kochen kann man mit der Zitrone auch. In der pikanten österreichischen Küche wird sie – außer als Accompagnement von Schnitzerl, Backhendl und Co. – eher in homöopathischen Dosen eingesetzt, darum gehen wir nach Marokko und lassen ihr zuerst die dort klassische Aufbereitung angedeihen. Zwölf kleine, möglichst dünnschalige, gut gewaschene Bio-Zitronen werden der Länge nach so geviertelt, dass sie am Stielansatz noch zusammenhalten. In die Einschnitte so viel grobkörniges

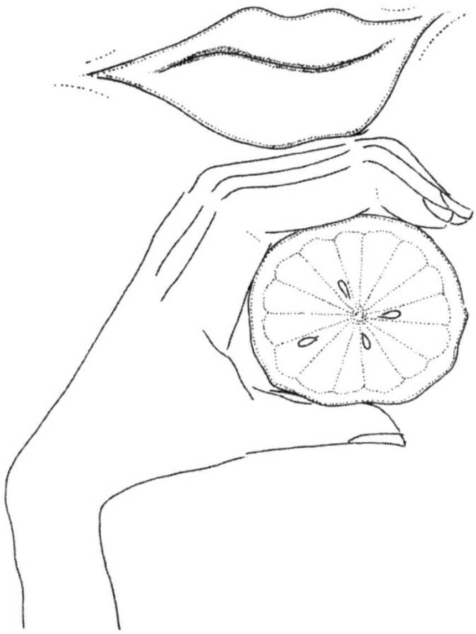

Meersalz wie möglich streuen, die Zitronen in ein steriles Glas setzen, fest zusammendrücken und mit Zitronensaft auffüllen, luftdicht verschließen und vier bis sechs Wochen marinieren lassen.

Die ZEIT-Leser warten zusammen mit Meister Wolfram Siebeck seit zwei Wochen darauf, dass ihre Zitronen ihrer ultimativen Form entgegenreifen, sie werden von den STANDARD-Lesern dank der göttlichen Fadma, der Köchin des ehemaligen marokkanischen Botschafters in Wien, locker überholt, die Harrer / Fuchs schon vor Jahren in die Geheimnisse der Schnellbereitung der ***l'hamd markad*** eingeführt hat: die Zitronen wie oben schneiden und salzen, in ein Häferl setzen, knapp mit Wasser bedecken und zugedeckt zehn Minuten auf kleiner Flamme kochen, in ein Glas transferieren, zusammendrücken, mit Kochsud begießen, Glas verschließen und mindestens drei Tage warten.

l'hamd markad
Eingelegte Zitronen, marokkanisch

12 kleine Bio-Zitronen
Meersalz

Während also die Konkurrenz ihren Zitronen zuschaut und der große Guru darüber brütet, wie er die Dinger weiter verwurstet, schütteln wir Habituées eine ***Hendl-Tagine*** aus dem Ärmel: ein mittelgroßes Huhn zerteilen und mit einem Gemisch aus zwei Esslöffel Olivenöl, zwei Esslöffel edelsüßem Paprika und je einem halben Teelöffel gemahlenen Ingwer und gemahlenen Pfeffer einreiben, zwei Esslöffel Butter in einem Bräter aufschäumen lassen und die Hühnerteile darin kurz und sanft anbraten. Eine feingehackte Zwiebel, zehn Safranfäden, die zuvor unter Rühren in einem kleinen, beschichteten Pfanderl zwei bis drei Minuten bei mittlerer Hitze geröstet und anschließend zerbröselt wurden, jeweils ein mit einem Faden zusammengebundenes Büscherl Koriander und Petersil sowie einen Viertelliter Hühnersuppe zufügen, zudecken und bei 200°C im Rohr 50 Minuten garen.

Hendl-Tagine

1 mittelgroßes Huhn
2 EL Olivenöl
2 EL edelsüßer Paprika
½ TL gemahlener Ingwer
½ TL gemahlener Pfeffer
2 EL Butter
1 feingehackte Zwiebel
10 Safranfäden
frischer Koriander, Petersilie
¼ l Hühnersuppe
1 EL frischer Zitronensaft
Eingelegte Zitronen
12 geputzte kleine oder 6 größere, gekochte Artischockenböden
Schale von 2 eingelegten Zitronen

Hühnerstücke herausfischen und warm stellen, Petersil und Koriander wegschmeißen, je einen Esslöffel frischen Zitronensaft sowie Fruchtfleisch eingelegter Zitronen und zwölf geputzte kleine oder sechs größere, gekochte Artischockenböden dazu und vier, fünf Minuten erhitzen. Die in dünne Streifen geschnittenen Schalen von zwei eingelegten Zitronen untermischen und die Hühnerteile zur Sauce geben, mit Salz abschmecken, eventuell mit gehacktem Koriander bestreuen. Dazu gibt es Reis oder Fladenbrot.

Lammkeule mit einer Gewürz-Zitronenkruste

1 Lammkeule
2 EL Olivenöl
Knoblauch
1 TL gemahlener Kreuzkümmel
½ TL gemahlener Pfeffer
Stangensellerie
4 eingelegte Zitronen
Pfeffer, Salz

Und auch die ***Lammkeule mit einer Gewürz-Zitronenkruste*** ist nicht zu verachten: einen mit Knoblauch gespickten Schlögel mit einem Gatscherl aus vier Esslöffeln Fruchtfleisch von eingelegten Zitronen, zwei Esslöffeln Olivenöl und einem Teelöffel gemahlenem Kreuzkümmel bestreichen. Bräter mit einigen in große Stücke geschnittene Selleriestangen auslegen, die Keule pfeffern und darauf setzen und bei 250°C eine Viertelstunde braten, bis sich eine

Kruste gebildet hat, dann bei 180°C weiter, bis sie so durch ist, wie Sie sie eben haben wollen. Authentisch sind dazu bei Tisch Schalen mit Salz und Kreuzkümmel, in die man das Fleisch eintaucht.

25. Juli 2003

Der Hang zur Flasche

Kaffeekränzchen mit Buttercremetorten, das ist nicht so ganz unseres, was nicht heißen soll, dass wir Kuchen völlig aus dem Weg gehen: Am liebsten ist er uns leicht angerauscht.

Die Harrer war in Saudi-Arabien, und die Fuchs hat ihr danach zum Trost einen Kuchen gebacken, und zwar einen mit gleich zwei westlichen kulturellen Assoziationen (die in unserem Leben ein sehr unterschiedliches Gewicht haben): Es war ein b'soffener Kapuziner. Es ist nicht wahr, dass, als die Harrer das Löffelchen zum Munde führte, ihre Hand noch immer leicht zitterte. Dazu war die Reise im alkoholisch wohlbestallten Flugzeug zu lang.

Dass Fuchs und Harrer resch durchs Leben wandeln und eher in Weinhäusern als in den Kultstätten der Patisseriekunst anzutreffen sind, wissen die, die uns kennen und lesen. Trotzdem, im Rahmen eines Menüs, zur Komplettierung des Reigens der Geschmacksrichtungen hat das Dessert auch für uns seinen Platz. Wobei eben da wieder der Hang zur Flasche durchschlägt: Ein gut gekühlter, angerauschter Kuchen, begleitet von etwas Obstigem, das kann man schon haben, auch ohne Saudi-Arabien-Ausflug.

Besoffene Kapuziner

6 Eier
3 Deka Kristallzucker
1 Kaffeelöffel Zimt
1 Messerspitze Nelkenpulver
Vanille
3 dl Semmelbrösel
1 bis 2 Deka Mehl
Zimtrinde, Nelken, Zitronenschale
Zucker
Weißwein oder Most

Beginnen wir mit einer leichten Übung, obigem ***besoffenem Kapuziner*** der Fuchsischen Urgroßmama: Sechs Eiweiß zu Schnee schlagen, nach und nach sechs Dotter, ein Kaffeehäferl (0,3 Liter) Kristallzucker, ein Kaffeelöfferl Zimt, eine Messerspitze Nelkenpulver sowie etwas Vanille einschlagen und zum Schluss ein Kaffeehäferl Semmelbröseln plus ein bis zwei Deka Mehl mit der Schneerute unterheben. In eine gebutterte, bemehlte Ringform (Durchmesser 25 cm) füllen und bei 170 Grad backen.

Nach getanem Werke Zimtrinde, Nelken und Zitronenschale ein paar Minuten in etwas Wasser kochen, Gewürze entfernen, mit

Most oder Wein – wir verdünnen nicht! – aufgießen, bis knapp unter den Siedepunkt erhitzen, mit ein paar Kaffeelöfferln Zucker die spitze Säure entschärfen und den Kuchen mit dem Glühwein oder -most tränken. Im Winter heiß, im Sommer gut gekühlt servieren.

Die fruchtigen Begleitungen zum Kuchen kommen später, vorher betreten wir mit der Herstellung eines ***Savarins*** – Vorschlag Nummer zwei – das Territorium der Haute Cuisine. Die Abhandlungen über die Herstellung dieses butterhältigen Germteigs (da kann es schon vorkommen, dass der Butter- um 25 Prozent höher als der Mehlanteil ist) füllen ganze Abhandlungen, allein für das wiederholte Gehenlassen und Abschlagen des Teiges müsste man demnach gut zehn Stunden veranschlagen, abseits aller tages- und jahreszeitlichen Imponderabilien bezüglich Qualität der Hefe und der komplizierten Techniken zum Abarbeiten des Dampfels und des Teigs.

Savarin

30 Deka Mehl
¼ l Milch
1 Deka Germ
15 Deka Süßrahmbutter
2 Deka Staubzucker
6 Eier
Salz

20 Deka Zucker
15 cl alter Rum
Wasser

Aber lassen wir doch die Kirche im Dorf: Was ist so ein Savarin anderes als der schwere Germbunkl unserer Großmütter und -tanten, die weit über die Achtzig den Germteig noch abschlugen, dass es nur so eine Freud' war? Lassen wir alle Ehrfurcht fahren und produzieren wir einen Savarin in technisch entschärfter Version: Ein Viertel Liter handwarme Milch mit einem Deka zerbröselte Germ und 7,5 Deka Mehl (am besten Auszugsmehl) vermischen und zugedeckt gehen lassen bis das doppelte Volumen erreicht ist. In der Zwischenzeit 15 Deka Süßrahmbutter (bitte hier keine Kompromisse!) mit zwei Deka Staubzucker sehr schaumig rühren, nach und nach sechs Eier sowie eine Prise Salz zufügen, 22,5 Deka Mehl sowie das fertige Dampfl untermischen und den Teig ausgiebig und kräftig bearbeiten und immer wieder auf die Arbeitsfläche schlagen, um ihn gut durchzulüften.

Teig zu einer Kugel formen, in eine Schüssel geben, mit einem Tuch abdecken und an einem mäßig warmen Platz gehen lassen. Eine Savarinform (eine Reisreifenform, die landesübliche Ring-

form tut's auch) buttern und leicht bemehlen und den nochmals abgeschlagenen, auf seine ursprüngliche Menge reduzierten Teig in die Form füllen. Er sollte sie nur bis zur Hälfte ausfüllen. Abdecken und nochmals gehen lassen bis der Teig sein Volumen verdoppelt hat. Bei 180 Grad im vorgeheizten Rohr etwa 45 Minuten goldgelb backen und nach kurzem Abkühlen auf eine Servierplatte stürzen.

Einen halben Liter Wasser mit zwanzig Deka Zucker zum Kochen bringen, unter Rühren auflösen, vom Feuer nehmen, überkühlen lassen, mit 1,5 Deziliter gutem altem Rum (auch Kirsch wäre zulässig) – bitte nicht das rabiate Strohdestillat – parfümieren und den Kuchen mit einem Drittel des Sirups beträufeln, nach einer Viertelstunde die Operation mit der Hälfte der verbliebenen Flüssigkeit wiederholen, nach weiteren 15 Minuten folgt der Rest. Das Tränken in der Form wäre entschieden einfacher, ist wegen des zu befürchtenden »Eiselns« aber gefährlich. Schnapsdrosseln erhöhen die Rumdosage, auch die Zuckergabe könnte noch vermindert werden.

Unsere B'suffs lassen wir aber nicht alleine los, sie kommen je nach Jahreszeit unterschiedlich akkompagniert daher. Zum Beispiel jetzt: Erdbeeren mit etwas Gelierzucker pürieren, mit Cointreau oder Grand Marnier abschmecken, dazu in Scheiben geschnittene Erdbeeren – wie wär's, zwecks Walderdbeernote den Kapuziner mit Uhudler zu tränken? Mit Himbeeren geht es genau so (Sauce jedoch passieren), als Finish Himbeerbrand.

Oder: Pfirsiche (Nektarinen) in gezuckertem Weißwein pochieren, einen Teil pürieren, Sauce mit Pfirsichbrand abschmecken, eventuell mit reduziertem Sud verdünnen, dazu restliche Früchte in feinen Spalten; Birnen detto, in den Sud jedoch noch Zimtstange, Zitronensaft und Vanille. Marillen: In Weißwein und Orangensaft mit etwas Zimtrinde köcheln, pürieren, passieren, mit Marillenlikör und Zucker abschmecken, als Einlage geschälte, hochreife rohe Marillen in Spalten; für Kirschen oder Weichseln roten Portwein und doppelt so viel Rotwein mit Zimstange und Zucker aufkochen, überkühlen, entkernte Kirschen oder Weichseln einlegen, mit Kirsch- oder Weichselbrand abschmecken. Etc.

Und zu diesen rauschigen Kuchen mit modernem Kompott nehmen wir dann doch noch eine Anleihe bei den Kaffeehaustanten – und verordnen uns einen ordentlichen Klacks Schlagobers.

23. Mai 2003

Weltmeister im Nötigen

Es ist dringend notwendig, etwas Gutes über das Land zu sagen, das nicht vordergründig, aber doch mit seinem Regime gleichgesetzt wird, den Irak. Wieso nicht über Essen und Trinken, die arabische Gastfreundschaft reden? In der Hoffnung auf die Zeit nach dem Krieg

In dem Kriegstagebuch, das die irakische Malerin Nuha al-Radi 1991 führte, bespricht sie ein Phänomen, das man gemeinhin nicht mit Krieg assoziiert: essen bis zum Umfallen. Als in Bagdad kurz nach Beginn der Bombardierungen Mitte Jänner der Strom ausfiel, begann das große Tauen der Tiefkühltruhen, die im Land der Meister und Meisterinnen der Vorratshaltung immer vollgestopft zu sein pflegten. »Wenn meine Cousine Needles sagt, die Hühner gehen ihr aus, dann heißt das, dass sie zwanzig eingefroren hat«, spottet die Autorin über diesen irakischen Charakterzug, der vom bevorstehenden Krieg nur verstärkt wurde (obwohl es damals, im Gegenzug zu diesmal, viele nicht glauben wollten, dass er kommt). Und plötzlich musste alles aufgegessen werden, in wenigen Tagen. »Überall fette Katzen«, schreibt al-Radi dann in der dritten Kriegswoche. Die Lebensmittel sind mittlerweile so verdorben, dass sie gerade noch als Tierfutter taugen.

Der Hang zum Horten hat vielen Irakern – die in besseren Zeiten als »arabische Preußen« bezeichnet wurden – aber zumindest in den ersten Sanktionsjahren geholfen: natürlich nicht die Hortung von Lebensmitteln, aber dass eben jeder, der sich's leisten konnte, genügend Kleidung auf Jahre hinaus hatte oder auch einen Zweitfernseher, Zweitkühlschrank, Zweitauto, you name it, die dann verklopft werden konnten oder auch nur in Betrieb genommen, wenn die alten kaputt waren. Die Verarmung des Mittelstandes – also genau der Leute, die man zum Aufbau und zum politischen Neubeginn hoffentlich bald brauchen wird – hat das natürlich trotzdem nicht hintangehalten.

Betroffen waren auch die sozialen Kontakte, vor allem in der Zeit vor dem Inkrafttreten der »Öl für Lebensmittel«-Resolution 1996 (die gestattete, dass der Irak Erdöl verkaufen durfte, um le-

bensnotwendige Waren unter Kontrolle der UNO einzukaufen), danach kamen bereits verschwundene Waren wieder auf den Markt – wie Zucker. Ohne Zucker geht eine irakische Einladung nicht: Wie soll man denn seinen Tee oder Kaffee trinken? Und um seine Nachbarn, seine Verwandten nicht in Verlegenheit zu bringen, um sie nicht dazu zu zwingen, das wenige, was sie haben, den Gästen zu servieren, stellte man in den ersten Sanktionsjahren eben nach und nach gewisse Gewohnheiten – die spontanen, unangemeldeten Familien- und Freundesbesuche, die so typisch sind für diesen Teil der Welt – ein.

Welch ein Fest, als der Zucker nach 1996 auf die Märkte zurückkehrte und sich auch die Vitrinen der Konditoreien wieder füllten! Meine Freundin R., die zarte, starke Frau, die beim letzten Telefonat, das ich mit ihr nach den ersten Kriegsnächten führen konnte, noch ihren Galgenhumor bewahrt hatte, pflegte zu erzählen, wie sie und ihr Mann sich den Zuckerorgien hingaben in den ersten Wochen. Ohne diesen Mangel zu kennen oder, hätte ich ihn gekannt, einschätzen zu können, hatte ich das erste Mal, als ich in den Irak reiste, nach dem Krieg, Schokolade mitgebracht, ein Volltreffer. Bei den nächsten Malen war immer eine ganze vollgepackte Kühltasche mit dabei. Wieso Kühltasche? Fahren Sie einmal, sagen wir im Frühsommer, mit ein paar Kilo Schokolade über den Landweg tausend Kilometer von Amman nach Bagdad, womöglich ohne Klimaanlage im Auto.

Jeder, der die arabische Welt kennt, weiß, dass die Geschichten über die Gastfreundschaft nicht erfunden sind. Ich bilde mir ein – schon weil es dringend Gutes zu sagen gilt über die Iraker und Irakerinnen –, dass das für den Irak am allermeisten gilt. Dort sind sie Weltmeister im Nötigen, Ruhe ist erst dann, wenn man sich durch das jeweilige, immer reiche kulinarische Angebot durchgekostet hat, da schreit man meist schon nach einem Arrak. Für eine irakische Einladung gilt die Regel, über den Daumen gepeilt: Es muss mindestens doppelt so viel sein, wie die Gäste essen können.

Mit besonderer Dankbarkeit denke ich an die Weinflaschen, die meine Freunde noch in den ärgsten Sanktionsjahren aufgetrieben haben, weil sie Wein, zu Recht natürlich, zu meinen Grundnahrungsmitteln zählten. Was die – nicht vorhandenen, schlimm in Bombennächten – irakischen Keller da zu meinen Ehren alles ausspien: So manches war nach unseren Begriffen wohl ein bisschen hinüber, ich erinnere mich etwa an einen Champagner, der ein paar Jahre zu viel auf dem Buckel hatte und bereits ins Sherry-Stadium eingetreten war. Selten hat mich etwas mehr gerührt und ja, es hat mir auch geschmeckt, viel besser jedenfalls als der bestgereifte Tropfen in schlechter Gesellschaft.

Übrigens ist vor zwei Wochen eine Flasche Arrak, die mir aus Bagdad von einem freundlichen Kurier überbracht wurde (ich selbst bin seit 2000 durch den liebreizenden Freund Jörg Haiders, Außenminister Naji Sabri, wegen Unbotmäßigkeit aus dem Irak ausgesperrt), weitergereist in die Vereinigten Arabischen Emirate: Bagdad, Vienna, Abu Dhabi. Es handelt sich dabei um einen mit Mastix versetzten, parfümierten Arrak, der jahrelang nicht mehr, aber zuletzt plötzlich wieder im Irak produziert wurde. Ein bereits in den 70er-Jahren emigrierter irakischer Freund verzehrt sich seitdem danach, ich hatte zwei Flaschen, also wurde unser Bierpapst Conrad Seidl, der zur Waffenmesse nach Abu Dhabi reiste, als Arrakbote eingesetzt: Ja, so funktioniert die Welt.

Und manchmal funktioniert sie anders, als die werten Leser und Leserinnen denken. Ich erinnere mich an einen Beschimpfungsbrief, als ich zum ersten Mal (vor »Oil for Food«) über Sanktionsfolgen berichtete und dabei irgendwie auch ein Masguf-Essen in der ehemaligen Amüsiermeile Abu-Nuwas-Straße vorkam: Masguf, das ist die köstliche Zubereitungsart für die (wahrscheinlich umweltmäßig schwer vergifteten) Tigris-Fische, die auf Holzstecken vor offenem Feuer gegart werden. Man lädt die dumme Journalistin zum Essen ein, und sie schreibt, was das irakische Regime will. Nun, so war es nicht gerade, die Journalistin zahlte das opulente Essen für die ihr zugeteilten, völlig abgebrannten »Minder«, sprich Geheimdienstler – mit bei herrschendem Alkoholausschankverbot reichlich mitgebrachten Flaschen unter dem Tisch –, und da schau her, ohne jede Illusion, in den Tagen danach war einiges möglich, was vorher nicht möglich gewesen wäre. Aber die Gentlefrau schweigt, auch wenn man von Genießen in diesem Zusammenhang nun wirklich nicht sprechen kann ...

28. März 2003

Von wegen Kalb der Kartäuser

Weder Fisch noch Fleisch, heißt es oft über den Tunfisch, womit man dem schnittigen Warmblüter unserer Meinung nach gehörig Unrecht tut. Es gilt nur, die Tunfischdose zu überwinden.

Also, wie fast alle AustriakInnen unserer Generation sind wir als Dosentunfischesser sozialisiert; die erstaunliche Tatsache, dass dieses Tier – als viele, viele Dosenportionen auf einmal – in Fischform im Meer herumschwimmt, kam uns erst zu Bewusstsein, da waren wir anderweitig schon aufgeklärt. An letzterer Problematik anknüpfend, fragen wir uns jedoch seit einiger Zeit – ergebnislos –, ob in Fuchsens Schwangerschaft vielleicht irgendwas Regressives in Bezug auf Tunfisch passiert ist: Leopoldine (5) bringt es auf gut 150 Dosen pro Jahr. Vielleicht ist es aber auch nur eine simple Quecksilberdependenz.

Das Beste am Tunfisch unserer Kinderzeit war, dass er noch ein h hatte, da konnte man noch unmissverständlich schreiben: Als eine der Tugenden des Thuns wird dessen relative Neutralität betrachtet. Heute frägt (das ä ist die Rache fürs gestohlene h!) man sich nach dem gleichen Satz: Welches Tun? Ach so, nicht Tun, sondern Tun! Die routinierten DosenöffnerInnen können die Neutralität jedenfalls nicht bestätigen, da fischelt es sehr wohl kräftig heraus. Aber das ist eben das Ceterum Censeo zum Thema: Schon Alexandre Dumas père schreibt in seinem »Großen Wörterbuch der Kochkunst«, dass der Tunfisch »sowohl in Geschmack also auch in der Farbe dem Kalbfleisch ähnelt«. Er sei weder »Fisch noch Fleisch, das Kalb der Kartäuser«.

Soll sein, den katholischen Tricks, das sündige Fleisch zu vermeiden und trotzdem gut zu mampfen, verdanken wir ja viele kulinarische Freuden. Der Tunfisch ist aber zurzeit auf unserer Tafel am häufigsten roh zu finden, dazu begeben wir uns weg vom christlichen Abendland ins Asiatische. Dort ist ja auch das Thunnophagenland schlechthin, Japan, mit seinem jährlichen Bedarf von 480.000 Tonnen (voriges Jahr war's eine mehr, ätzt die Fuchs, da war die Harrer dort).

Ihren akklamierten ***rohen Tunfisch*** macht die Fuchs so: Das – am besten (teuer!) in einer Sushibar gekaufte, der große Umsatz bedeutet Frische – Filet in Zwei-Zentimeter-Würfel schneiden und eine halbe Stunde vor dem Verzehr in folgende Marinade (für dreißig Deka geputzten Fisch) einweichen: je zwei Esslöffel helle Sojasauce und Olivenöl, einen Teelöffel geschälten geriebenen Ingwer, ein Teelöffel Sesamöl, etwas Zitronensaft und/oder Aceto Balsamico, Salz und fein geschnittener Schnittlauch. Am Ende eventuell nachwürzen, dazu Gari (eingelegter japanischer Ingwer) und einen Rucola-Kirschparadeis-Salat servieren.

Marinierter roher Tunfisch

30 Deka Tunfischfilet
2 EL helle Sojasauce
2 EL Olivenöl
1 TL geschälter, geriebener Ingwer
1 TL Sesamöl
Zitronensaft oder Aceto Balsamico
Schnittlauch, Salz

Marinierter roher Tunfisch II

Frühlingszwiebeln
Grüner Koriander

Die Harrer lässt Schnittlauch in der Marinade und Gari als Begleitung weg und nimmt stattdessen eine Spur Frühlingszwiebel und viel grünen Koriander und reibt den Ingwer – mehr, als die Fuchs nimmt – nicht, sondern schneidet ihn fein. Aber wir essen eine brav und ohne Proteste das Rezept der anderen, wir wissen ja, was sich gehört. Aber weil wir heute schon einmal beim höflichen Dissens sind: Auch die Mittelmeerküche zum Thema ***Tunfisch – mit Paradeiser-Kapern-Sauce*** – wird von Ihren beiden untertänigsten Köchinnen unterschiedlich aufgefasst.

Tunfisch mit Paradeiser-Kapern-Sauce südfranzösisch

1,2 kg Tunfisch
Olivenöl
1 größere, fein gehackte Zwiebel
60 Deka Paradeiser
20 Deka in Essig eingelegte Kapern
Petersilie
Mehl
Essig, Salz, Pfeffer

Die Fuchs macht's klassisch ***südfranzösisch***: Eine Scheibe vom frischen Tunfisch, etwa 1,2 Kilo schwer (die hat zirka zwanzig Zentimeter Durchmesser), wird eine halbe Stunde in kaltem Wasser, dem ein Schuss Essig zugesetzt wurde, gewässert, um überschüssiges Blut auszuwaschen. Das Stück trocknen, die Haut entfernen, salzen, pfeffern, leicht bemehlen und in Olivenöl auf beiden Seiten anbraten. In einem gusseisernen, von der Größe gerade passenden Topf in Olivenöl

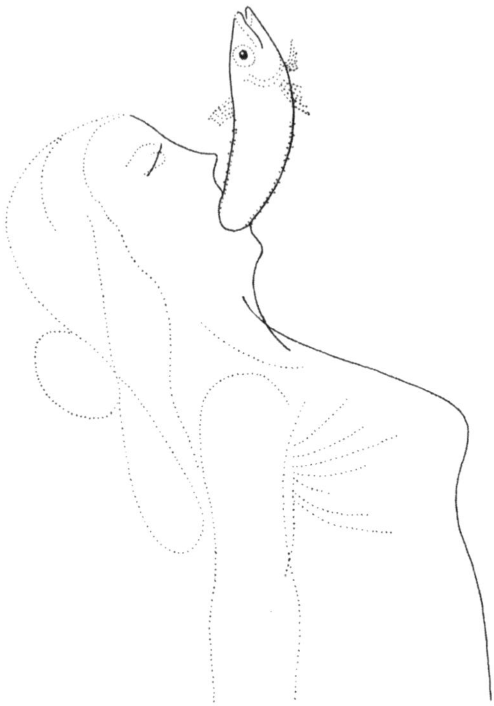

eine größere, fein gehackte Zwiebel leicht anbraten, vierzig Deka (netto) enthäutete, entkernte, gehackte Paradeiser zufügen, kurz andünsten, zwanzig Deka schöne, in Essig eingelegte, gewässerte Kapern und gehackten Petersil zufügen, die Sauce aufkochen, den Fisch einlegen und auf winzigster Flamme zugedeckt mindestens eineinhalb Stunden schmoren. Dagegen ist nicht das Geringste einzuwenden, sagt die Harrer, aber so viel Zeit hat sie nicht. Sie bereitet mit Zwiebeln, etwas Knoblauch, Kapern, ein paar schwarzen Oliven, frischen Paradeisern und den qualitativ besten Sardellen, alles gehackt, eh klar, mit Olivenöl und einem Schuss Weißwein ein Saucerl zu, in dem sie ihre Tunfischscheiben in Steakdicke grad so ziehen lässt, dass sie medium rare sind. Wenn der Tun unbedingt steakmäßig gebräunt sein soll, geht es auch extra. Dazu unsere klassischen Rosmarin-Erdäpfel, roh im Rohr gegart, leben sollen sie, die Kartäuser und ihr Kalb.

Nebbich Kalb, ein Roter Tunfisch ist bis zu viereinhalb Meter lang und wiegt 600 Kilogramm, eher kommen da der Weiße Tunfisch hin – bis zu ein Meter lang und 30 Kilo – und natürlich der Bonito, mit seinen 80 Zentimetern Länge. Der Tun ist ein Warmblütler, das und seine Stromlinienform machen ihn zum Hochleistungsschwimmer, unsere Mittelmeer-Tunfische etwa kommen aus den Meeren Nordeuropas durch die Meerenge von Gibraltar und ziehen nach dem Ablaichen wieder zurück in ihre Ursprungsgebiete.

Aber Tunfisch gibt es mehr oder weniger auf der ganzen Welt, auch so ein Schweinsbraten des Meeres, der sich jedoch der völligen Trivialisierung dadurch entzieht, dass die Zucht – im Gegensatz zu seinem unglücklichen Bruder, dem Lachs – noch nicht gelungen ist: Die Befruchtung der Eier und die Ernährung der jungen Larven sind noch nicht restlos erforscht. Tunfischfarmen auf offenem Meere gibt es aber schon: Doch die Bewohner werden als Junge gefangen und dann dort aufgezogen. Wie halt die Harrer im katholischen Internat, sagt die Fuchs, nur dass die internierten Tunfische im Gegensatz zu ihr Spitzenpreise erzielen.

Zur weiter gefassten Thematik des katholischen Internats gehört auch die Spezialität für die ganz ausgebufften Tunfischfreaks, nämlich »Latume«, die gebratene Milch, sprich das Sperma der männlichen Tiere, natürlich noch ordentlich verpackt im Sack, äh, wie das zoologisch heißt, wissen wir jetzt nicht. Bei ordentlichen Exemplaren sprechen wir da schon von gut mannsellenlangen Ausmaßen, liest die Fuchs schwer beeindruckt aus einem gescheiten Buch vor, wobei die Assoziation mit der »Mannselle« ein Thema für sich wäre. Aber die Tatsache, dass jemand Fischsperma frisst, braucht Sie nicht weiter aufzuregen, wenn Sie Karpfenbeuschelsuppe verzehren, tun Sie's ja auch. Und aus den weiblichen Eiern wird die köstliche Bottarga gemacht, über die Pasta gerieben, herrlich.

31. Jänner 2003

Wildes Neujahrsglück

Wie man einen rituellen Überwindungsakt in lustvolles Zelebrieren umwandelt: Der Sauschädel für den 1. Jänner kommt bei uns längst nicht mehr vom domestizierten, sondern vom wilden Schwein

Das haben wir von der Mutter Kirche gelernt: Ordentliche Feste sind nicht unter zwei Tagen zum Derfeiern. Und so trifft man sich bei uns nicht nur zum Silvestermahle: Die Nachversorgung am 1. ist in unserem Freundeskreis, wen immer es trifft, in der Einladung inbegriffen. Aber wo wir auch sind – heuer erstmals sogar im Bayrischen –, die Fuchs bringt jedes Jahr einen treuen Gefährten mit, nein, nicht ihren Ehemann, den auch, wir aber meinen hier den Sauschädel.

Es ist nicht das erste Mal, dass wir uns diesem borstigen Thema widmen. Aber damals – jahrelang – waren wir der Haussau verhaftet; nicht zuletzt die alljährlichen Gänsehäute (böses Omen!) der Harrer, deren Champagnerverbrauch zum Sauschädel-Hinunterspülen peinlich über dem tageszeitlichen Durchschnitt lag, zwangen die Fuchs zum Handeln. Kein Missverständnis: Elegant hatten wir die wenig appetisante Vorgabe schon vorher gelöst, es hat bei uns nie das gekochte Schnoferl mit Kren gegeben oder gar das Sauschaustück im Ganzen mit Olivenaugen, Mundwinkel zum sanften Lächeln arrangiert, Ohrwaschl mit Zahnstochern gestützt, Nasenlöcher mit Petersilbüscherl dekoriert, in einem Ring von Pardeisfliegenpilzen. Die richtige Sau war bei uns immer schon transzendiert: Sauschädelfleisch und dekorativ angerichtetes Gemüse in Sauschädelaspik eingegossen.

Nämliches vollbringt die Fuchs aber nun schon seit einigen Jahren mit dem ***Schädel des wilden Schweins*** – wobei alleine die Besorgung eine gewisse Herausforderung darstellt: entweder rechtzeitig Kontakte zur Jägerschaft auffrischen und für den Fall der erfolgreichen Erlegung dringlichen Bedarf anmelden (ein paar Flascherl Wein können der Zuverlässigkeit nachhelfen) oder – ebenfalls keine Gewähr – beim Wildhändler bestellen. Ob der Schwierigkeit des Timings drücken wir ein Auge zu und gestatten ausnahmsweise das zwischenzeitliche Tieffrieren. Benötigt wird ein Schädel von einem Überläufer (zwischen einem halben und zwei Jahren, keinen alten, zachen Keiler!), lang abgeschnitten (Teil des Halses dabei, notfalls noch ein Stück Fleisch zukaufen) samt der Zunge. Eine Wildsau wird üblicherweise im Ganzen aus der Decke geschlagen, der Kopf ist also schon gehäutet, der Länge nach in der Mitte auseinandergeschnitten, das Hirn entfernt.

Sulz vom Wildsauschädel

1 Wildsauschädel inkl. Zunge
3 Lorbeerblätter, 15 Pfeffer-,
20 Koriander- und 6 Pimentkörner
10 Wacholderbeeren,
1 Zweig Thymian
2 bis 3 TL Oregano
2 in Scheiben geschnittene Zwiebeln
2 große Karotten
1 kleine Petersilwurzel
1 Scheibe Knollensellerie
2 ungeschälte Knoblauchzehen
1 l Riesling
Madeira
Salz, Gelatine

Geh'n wir's denn an: die Zähne (die der Wildsau!) penibel putzen, den Schädel kurz wässern. Dreiviertel Liter Wasser mit drei Lorbeerblättern, 15 Pfeffer-, 20 Koriander- und sechs Pimentkörnern, zehn Wacholderbeeren, einem Zweig Thymian, zwei bis drei Teelöffel Oregano und zwei in Scheiben geschnittenen Zwiebeln aufkochen. Zwei große Karotten, eine kleine Petersilwurzel, eine Scheibe Knollensellerie (alles geschnitten) sowie zwei angedrückte, ungeschälte Knofelzehen zufügen, mit einem Liter Riesling aufgießen und wieder zum Kochen bringen. Heiß über die Schädelhälften samt Zunge gießen, eineinhalb Tage beizen, von Zeit zu Zeit wenden, salzen und bei 180 Grad im Rohr in der Beize so lange garen (mindestens eineinhalb Stunden), bis sich das Fleisch vom Knochen löst.

Die Schädelhälften überkühlen, in der Zwischenzeit den Sud zuerst durch ein feinmaschiges Sieb und anschließend noch heiß durch ein Tuch gießen, über Nacht ins Freie stellen, entfetten, Gelierfähigkeit des Suds prüfen. Perfektionisten würden den Sud jetzt mit Eiweiß klären, wir sind wieder davon abgekommen: Er verliert viel von seiner mühsam gewonnenen Geschmacksintensität, damit, dass unser Aspik nicht fensterglasklar ist, können wir leben. Wahrscheinlich wird man noch mit Gelatine nachhelfen müssen: Sud aufkochen und unter Umständen noch reduzieren, in Wasser eingeweichte Gelatineblätter darin auflösen.

Mit Salz und Madeira abschmecken, den Boden einer großen Souffléform dünn mit dem Sud ausgießen und kalt stellen, bis

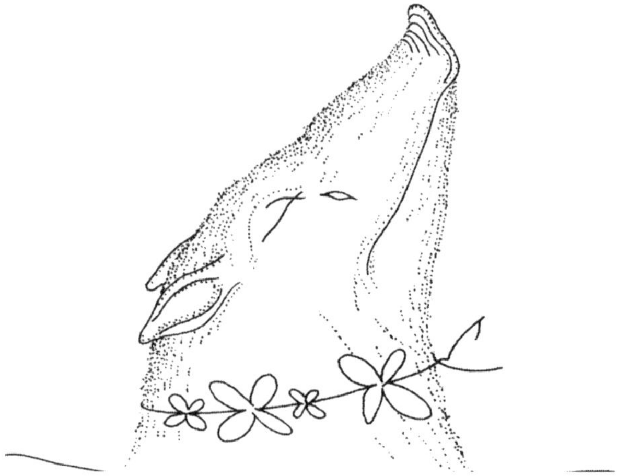

er gestockt ist. Nun darf Fuchs ihre voralpenländisch-heidnische Ästhetik voll rauslassen: Petersilblätter in Form von Glücksklee, ausgestochene, gekochte Karottenscheiben auflegen und sehr vorsichtig neuerlich mit etwas Sud begießen und stocken lassen. In der Zwischenzeit das penibel geputzte Fleisch (in erster Linie die Wangerl) und die Zunge in Würferl schneiden und unter den Sud mischen, nochmals abschmecken, Form damit füllen und stocken lassen. Zum Stürzen, wenn es dann so weit ist, die Form kurz ins heiße Wasserbad stellen, dazu gibt es kalte Krensauce, Cumberland- und Remouladensauce, kräftige Blattsalate mit Balsamico und Walnussöl.

Damit hätten wir den rituellen Sauschädel aus den düsteren Niederungen in lichte kulinarische Höhen transferiert. Was? Das gilt nicht? Lächerlich! Wir haben dem Schädel das Glück geradezu herausgekocht, der Materie durch Kultur die Essenz abgerungen. Und wenn dann noch die Leopoldine (5) ihr Neujahrssprücherl aufsagt und in der Runde erbarmungslos abzockt, kann nichts mehr schiefgehen.

27. Dezember 2002

Die Geselchtes-Gesetze

Mit Injektionsnadeln gespritzte Pökellake, wässriger Flüssigrauch – mit dem Endprodukt, das der Bauer Neudorfer ab Hof verkauft, haben industrielle Geselchten-Produkte nur wenig zu tun

Damit wir uns recht verstehen: Nicht vom Selchroller im Plastiknetz – das etwa im derzeit boomenden »Jahrhundertkochbuch« unter G'selchtes läuft, die Wiener verstehen halt wirklich nichts davon – oder von irgendeinem dubiosen Teilsamen ist hier die Rede und auch nicht von den diversen industriellen Produkten, sondern vom richtigen Bauerngeselchten. Wie dem vom Herrn Fritz Neudorfer in Oberregau, einem berühmten Mann, der uns für diese Geschichte geselchtenknowhowmäßig auf die Sprünge hilft.

Klingt ja alles recht einfach und logisch, wird aber immer rarer: Er verarbeite nur Schweine aus eigener Haltung, die biologisch aufgezogen würden, erzählt der Herr Neudorfer der recherchierenden Fuchs, das heißt sie werden nur mit Getreide, Rapskuchen (Eiweiß) und im Haushalt anfallendem Trank gefüttert. Na ja, entsprechend ist dann auch die Fleischqualität: kein unliebsamer Nebengeschmack, wie so oft beim Schweinsbraten im Wirtshaus, nach Saustall, hervorgerufen durch Stress, schlechte Belüftung und/oder einen unsauberen Stall, oder gar nach Fisch, pfui Deibel!

Über Soja, industrielles Kraftfutter oder gar Antibiotika brauchen wir sowieso nicht zu reden. »Biobauer« darf sich Herr Neudorfer trotzdem nicht nennen, denn um den dafür geltenden Auflagen Genüge zu tun, hätte er auch die Stallungen umbauen müssen, eine Investition, die sich nie gerechnet hätte.

Geschlachtet wird alle zwei Wochen, die Gustostückerln wie Schnitzelfleisch, Filet und Kotelettes an Privatkunden verkauft, der Rest in Renken (»Reankn«) zerteilt und eingesurt. »Ohne Pökelsalz wird dein G'selchtes nie was«, haben ihm alle gesagt, als er vor acht Jahren mit dem Geselchtes-Machen angefangen hat. »Gesund ist es nicht (das im Pökelsalz enthaltene Nitrit kann mit Fleischinhaltsstoffen krebserregende Nitrosamine bilden), konservieren tut's nicht besser, und eine appetitliche rote Farbe kriegt das G'selchte

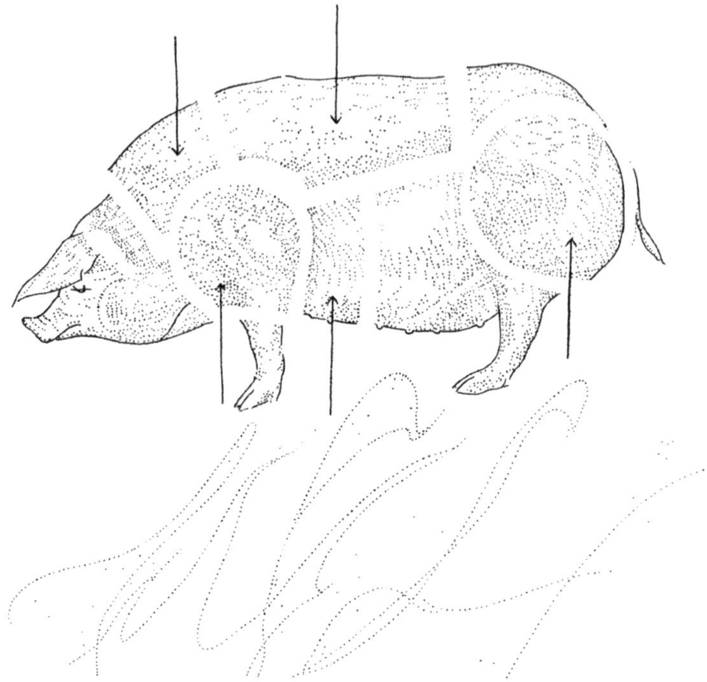

vom Paprika auch«, sagte sich Herr Neudorfer und ging eigene Wege: Er surt das Fleisch zwei Wochen lang in einer Mischung aus Kochsalz, Pfeffer, Kümmel, Knoblauch, Paprika, Koriander, Senfkörnern und Wacholder. Angefangen hat er noch mit den traditionellen hölzernen Fleischkübeln, dann kam die EU und mit ihr die Verordnung, nur mehr Geschirre aus Plastik und Nirosta zu verwenden. Also neue Kübel. Schade ums Geld, »sauber und mühsam« müsse man trotzdem sein.

Berühmt-berüchtigt zu Zeiten, wo fast jeder Bauer sein Schweinefleisch selbst verarbeitete, waren Bauernhäuser mit stinkerten Fleischkübeln: einmal schlecht gereinigt und nicht in die Sonne gestellt, für immer ruiniert. Wurst, ob Geselchtes, Surbratl oder Speck: Das Fleisch »plattelte« – wobei die an ihren Plattl-Gestank gewöhnte Bauernfamilie das längst nicht mehr merkte, während der Gast das Aufgewartete nur unter großer Überwindung verzehrte, ablehnen ging ja auch nicht ...

Geräuchert wird, je nach Nachfrage, bei Neudorfers im Schnitt ein Mal wöchentlich. Die Renken werden am Dachboden ins

Selchkammerl gehängt, das mit Buchenscheitern je nach Jahreszeit vom Kachelofen in der Stuben oder vom Küchenherd aus drei Tage lang beheizt wird. 30-35°C beträgt die Rauchtemperatur, da ist dann das Fleisch von der Konsistenz »mitten drin«, nicht roh, aber auch nicht durchgegart, wie es heutzutage immer weniger geschätzt wird. Das Geselchte sollte danach noch etwas rasten, mindestens einen Tag, besser noch eine ganze Woche, dann ist es schnittfest. Das Ergebnis der ganzen mühevollen Prozedur ist ein Geselchtes der Extraklasse, das zur Gänze ab Hof verkauft wird. Auf einen Bauernmarkt braucht sich der Herr Neudorfer schon lange nicht mehr stellen.

Also, liebe urbanen G'selchten-Alumni und -Alumnae, lasset euch sagen:

– Die Haltung der Schweine ist ein Qualitätskriterium für das Endprodukt. Geruchliche Fehltöne und faserige Konsistenz des Fettes (Silofutter) sind meist auf Fütterungsmängel zurückzuführen.
– Saftiges Geselchtes deutet auf industrielle Fertigung hin: Die phosphat- und nitrithaltige Pökellake wird mittels Injektionsnadeln im Zentimeterabstand maschinell in das Fleisch eingespritzt, der Pökelvorgang in Minutenschnelle gewichtsoptimierend abgewickelt.
– Zum Räuchern sollte Hartholz in Scheitern verwendet werden, denn Weichhölzer wie Fichte oder auch Sägespäne hinterlassen auf der Fleischoberfläche nicht gerade gesundheitsförderliche Rußablagerungen. Moderne Metzger ersparen sich diese Prozedur und aromatisieren mit »Flüssigrauch«, einem wässrigen Extrakt mit intensivem Raucharoma, das mittels Wasserbad aus dem bei der Holzkohleherstellung anfallenden Rauch gewonnen wird. Der durch das Räuchern bedingte beträchtliche Gewichtsverlust von dreißig Prozent wird dadurch vermieden.
– Die Zeitersparnis bei der industriellen Herstellung von Geselchtem beträgt mindestens zwei Wochen, oft auch mehr.

Habt's es? Wir wollen euch, pardon, Ihnen auch nicht verhehlen, dass sich Geselchtes aus Oberösterreich bei uns aus uns selbst unbekannten – vielleicht sektiererischen? – Gründen als traditionelles Essen an Nationalratswahlabenden durchgesetzt hat, an denen sich der Freundeskreis vor dem Fernseher versammelt, demnächst also wieder in diesem Theater: Das nicht zu magere Geselchte – am besten zwei verschiedene Stücke – im Kelomat kochen, obwohl wir sonst nicht wirklich Anhänger dieses Geräts sind: Aber hier erspart man sich so das in Unmengen von Wasser stundenlange Auslaugen des Fleisches. Das Sauerkraut gießen wir nur mit Weißwein oder Most auf und dünsten es bissfest: Einbrennen oder abschmalzen ist absolut unangebracht, es soll ja Verdauungshilfe sein.

Gekochtes Geselchtes mit Sauerkraut und Grießknödel kalter Kren

Geselchtes
Sauerkraut
Weißwein oder Most

Grießknödel:
5 Deka Butter
¼ l grober Grieß

kalter Kren:
¼ l Sauerrahm, Milch
2 bis 3 EL Essig
Schnittlauch
gerissener frischer Kren

Im Widerspruch zur nationalen Einheit stehen wir bei der Knödelei: Erdäpfel-, Semmel- oder Serviettenknödel als Geselchtenbegleiter betrachten wir als Sakrileg; das einzig Richtige sind ***Grießknödel***, und da ausschließlich die eilosen, ohne Semmelwürferln. Zugegeben, das ist ein Hasardspiel: Fünf Deka Butter erhitzen und über ein Viertel Liter groben Grieß (keinen Himmeltau) gießen, einen halben Liter kochendes Wasser darübergießen, leicht salzen und zu einem geschmeidigen Teig vermischen. Fünfzehn Minuten rasten lassen, Knöderln formen und in kochendem Wasser ziehen lassen, sie sollten innen noch einen Kern haben.

Völlig unverzichtbar ist auch der kalte Kren: Ein Viertel Sauerrahm mit zwei, drei Esslöffeln Essig vermischen, zu schaumiger Konsistenz aufsprudeln, vielleicht noch mit ein bisschen Milch verdünnen, salzen, mit gerissenem Kren und Schnittlauch würzen. Im Fresskritiker-Speak würden wir sagen: Das heiße, würzige, geräucherte Fleisch, der kalte, pikante, säuerliche Krenschaum als Kontrapunkt, die sanften, schmeichelnden, reintönigen Grießknödel und die Natursäure des Krautes – eine äußerst gekonnte Komposition.

25. Oktober 2002

Fritz Neudorfer, Oberregau 17, 4844 Regau,
Tel: 07672/78239

Sommerliche Wunderwaffe

Melanzani gehen zwar nicht nur, aber immer wieder besonders gut mit Olivenöl zusammen

Die südlichen Schwestern Melanzana und Zucchina teilen sich das gleiche österreichische Schicksal: Zum Ausgleich für die Verhunzung mit einem finalen -i (für Singular und Plural gleichermaßen) war ihnen eine kometenhafte kulinarische Karriere beschert. Das hat jedoch etwas gedauert; was »die Melanzani« anbelangt, so stand sie sogar noch auf Sizilien bis zur Renaissance im Ruf, Fieber und epileptische Anfälle hervorzurufen. Dann testeten sie wagemutige Karmelitermönche im Selbstversuch und befanden sie »senza alcun maleficio«.

Dabei ist die Melanzana/Aubergine/Albergine/Eierfrucht, die wir Ihnen heute als Sommergemüse – nicht aus niederländischen Brutkästen stammend – zubereiten, ein durchaus gefährliches Gemüse. Im Rohr für ihre im Orient gebräuchlichste Zubereitungsart gebraten – das herrliche Vorspeisengatscherl namens Mutabbal – entwickelt sich das feuchte Fruchtfleisch innerhalb der dicken, pergamentartigen Haut zu einer von Flüssigkeit und heißem Dampf betriebenen potenziellen Bombe, die Saddam Husseins geheimen Waffenprogrammen zur Ehre gereichen würde. Allerdings leicht durch Anstechen zu entschärfen, keine »Operation Infinite Eggplant Justice Storm« nötig. Viel besser als im Rohr gegart schmeckt das aus der Haut geschälte und mit Knoblauch, Zitronensaft, Salz, Olivenöl, etwas dickem Joghurt (kein Muss), Salz und Peffer angemachte Fruchtfleisch natürlich, wenn die Melanzana über Holzkohle gegrillt wurde. Das gibt ihr den Räuchergeschmack, den das leichte Verkohlenlassen der Haut im Backrohr nur annähernd hervorbringt. Ein bisschen besser, aber schön fad ist es, die Melanzana aufzuspießen und über einer offenen Flamme zu garen.

Den typischen Wohlgeschmack entwickelt sie aber freilich durch Braten in Öl. Nach gängiger Lehrmeinung sollte man sie dafür, je nach Gericht in Scheiben oder Würfel geschnitten, einsalzen und rasten lassen, damit das Fleisch die Bitterstoffe ausschwitzt – die wir, bitte schön, seit Jahren vergeblich suchen, ein Mysterium.

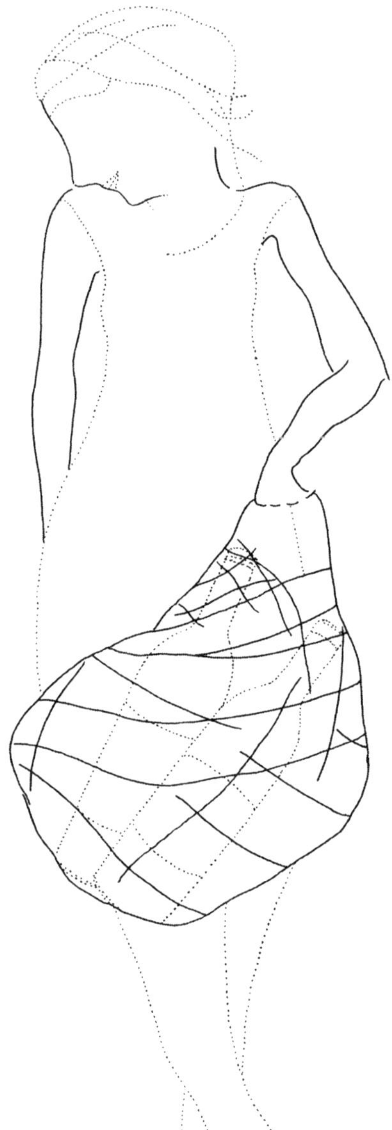

Wahr hingegen ist, dass eine solchermaßen behandelte Melanzana beim Frittieren weniger Öl aufnimmt, was meistens ein Vorteil sein wird, aber auch nicht immer: Naturbelassen saugt sie besser auf, souffliert förmlich, ist mit einem Wort um Eckhäuser besser als in ausgelutschtem, letschigem Zustand. Ein paar unbehandelte, gebratene Scheiberln frisch aus der Pfanne, ein ordentlicher Kleks von mit Knoblauch, Zitronensaft, Salz, Pfeffer und vielleicht etwas frischer Pfefferminze aromatisiertem dickem Joghurt dazu, eine frugale Köstlichkeit.

Jedenfalls sind die großen Melanzani-Klassiker alle in Öl gebraten, übers griechische Moussaka und den türkischen Imam bayildi (»Der Imam fiel in Ohnmacht«) – die osmanische Küche kannte angeblich über tausend Zubereitungsarten für das »Fleisch des armen Mannes«, aber auch der Topkapi-Palast hatte um die vierzig Melanzani-Gerichte im Repertoire – dann die süditalienischen Melanzane alla Parmigiana zu den provenzalischen Auberginen in Tomatensauce. Raki, Ouzo, Grappa, Metaxa you name it wird manchmal angebracht sein. Dass die Frittiererei mit völliger Verstinkung des/der Frittierenden einhergeht – plus Ölfilm auf dem Küchenmobiliar –, ist ebenfalls unbestreitbar. Auch lauern andere Gefahren: Die Fuchs, die mit zur Ölabwehr nach balkanesischer Art eingewickeltem Haupthaar einstens schnell zum Billa fahren wollte, um etwas zuvor Vergessenes einzukaufen, wurde beinahe von einer Fahrradstreife arretiert, wir sagen einmal, wegen ihrer Aufmachung. Nein, schwarz ist sie nicht, ein Kopftuch reicht, um in den Genuss solcher Erlebnisse zu kommen.

Aber noch einmal in den italienischen Süden, wo es noch nicht so lang her ist, dass das Tuch abgelegt wurde, wir kochen eine sizilianische ***Caponata***. Ein halbes Kilo Melanzani in zwei Zentimeter große Würferln schneiden, im Namen der Leichtigkeit und im Interesse unserer Galle einsalzen, eine Stunde rasten lassen, abspülen

Caponata

½ kg Melanzani
Olivenöl
4 Stangen Bleichsellerie
10 Deka Zwiebel
40 Deka Paradeiser
1 EL Pardeismark,
Salz und Pfeffer
2 EL (Essig-)Kapern
1 EL Pignoli
6 große Oliven
1 bis 2 Anchovisfilets
1 bis 3 EL Weinessig
25 g Zucker (nach Geschmack)

und abtrocknen, portionsweise in Olivenöl hellgelb braten und auf Küchenpapier abtropfen lassen. Im restlichen sparsam bemessenen Olivenöl vier Stangen – die schönen, zarten aus dem Inneren – gehackten Bleichsellerie zehn Minuten unter regelmäßigem Umrühren schmoren, zehn Deka gehackte Zwiebel dazu geben und acht Minuten weiterschmoren, vierzig Deka geschälte, gehackte Paradeiser, ein Esslöffel Pardeismark, Salz und Pfeffer beigeben und zehn Minuten sanft dünsten. Darauf dann die Melanzaniwürfel, zwei Esslöffel gut abgetropfte (Essig-)Kapern, einen Esslöffel Pignoli, sechs große, grob gehackte grüne Oliven, ein bis zwei gut abgespülte, fein gehackte Anchovisfilets (auf Italienisch Alici) sowie einen bis drei Esslöffel Weinessig und bis zu 25 Gramm Zucker (Letzterer nach Geschmack) darunterrühren und noch ein paar Minuten dünsten, kalt servieren. Die »capunatina« hält sich mehrere Tage tadellos im Kühlschrank, empfiehlt sich also zum Vorauskochen bei größeren Gastereien.

Dass neun von zehn Sizilianern unserem Rezept die Authentizität absprechen würden, ist sternenklar, die Rezepturen variieren nach den verschiedenen Inselregionen, und jedes ist das einzig echte. Vorstellbar wäre, weniger Paradeiser zu nehmen, die Alici wegzulassen und stattdessen mit reichlich Basilikum und eingeweichten Rosinen (uvetta passolina) zu würzen; sogar der Einsatz von Zimt oder Gewürznelke (Arabistan lässt grüßen), rohen Mandeln und Birnen ist im Bereich des Üblichen. Auch noch zulässig ist, die Melanzani durch frittierte Paprika zu ersetzen, oder sollte man vielleicht einmal eine Caponata mit Melanzani und Paprika probieren?

23. August 2002

Gickerl und Gockerl

Auf der Wiese ums Haus, im Hinterhof, zur Not mit Küchenresten gefüttert, und doch ein Festtagsbraten, so war es früher. Heute ist das Hendl Synonym für Billigfleisch. Spitzenhühner sind rar und teuer

Weltweit ist das Hendl der bedeutendste Fleischlieferant überhaupt, schreibt die Fuchs, die auf einer griechischen Insel verschütt gegangen ist und der armen Harrer eines ihrer unvergleichlichen Fressgeschichten-Konzepte zurückgelassen hat, »und es wird nur vom Hund in der Beliebtheit als Haustier überflügelt«. Ob des Vergleiches kränkt sich jetzt so manche Hundemutti, aber da schlägt halt wieder einmal die oberösterreichisch-ländliche Brutalität durch, sag' ich, da die Fuchs keinen Einspruch erheben kann. »Am Ende eines jeden Besuches der Großtante«, setzt sie ganz beschaulich fort, »ging ein Suppenhuhn mit auf die Reise, es war ein faszinierend schauriges Schauspiel, wenn die kopflosen Viecher in ihrem letzten Auslauf über die Wiese rasten.«

Na servas. Kopf ab. Habe eine kleine Umfrage unter Freunden gestartet, wer dazu in der Lage wäre, Antworten eher ausweichend. Muss auch nicht sein, leider. Denn das meiste, was – seit in den 60er-Jahren die gefrorenen Batteriehendln erfunden wurden – auf den Markt kommt, wird ohnehin maschinell abgemurkst. Aber dieser – menschlichen – Perversion kann die weltumspannende Hendlbegeisterung ja kaum gelten: Fischmehl, Wachstumshormone, Antibiotika (extreme Krankheitsanfälligkeit wegen des dichten Besatzes), die einzige Gnade, die so einer Kreatur widerfährt, ist, dass sie – aus Kostengründen – schon nach sechs Wochen sterben darf. Zwischen Fleisch- und Eierproduktion besteht dabei natürlich ein scharfer Trennungsstrich – bei Letzterer werden die unnützen männlichen Kücken selektioniert, aber doch einer Nutzung zugeführt, nämlich als Futter für die Artgenossinnen, BSE lässt grüßen. Und neuerdings beschreitet man in der Kostenoptimierung neue Wege: Hühnerscheiße zu Hühnerfutter, technisch kein Problem, nur über den Anteil der Fäkalien im Endprodukt, 30 oder 40 Prozent, wird noch gestritten. So etwas fressen die Men-

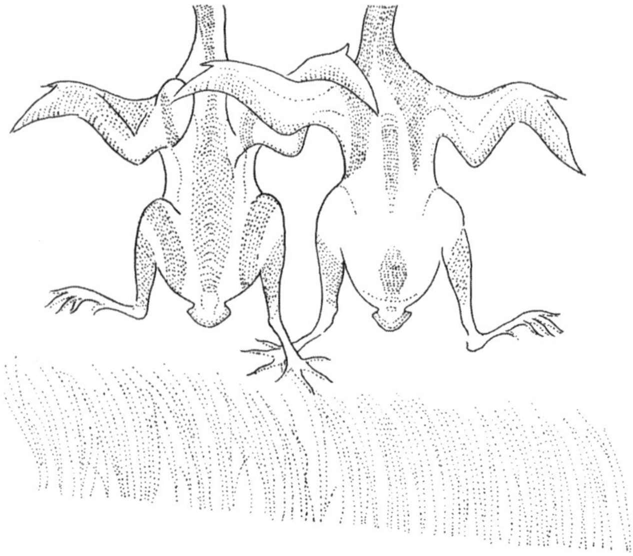

schen der angeblich zivilisierten Welt in Massen, zu Supermarktkampfpreisen.

Genug davon. Zur Tatsache, dass es auf dem »normalen« Bauernhof keine Spezialisierung auf Lege- oder Fleischgeflügel gibt, hat die Fuchs einen O-Ton (Heikerdinger, Timelkam) angesichts einer frisch geschlüpften Singerlpopulation parat. Sohn (hocherfreut): »Muatta, scheiß da nix an, die Gockerl ess ma alle söm.« Mutter (grantig): »Bleda Bua, mia haum d'Henna do zum Legn.«

Die Frau Heikerdinger hat, falls sie wollte, bestimmt genügend Abnehmer für die legendären, männlichen Mistgrabel gefunden, deren Lebenszweck nicht die Fortpflanzung ist, sondern – im passiven Sinne – der Verzehr. So leicht sind gute Hendln nicht zu finden, auf dem Land fast noch schwerer als in der Stadt (zwei Mal pro Jahr tut sich etwa die Hendlbäuerin der Fuchs-Mutter die Aufzucht an), was andererseits nichts anderes heißt, als dass die Nachfrage nicht dringend genug ist. Natürlich ist für die meisten Leute der Preis ausschlaggebend, für ein Ja!-Hendl zahlt man pro Kilo sechs, für ein Salzkammergut-Wildhendl, gezüchtet von Karl-Heinz Wolf in Unterach am Attersee (der sich jetzt auch am fast ausgestorbenen Sulmtaler versucht), über elf, für ein Bressehuhn zwanzig Euro (immer das Kilo), und da sind wir halt beim Zehnfachen des Billighendls.

Dabei ist das Huhn eine Erfolgsstory, gerade weil es so billig war, in der Anschaffung – ein paar Singerln kann sich fast jeder leisten – und in der Haltung. Und mehrfach natürlich die Nutzung, Eier, Fleisch – und Federn »in die Kissen und die Pfühle, denn man liegt nicht gerne kühle« (Wilhelm Busch), wenn auch das gemeine Hühnervieh eher nur bei angespannten wirtschaftlichen Verhältnissen Produzent der – im Vergleich bleiern schweren – Federn für Betten war. Wir (inkl. Fuchs-Gatterich aus dem Burgenland, wir haben aber auch eine Vorarlberger Quelle) wissen aber noch einen Verwendungszweck, nein, nicht als Dünger fürs Hausgartl: Der leicht stinkerte Federflaum pflegte dereinst, auf die einschlägigen Gesichtspartien fein appliziert, dem juvenil spärlichen Bartwuchs auf die Sprünge zu helfen. Omannomann.

Nun aber schnell, bevor der Platz ausgeht, das sommerliche ***Essighuhn***-Rezept, für ewige Zeiten geborgt von Meister Siebeck (»Wenn Madame den Deckel hebt«). Unser Gickerl ist natürlich zu Lebzeiten spazieren gegangen, hat neben Getreide Insekten und Würmer gefressen, und wenn es ein Bressehuhn ist, hat es statt Wasser Milch gesoffen. In acht Teile zerlegen, salzen, pfeffern, in halb Butter, halb Olivenöl in einem Schmortopf goldgelb anbraten. Die Bruststücke herausnehmen, acht Frühlingszwiebeln, zwei Knoblauchzehen und eine in feine Streifen geschnittene Karotte zu den Hühnerteilen in den Topf geben, zudecken und im Rohr bei 180° garen, nach 15 Minuten die Bruststücke dazulegen und mit je einem Achterl Weißwein und Estragonessig aufgießen, mindestens weitere 15 Minuten ohne Deckel weiter dünsten lassen, bis die Hühnerstück gar, aber noch saftig sind.

Essighuhn

1 Huhn (1,6 kg)
8 Frühlingszwiebeln
3 Knoblauchzehen
1 Karotte
1/8 l Weißwein
1/8 l Estragonessig
Salz, Pfeffer, Zucker
Butter, Olivenöl
1 Schalotte
4 Paradeiser, Paradeismark
½ Lorbeerblatt, Thymian, Petersilie
Stangensellerie
Senf
1/8 l Hühnerfonds
2 dl Obers

Eine feingehackte Schalotte in Butter leicht anschwitzen, vier geschälte, entkernte, in grobe Stücke geschnittene Paradeiser sowie etwas Paradeismark, ein halbes Lorbeerblatt, eine Prise Zucker, Thymian, Petersil, Stangensellerie und eine Knoblauchzehe zufügen und 15 Minuten leicht köcheln lassen. Kräuter und Knoblauch herausfischen, die Hühnerstücke aus dem Topf nehmen und warm stellen, den Saft im Bräter gut entfetten, je einen Teelöffel Paradeismark und Senf zufügen, mit einem Achterl Hühnerfond und zwei Deziliter Obers aufgießen, auf hoher Flamme auf sämige Konsistenz reduzieren. Wenn nötig noch mit Essig oder Wein abschmecken, das vorbereitete Paradeiskonkassee zufügen und nochmals kurz aufkochen. Dazu gibt es Bandnudeln und einen kräftigen Weißwein, ein leichter Roter ist aber ebenfalls durchaus passend.

28. Juni 2002

Nix für die Linitant'

Tokio ist ein Paradies für Fischesser. Kulinarisch Lernbegierige begnügen sich aber nicht mit Restaurants, sondern pilgern auf den Tsukiji-Großmarkt

Zumindest der europäische Mensch – wozu auch der homo austriacus gehört, auch wenn er sich nicht immer so aufführt – ist so angelegt, dass er ihm unbekannte Nahrungsmittel eher in den Mund steckt, wenn sie knusprig sind, also lieber geröstete Heuschrecken als gedünstete Maden, auf alle Fälle sollten sie das Gegenteil von pickig und schleimig sein. Der Stolz der österreichischen Hausfrau ist ein perlender Reis, und das Austernessen wurde uns auch nicht in die Wiege gelegt: Wer behauptet, dass er die erste, die er je im Leben gegessen, beherzt zerkaut hat, lügt wahrscheinlich, viel eher hat er sie schnell, schnell als Ganze heruntergeschluckt.

Ja, in Japan ist das alles ganz anders. Der Reis pickt, und in der Misosuppe schleimt es vor sich hin, dass sich die Fäden ziehen – und alles ist bestens. Am schönsten für kulinarische daredevils aber ist natürlich die weitere Verwandtschaft der Auster, alles, was im Wasser fleucht und schweucht. Obwohl ich zugeben muss, dass ich vor einer Abalone kapituliert habe, die, an der gläsernen Sushi-Vitrine direkt vor meiner Nase festgesaugt, einen kleinen Mittagsspaziergang unternahm. Wie ich die JapanerInnen einschätze, hat sie den Tag trotzdem nicht überlebt.

Ich habe einmal gelesen, dass ganz Japan leicht nach Fisch riecht, in den U-Bahnen, in den Büros und in den Wohnungen sowieso liegt das Trimethylamin in der Luft wie in Indien das Sandelholz. Mir erschien das nicht unattraktiv – denken Sie einmal an den Duft frischen Kaviars – und schon gar nicht abwegig, immerhin kommt die Hälfte der Tierprodukte, die die Leute dort zu sich nehmen, aus dem Wasser. Deshalb werden sie steinalt und sterben nicht so früh wie unsere Gesundheitspäpste, der Strunz soll ja auch nicht so toll beinand' sein. Tatsächlich leben sowohl das momentan weltälteste Weiblein als auch das weltälteste Männlein in Japan.

Also, die Fischduftwolke kann ich leider nicht bestätigen. Was es aber tatsächlich gibt – für solche SchweineschlächterInnennaturen wie uns bedenkenswert –, sind Denkmäler, die die Japaner in Memoriam ihrer verspeisten Meeresviecher errichten. Das Fischgedenken hat immerhin insofern bei mir Wurzeln geschlagen, als ich unlängst meine Softshellcrabs abfotografierte, bevor ich sie (noch lebend, ui, das gibt wieder Leserbriefe) mehlierte und frittierte. Das Foto hängt jetzt am Kühlschrank.

Einer der Höhepunkte meiner Tokio-Reise war jedenfalls der Besuch im fischigen Teil des Tsukiji-Großmarktes (auch die anderen Teile sind nicht zu verachten: www.shijou.metro.tokyo.jp/). Dazu muss der gejetlagte Reisende früh aus den Federn, um 5.30 Uhr beginnt etwa die Thunfischversteigerung. Das ist ein Spektakel, das aber auch meine wackere Dolmetscherin nicht übersetzen konnte, eigene Sprache, sagte sie, ganz wie bei Hofe, sagte ich, da lächelte sie hintergründig, was außer Fischessen eine der Hauptbeschäftigungen der Japaner und Japanerinnen ist.

Versteigert werden tiefgefrorene und frische Bonitos von Kälbergröße, die potentiellen Käufer schauen ihnen mit Taschenlampe und Kennerblick in die Fettschicht bei der Schwanzflosse und hacken mit einem kleinen Beil ein bisschen daran herum. Dann geht's zack, zack, der ersteigerte Fisch wird auf einen Karren gehievt und abgeführt, besser, da nicht im Wege zu stehen, so wie Sie schon auch einmal mit einem vom ungeduldigen Fischtandler auf Ihre Füße gerichteten Wasserschwall zu rechnen haben, immerhin arbeiten die Leute dort und Sie stehen da und halten Maulaffen feil. Ich, als VIP (hähä), hatte übrigens vom Markt Gummistiefel geliehen bekommen.

So ein motorisierter Fischkarren hat übrigens auch die Harrer, mehr Wal als Thuna, transportiert, ein mitleidiger Händler hatte sich der über den riesigen Markt zur Fischhalle hatschenden Damen erbarmt und sie hinten aufgeladen. Tollkühne Sache, leider kriegt man dafür keine Journalistenpreise.

Nach Erledigung der Thunfische kommt der eigentlich exotische Teil für den am Mittelmeer sozialisierten Ichthyophagen, angesichts dessen, was das Meer alles hergibt, musste ich an meine Freundin Sigrune aus Bielefeld denken, die, als sie mich Anfang der 80er-Jahre in Mailand besuchte, nur – damals in Italien eher unbekannte – panierte Fischpressziegel essen wollte. Angesichts der maritimen Absonderlichkeiten, ja Obszönitäten, die auf dem japanischen Fischmarkt geboten werden, wäre sie glatt in Ohnmacht gefallen. Da gibt es Muscheln von einer Größe, dass man nur hoffen kann, dass nicht gesunkene russische Atom-U-Boote etwas damit zu tun haben, gemütlich vor sich hin fürzelnde riesige Scheidenmuscheln, blubbernde Seeigel, pralle Seegurken, wabernde Aale, vieles, was ich nicht benennen konnte, Viecher mit und ohne Haxen, Panzer, Schalen. Wenigstens die Fische sind meistens als solche zu erkennen, sie haben auch in Japan Schwanz und Kopf. Wo sie allerdings nicht stinken, denn bevor sie das tun, sind sie längst aufgegessen. Am liebsten roh, wie auch die Meeresfrüchte. Die Tant' Lini meiner Koautorin Christa Fuchs hat die ganze Nacht hindurch Rosenkranz gebetet, als die Familie zum ersten Mal roh marinierten Lachs aß. Ja, ich fürchte, die Linitante hätte sich in Japan schwer getan.

Dass die Japaner ringsum mit jeder Menge Wasser umgeben sind, ist nicht der einzige Grund für ihre Liebe zu den Wasserbewohnern (übrigens auch zu den Süßwassertieren). Die Briten schwimmen ja auch mitten im Meer und haben es trotzdem ursprünglich zu nicht viel mehr gebracht als Fish and Chips (ist heute anders). In Japan hat der Kaiser Tenmu, ein begeisterter Buddhist, im Jahr 675 zum ersten Mal den Konsum von Rindern, Pferden, Hühnern, Affen und Hunden verboten und das Fallenstellen auch gleich. Wird schon ein paar Jahre gedauert haben, bis es die Japaner gelassen haben, dann aber gleich mehr oder weniger für die

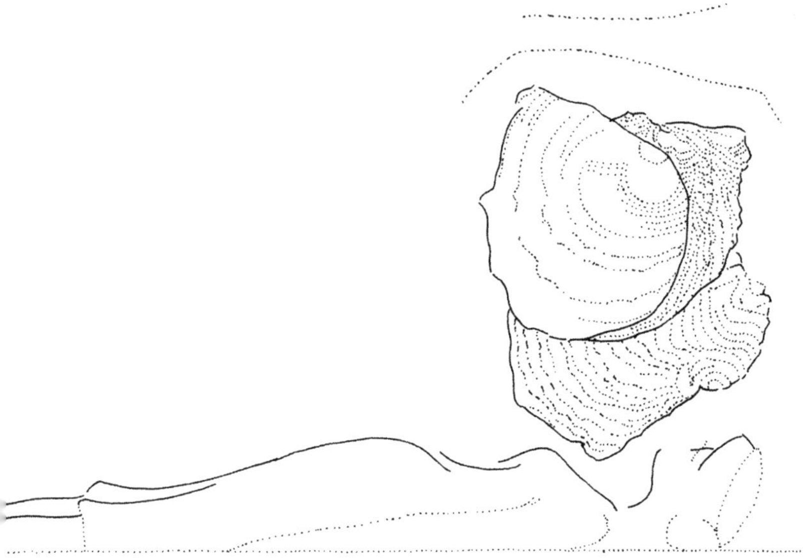

nächsten 1200 Jahre, bis zur 2. Hälfte des 19. Jahrhunderts (1868 begann mit der Meiji-Ära die Öffnung zum Westen).

Mitte der 80er-Jahre des 20. Jahrhunderts stammten 6,3 Prozent der konsumierten Kalorien aus dem Meer, das klingt nicht so wild, bis man weiß, dass es bei der Fischereination Norwegen drei Prozent und bei den Amerikanern 0,7 waren. Die Energiezufuhr der Japaner schaute damals so aus: 8 Prozent gesättigte, 15 Prozent ungesättigte Fette (USA 16 bzw. 26), 15 Prozent Protein, 59 Prozent Kohlehydrate, 3 Prozent Zucker (USA: 12, 28, 18). Die Analyse erübrigt sich.

Dass es heute nicht mehr so ist und die Kids wie überall auf Hamburger abfahren und sich dadurch – neben den blonden Haaren – auch durchaus westliche Bauchumfänge im wahrsten Sinn des Wortes breit machen, bereitet den japanischen Ernährungswissenschaftern kein geringes Kopfzerbrechen. Perverserweise dürfte das japanische Schulessen-Programm keinen geringen Anteil daran haben. In den Nachkriegsjahren auf die Beine gestellt, um den vielen armen Kindern wenigstens das Kalorienminimum zukommen zu lassen, stützte es sich auf Brot (anstatt Reis), Nudeln, Eier – und änderte die Ernährungsmuster. Im Gegenzug wächst heute das österreichische Kleinkind mit »Sushi« im Wortschatz auf – auch wenn es rohen Fisch eher noch nicht zu sich nehmen wird, scheint ja doch genetisch zu sein. Vielleicht ist aber den gescheiten Kleinen auch die Qualität nicht gut genug, deshalb: Auf nach Japan. Und: Viel Geld mitnehmen.

10. Mai 2002

Morchel-Manie im Monat Mai

Im Wonnemonat geht unter den Schwammerlsuchern der Morchel-Wahnsinn um: Den Blick auf den Boden geheftet kann man sie durch die Auwälder streifen sehen, das Wissen um die besten Fundplätze eifersüchtig verteidigend

Es gibt drei Arten, sich auf legalem Weg erschwingliche Morcheln zu beschaffen. Nur eine davon ist ethisch einwandfrei, zu der kommen wir später unter dem Motto »May is Morel Madness Month«. Die zweite ist, in eine ländliche Jäger- und Sammlerfamilie hineingeboren, später in die Hauptstadt gezogen zu sein und sich Morchelpakete von zu Haus schicken zu lassen. So macht's die Fuchs. Die dritte, à la Harrer, geht so: Man tauche am Samstag zehn Minuten vor Marktschluss beim Gemüsestandler auf und signalisiere, dass man die gesamte übrig gebliebene Morchelware (erfahrungsgemäß so ein gutes halbes Kilo) zu übernehmen bereit ist, mit entsprechendem Diskont, versteht sich. Hat noch keiner nein gesagt; dass man Morcheln trocknen und damit im Verhältnis noch mehr Kohle machen kann als mit frischen, scheint die Händler Gott sei Dank nicht zu interessieren.

Frisch oder getrocknet, nicht jede Morchelart erfreut gleichermaßen, das muss den urbanen Nebbochanten und Nebbochantinnen schon auch gesagt sein. Wir selbst haben in unserem Dulliö beim Heurigen schon einmal bei einer charmanten Schwammerl- und Blumenfrau ganz kleine, dunkelhütige Käppchenmorcheln erstanden, die auf Rindenmulch in inflationären Mengen, wie die gemeinen Boviste oder Halimasch, auftreten, eine sehr matte Sache. Interessant sind die Rund- oder Speisemorchel (Morchella esculenta), die Graue Morchel (M. deliciosa) und die Spitzmorchel (M. conica), in alten Kochbüchern sind sie übrigens unter dem Namen Maurachen zu finden.

Wobei wir bei der einzig politically correcten Beschaffungsart (Nummer eins oben) wären, der Morel Madness, Morchel-Manie. Im Monat Mai würden die Eltern der Fuchs nie ihre oberösterreichische Heimat verlassen, bei günstiger Witterung wird schon in aller Herrgottsfrüh tagtäglich die Au durchstreift (in der zweiten

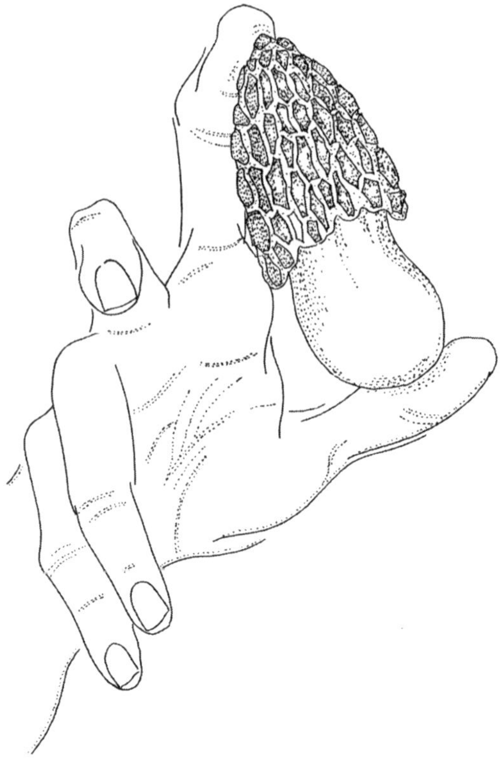

Maihälfte ist der Papa auch hinter dem Kümmerer her). Wobei der Schwammerlwahnsinn beileibe nichts typisch Austriakisches ist, wie Sie etwa auf der US-Homepage »The Great Morel Site« ablesen können. Dort, in der Sektion »The Great Morel Stories Page«, wo zutiefst emotionalisierte »Shroomers« (Mushroomers) ihre Zeugnisse ablegen, habe ich eine Geschichte gefunden, wo behauptet wird, dass ein Morchelfundplatz nach »schmutzigen Windeln« rieche. Also, diese Amis! Auf der Webpage des Wiener Magistrats wird hingegen »Geruch und Geschmack« der Morchel als »unauffällig« beschrieben. Beides halten wir für beleidigend.

Wenn wir Ihnen jetzt genau verraten, wie und wo es die Morchel am liebsten hat, so wird das nur bedingt helfen. Die Fuchs behauptet, trotz jahrelanger ihr als Kind von den Eltern verordneter Schwammerlfron – Morchelsuchen und Maiandachten, das waren die Wonnemonate ihrer Kindheit – noch nie eine Morchel gefunden zu haben. Mit dem netten Frühlingsspaziergang, von dem man so nebenbei mit reicher Beute heimkehrt, ist es jedenfalls nichts, Morcheln wollen mit Adlerauge gesucht werden. Die Saison ist kurz, generell von Ende April bis Anfang Juni, ein Anhaltspunkt für ihren Anfang ist die Apfel- und Schlehdornblüte, die Witterung soll warm-feucht sein wie für den Spargel.

Die Morchel wächst gerne in Gruppen auf kalkhaltigen, humosen Böden in lichten Laubwäldern, mit Vorliebe unter Eschen, aber auch Pappeln und Ulmen, in alten Parks, Grabenböschungen, Brandstellen im Wald. Sie ist besonders standorttreu, aber sehr sensibel, wenn das Wetter zum richtigen Zeitpunkt nicht mitspielt, ist die Sache für die ganze Saison gelaufen. Als schwieriges Schwammerl ist die Morchel unseres Wissens bis dato auch nicht in kommerziellem Ausmaß züchtbar, die Schwammerlalchimisten sind jedoch eifrig am Werk, wovon Sie sich auf home.t-online.de/home/ Biologische.Pilze/morchel.htm überzeugen können. Aber wir referieren da über die Morchel und lassen Sie am ausgestreckten Arm verhungern. Frisch schätzen wir ihre Finesse, die volle Geschmacksgewalt (doch etwas Windel?) entwickelt sie aber erst im getrockneten Zustand.

Die Fuchsens haben – natürlich – längst einen professionellen Dörrapparat, aber im Rohr geht es auch: Morcheln nicht waschen, sorgfältigst putzen (Schweinearbeit, Pinsel unverzichtbar!), kleinere Exemplare halbieren, große vierteln, auf mit Geschirrtuch ausgekleidetes Backblech oder Rost locker auflegen, bei eingehängtem Rohr mit maximal 50 Grad trocknen, hin und wieder wenden, gegen Ende höllisch aufpassen, dass sie nicht einen Röstton abkriegen. Ausgekühlt in Gläser transferieren, dort harren sie feierlicher Kochereien.

Morchelsauce

2 Deka Morcheln (für 2 Personen)
2 Deka Butter
1 feingehackte Schalotte
1 Schuss Weißwein und weißer Port
¼ l Obers
1 paar Löffel Kalbsfond
1 EL Cognac
2 El Madeira
Salz, Pfeffer

Wie zum Beispiel unserer sonntäglich-königlichen ***Morchelsauce***, die – im Gegensatz zu artisanalen Schaustücken wie mit Gansleber gefüllten Morchelköpfen oder Morchelhütchen auf Spargelstückchen und anderen Unanständigkeiten – jeder Kochtrottel zusammenbringt: vor dem Hochamt getrocknete Morcheln (für zwei Personen zwei Deka) in lauwarmem Wasser einweichen, wenn Sie nach zwei Stunden Gott für die diesjährige Morchelernte gedankt habend nach Hause zurückkehren,

Morcheln ausdrücken, in zwei Deka Butter eine feingehackte Schalotte anschwitzen, die in gleich große Stücke geschnittenen Morcheln mitrösten, bis sie ihre Feuchtigkeit verloren haben.

Mit je einem Schuss Weißwein und weißem Port löschen, abwechselnd Obers und Morcheleinweichwasser (ohne Sand!) zugießen und immer wieder reduzieren, bis ein Viertel Obers und Morchelflüssigkeit verbraucht sind. Falls vorhanden ein paar Löffel Kalbsfond hinein, salzen, pfeffern, mit einem Esslöffel Cognac und zwei Esslöffel Madeira parfümieren, noch einmal kurz aufkochen, damit der Alkohol verfliegt. Das geht zu Tagliatelle mit Kalbsfilet, Rindsfilet, Rehrücken oder Huhn, kulinarischer Lorbeer ist garantiert.

26. April 2002

Die Seele wohnt im Saft

Zwiebelfleischmäßig lassen wir uns nicht patriotisch festnageln, auch andere Mütter haben schöne Töchter: Das zypriotische Stifado und das malaysische Lammragout, die wir heute kochen, haben mit unserem klassischen österreichischen Rindsgulasch gemeinsam, dass der Saft, und nicht das Fleisch der Protagonist auf dem Teller ist

Gollasch heißt es, und womöglich bewürschtelt muss es sein, so hat es eine Aufenthaltsgenehmigung bei uns gekriegt, die nicht einmal beim Rieder Bunten Aschermittwoch infrage gestellt wird – obwohl es sich doch um die nostrifizierte Variante einer, horribile dictu, ungarischen Hirtensuppe (gulyás = Rinderhirte) handelt.

Schlimmer, aus ebendieses magyarische Gericht verteilenden Gulaschkanonen werden seit dem Ersten Weltkrieg fallweise unsere nicht immer ganz wackeren (1938!) militärischen Landesverteidiger ernährt, zu deren vordringlichen Aufgaben es heute gehört, uns gerade an der ungarischen Grenze nicht vor der militärischen, sondern der zivilen Gefahr aus dem Osten zu schützen.

Nein, wir sind heute überhaupt nicht depressiv. Ja, es schmeckt uns noch immer. Aber zu Fleiß kochen wir heute östliche und nicht örtliche Gulaschs, sprich Ragouts, das heißt, in mundgerechte Stücke geschnittenes Zwiebelfleisch im eigenen Saft, mit mehr oder weniger Gewürzen. In Indien, von wo die Harrer soeben heimgekehrt ist, sind es eher mehr, was sie zu der brennend heißen Erkenntnis führte, dass man Chili nicht nur bei dessen Aufnahme in den Körper, sondern auch beim Verlassen desselben spüren kann.

Etwas austriakische Rindsgulaschtheorie wollen wir aber noch bieten, wenn auch kein Rezept, oh nein, denn darüber, wie der elysische Gulaschsaftzustand zu erzielen ist, gehen die Meinungen total auseinander, auf dieses hochgradig Leserbriefe evozierende Minenfeld wagen wir uns nicht vor.

Der vitalen Bedeutung (wir sagen nur: Katerfrühstück) entsprechend werden die Parameter von den jeweiligen Adepten kompromisslos verfochten: das Verhältnis Fleisch zu Zwiebeln (1:1, 4:5, 1:3), welches Fett man nimmt (selbst große Kochstars vergessen jegliche

Finesse und langen erbarmungslos in den Schweineschmalztopf), die Kunst des richtigen Paprizierens (Sorte, Zeitpunkt), pro und kontra Stauben (oder ein Stück Schwarzbrot mitkochen), Paradeismark ja oder nein und die Art, das Fleisch zu schneiden (würfelig oder grobblättrig). Dissens gibt es auch bei der Beilage: Orthodox sind unserer bescheidenen Meinung nach nur das Semmerl oder die Salzerdäpfel, aber Knödel oder gar Nockerln werden auch immer wieder gesichtet.

Es gibt aber immerhin eine landesweite Übereinstimmung, nämlich, dass das Wirtshausgulasch das beste sei – sofern es nicht aus dem industriellen Gulaschsaft-Zehnliterkübel kommt, versteht sich. Durch große zubereitete Mengen wird der Saft molliger, durch häufiges Aufwärmen aromatischer, wie ja überhaupt für viele EsserInnen das Fleisch – da einigen wir uns auf Wadschunken, durchzogen, knorpelig und flachsig, dem Geschmack zuliebe – nur notwendiges Beiwerk ist, die Seele des Gulaschs wohnt im Gulaschsaft, der sich selbst genügen muss, und das ist bei unseren fremdländischen Varianten nicht anders.

Fangen wir ganz harmlos in Zypern an, von wo die Fuchs ein ***Stifado*** heimgebracht hat, leicht und würzig im Gegensatz zu seinen Festland-Schwestern, die mit ihrer Öl-Opulenz nur mit Ouzo vorher und Metaxa nachher zu bewältigen sind. Für sechs Portionen wird ein Kilo gut abgelegene Rindsschulter in Würfel geschnitten und in Öl angebraten, mit einem Liter Rotwein aufgegossen, mit fünf bis sechs Lorbeerblättern, drei Stangen Zimt, 25 Gramm gemahlenem Kreuzkümmel (der nahe Libanon winkt herüber), Salz sowie Pfeffer gewürzt und auf kleiner Flamme gedünstet, bis das Fleisch weich ist. Vier Esslöffel Paradeismark und ein Kilo in dickere Scheiben geschnittene Zwiebeln zufügen und weiterdünsten, bis die Zwiebeln weich sind, mit Salz und Pfeffer und Ketchup abschmecken. Kinderbesitzer (und in aller Heimlichkeit hin und wieder Hamburgerproduzierende) haben Letzteres im Haus, Gewissensverweigerer nehmen eben eine gut gewürzte, vor allem gezuckerte, reduzierte Paradeissauce. Dazu werden im Allgemeinen Fritten gegessen.

Stifado

1 kg gut abgelegene Rindsschulter
1 l Rotwein
5 bis 6 Lorbeerblätter
3 Stangen Zimt
25 g gemahlener Kreuzkümmel
Öl, Salz, Pfeffer, Ketchup
4 EL Paradeismark
1 kg Zwiebeln

Aber nicht nur in Indien wird das Zwiebelfleisch nicht unbedingt aus einem Rindsviech herausgeschnitten sein, auch in Österreich reichte die Gulaschpalette schon Mitte des 19. Jahrhunderts vom Schwein übers Wild bis zur Gansleber. Und wir, wie könnte es anders sein, sind natürlich beim ***Lamm*** gelandet, und zwar bei einem ***malaysisch***en, das wir fest ins Repertoire aufgenommen haben, zum Entzücken etwa der Fuchsischen Silvestergäste, die es am 1. in der Früh, ganz nach landesüblichem Gulaschbrauche zur Suppe verlängert, als Nothelfer serviert bekamen, ohne Würstel bitte.

Also, wir kochen für sechs europäische Esser (das Originalrezept lautet auf die halbe Menge, denn wo dieses unser Gulasch zu Haus ist, ist der Reis die Hauptspeis' und das Fleisch die Zuspeis'): Ein Kilo gut geputztes und in Gulaschwürfel geschnittenes Fleisch von der Lammkeule in Partien in vier Esslöffeln Öl oder Butterschmalz am besten in einem Wok scharf anbraten und wieder herausnehmen, in zusätzlich zwei Esslöffeln Fett 16 Deka geschälte und in Scheiben geschnittene Schalotten leicht

Malaysisches Lammgulasch

1 kg in Würfel geschnittene Lammkeule
16 Deka Schalotten
6 Deka Ingwer
Zitronengras
4 Zehen Knoblauch
2 TL Currypulver
4 Chilischoten
4 EL Koriandergrün
2 EL Minze
20 Deka Paradeiser
2 EL Garam Masala
½ TL Chilipaste
2 dl Obers
6 dl Lammfond
Öl, Salz, Pfeffer, Zitronensaft

bräunen, ebenfalls wieder rausnehmen.

Im verbliebenen Fett sechs Deka geschälten und fein gehackten Ingwer, sechs Deka in dünne Ringe geschnittenes Zitronengras, vier Zehen klein gewürfelten Knoblauch sowie zwei Teelöffel Currypulver anbraten, bis alles zu duften beginnt (der Malaysier röstet auch noch vier fein gehackte rote Chilischoten mit, das erscheint uns für den braven Mitteleuropäer doch etwas scharfer Tobak, wird doch später eh noch nachgeschärft). Vier Esslöffel Koriandergrün und zwei Esslöffel Minze, beide fein gehackt, sowie zwanzig Deka enthäutete, entkernte, gehackte Paradeiser zufügen und fünf Minuten mitgaren, anschließend mit zwei Esslöffeln Garam Masala (Gewürzmischung aus Koriander, Kreuzkümmel, Piment, Muskat, Pfeffer, Kardamom, Nelke, Fenchel und Lorbeer) und einem halben Teelöffel Chilipaste würzen und mit zwei Deziliter Obers sowie sechs Deziliter Lammfond (ersatzweise Kalbsfond oder Rindsuppe) aufgießen.

Fleisch und Schalotten wieder zufügen und zehn Minuten bei starker Hitze kochen, dann noch etwa 45 Minuten auf kleiner Flamme vor sich hin köcheln lassen, mit Zitronensaft und Salz abschmecken; für Feuerschlucker kann man mit in etwas Saft angerührter Chilipaste das Ragout noch individuell verschärfen.

Dazu gibt's Reis, was ja bei den heimischen Zwiebelsaftfleischen strengstens verboten ist, ursprünglich mit Ingwer, Zimt, Kardamom, Nelke, Safran und Rosenwasser aromatisierten Gewürzreis – angesichts der konzertierten asiatischen Gewürzattacke ist für den eher simplen europäischen Gaumen ein stinknormaler Basmati aber durchaus angebracht.

22. Februar 2002

Der Herbst des Osterhasen

Nehmen Sie sich ein Herz und kaufen Sie einen Hasen im Balg. Für eine halbe Stunde Hannibal-Lecter-Szenario werden Sie mit einem köstlichen Hasenbauschen und dem besten aller Hasensughi belohnt

Als Christas Cousine Barbara – ist auch schon ein paar Jährchen her – zum Studium von Timelkam nach Wien zog, gab ihr ihr Vater zwei wichtige Überlebenstipps mit auf den Weg: erstens wie man Knödel kocht, zweitens, dass man einen jungen Hasen daran erkennt, dass man die Löffel leicht einreißen kann. In völliger Verkennung der Explosivität eines so verlaufenden Hasenkaufs listet auch das Sacherkochbuch ähnliche Ratschläge auf: Das Fell an der Innenseite der Läufe lässt sich leicht aufreißen sowie die Vorderläufe und einzelne Rippen locker brechen. Na servas, die eruptive Verbalgewalt eines Wildprethändlers am Naschmarkt angesichts dieser Warenschändung wollen wir uns gar nicht ausmalen, und wie die damals junge, aber bereits weise Cousine Barbara versuchen wir, dem Alter des Hasen anders auf die Spur zu kommen: Glanz des Felles, Zartheit der Pfoten, schwach entwickelte Krallen sind ein Zeichen für Jugendlichkeit.

Ums Haserl geht's also, um den echten Osterhasen, im März geboren, damit er die Eier bringen kann, im Spätherbst, wenn er so zwei Kilo hat, gnadenlos verspeist. Um Missverständnissen vorzubeugen: Vom edlen Feldhasen ist hier die Rede, nicht vom Stall- oder Kiniglhasen, der – früher ganz und gar nicht trendy, sondern Arme-Leute-Essen – im Zuge der um sich greifenden Italianità wieder zu Ansehen gekommen ist und dessen Fadesse nur mit kocherischen Kunstkniffen wie Senf-Estragon- oder Rotwein-Oliven-Paradeissauce begegnet werden kann. Auch das in Italien und Frankreich beliebte Wildkarnikel meinen wir nicht. Im Gegensatz zu ihnen wird unser Feldhase von Liebhabern teilweise über das (elegantere) Reh gestellt, er hat den ausgeprägtesten Wildgeschmack überhaupt, ein dunkelrotes hocharomatisches Fleisch, um das, wer Wild gegenüber Bedenken hat, einen ganz weiten Bogen macht.

Gilt nicht für uns, im Gegenteil. Und darum geben wir's gleich besonders heftig und kochen nicht die Pflicht – den vergleichsweise harmlosen Hasenrücken –, sondern kommen mit der Kür daher: mit einem ***Hasenbauschen*** sprich -beuschl. Trauen Sie sich, es zahlt sich aus, den Weg der vakuumverpackten Hasenfilets zu verlassen.

Darum zuerst zum Haseneinmaleins: Da der Hase im Balg üblicherweise nicht ausgenommen wird, empfiehlt sich der Kauf direkt nach der Jagd, sagt die Fuchs. Oje, sagt die Harrer, du wirst doch nicht von unserer urbanisierten Leserschaft verlangen, dass sie sich zum »letzten Trieb« – so heißt die Einkehr der Waidmänner und -frauen nach der Jagd – im Wirtshaus einfindet, um ihre Haserln einzukaufen? Kann auch am Montag beim Wildprethändler sein, konzediert die Fuchs, aber das ist beim unausgenommenen Hasen wirklich der letzte Termin, denn sonst fangen die Eingeweide an zu »greanln«, was von »grün« kommt und deshalb keiner weiteren Erläuterung bedarf.

Hasenbauschen

½ kg Haseninnereien
1 Zwiebel
3 Deka Butter
¼ l Rotwein
Paprikapulver, 4 Pimentkörner
6 Wacholderbeeren, gehackte Blätter vom einjährigen Thymian
1 Lorbeerblatt
1 EL Mehl
2 dl Obers
Salz, Pfeffer

Also, ein bisschen Sportsgeist bitte, Bauchdecke aufschneiden und Darm und Magen entfernen, Leber, Herz, Lunge und Nierndeln pfleglich zur Seite legen, und – geruchlich Zartbesaitete und/oder Schwangere seien gewarnt – aus dem Brustkorb Blut für diverse Saucen mit einem Esslöffel vorsichtig herausschöpfen. Mehr als ein schwaches Achterl wird's nicht werden, aber wir wollen eh keine Blunzen machen. Dann lassen Sie Ihren Hasen zwei, drei Tage im Balg an einem kühlen Ort abhängen, zum Abziehen dann Schnitte um die Fußgelenke sowie längs der Innenseite der Läufe anbringen, dort beginnen.

Heißer Tipp zum Zerteilen: Baumschere (neben Messer natürlich). Geh, geh, tun S' nicht so, auch ein Fischstäbchen ist nicht als solches auf die Welt gekommen. Also, hoffentlich haben Sie drei, vier Hasen gekauft und dergestalt bearbeitet, Spaß beiseite, Haseninnereien gibt es auch extra beim Wildprethändler zu kaufen, ein

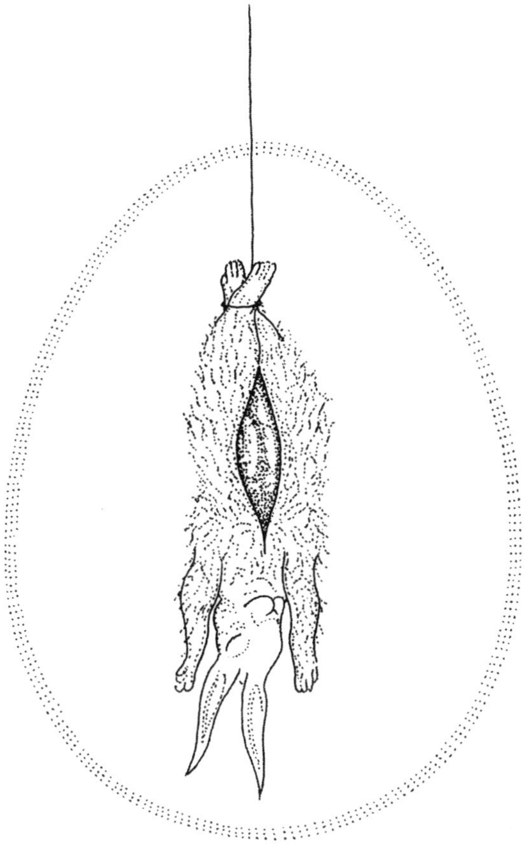

halbes Kilo wird für zwei Personen reichen. Sorry, blutige Innereien nicht waschen, das Blut gibt Farbe und Bindung.

Eine halbe mittlere Zwiebel fein hacken und in drei Deka Butter anschwitzen, fein nudelig geschnittene Nieren, Herzen, und Lunge (Tipp: vorher frieren, sonst verzweifeln Sie beim Schneiden) dazugeben und anrösten, mit einem nicht zu schmalbrüstigen Rotwein aufgießen. Mit einem Teelöffel Paprikapulver, vier fein gehackten Pimentkörnern und sechs ebenso zerkleinerten Wacholderbeeren, gehackten Blättern vom einjährigen Thymian, vulgo Boazkräutl (der einjährige ist kräftiger, zum feinen Reh nehmen wir den eleganteren mehrjährigen: Jetzt haben wir es Ihnen wieder einmal gezeigt) und einem Lorbeerblatt würzen, salzen, pfeffern und das Ganze vor sich hin köcheln lassen, bis der Saft verdampft ist. Mit einem Esslöffel Mehl stauben, nochmals kurz durchrösten, noch einmal mit gut einem Achterl Rotwein aufgießen und zugedeckt zirka eine halbe Stunde auf kleiner Flamme weich dünsten, mit zwei Deziliter Obers aufgießen, noch etwas reduzieren und abschmecken.

In letzter Minute noch etwas fein gehackte Zwiebel in Butter anschwitzen, die blättrig geschnittenen Lebern darin kurz anrösten und noch rosa unter den fertigen Bauschen geben, und noch einmal mit der Pfeffermühle drüber. Dazu isst der fesche Jägersmann, dem der Bauschen traditionell zusteht, Erdäpfel oder Knödel, wir jedoch – Überraschung – eine Pasta, und zwar Tagliatelle oder Breiteres. Keine Angst übrigens, wir sind bei der Gewürzdosis nicht ausgerutscht, die geschmackliche Urgewalt des Bauschen verträgt das leicht.

Und damit nichts verkommt, fabrizieren wir aus Schultern, Vorderläufen, Hälsen und Ripperlfleisch – den Bauchlappen kriegen die völlig außer Rand und Band geratenen Hund und Katz – einen ziemlichen österreichischen Hasensugo, ebenfalls für Pasta lunga (am besten Papardelle). Zwei Kilo Hasenfleisch in folgende Beize legen: ein Viertel Liter Wasser, drei Esslöffel Weinessig, fünf Lorbeerblätter, etwas Muskatblüte, drei Büscherln einjährigen Thymian, 15 angedrückte Wacholderbeeren, zehn Piment- und zehn Pfefferkörner eine Viertelstunde köcheln lassen, vier Karotten, zwei Petersilwurzeln und ein gleich großes Stück Sellerieknolle in Scheiberln schneiden, zwei Zwiebeln grob hacken und mit einem halben Liter Wasser und drei Viertel kräftigen Rotwein mit Gewürzen und Sud vermischen, die Hasenteile einlegen und ein, zwei Tage beizen. Fleisch und Gemüse abgießen, Flüssigkeit aufheben, die abgetrockneten Fleischteile salzen, mit Mehl bestäuben und in mehreren Partien in Butter braun anbraten, dabei nach jedem Durchgang mit Marinade aufgießen und den Bratensatz lösen, zum Schluss noch das Gemüse anrösten, Fleisch, Gemüse, Marinade und Blut in einen großen Topf verfrachten, zudecken und im Rohr zirka zwei Stunden weich dünsten. Fleisch herausnehmen, auslösen und in mundgerechte Stücke schneiden, Gemüse abgießen, Saft einkochen lassen, Gemüse durch die Flotte Lotte in die Sauce passieren, nach und nach mit einem halben Liter Obers aufgießen und einkochen, Fleisch zugeben, aufwärmen, mit Salz, Pfeffer, unter Umständen Balsamico abschmecken, wer will auch mit Preiselbeerkompott. Uff, das nennen wir kochen.

30. November 2001

Rache zu St. Martin

Alljährlich zu Martini büßen die Gänse dafür, dass ein paar ihrer Artgenossen den Heiligen verschnattert haben. Diese rächen sich ihrerseits des Öfteren durch Ungenießbarkeit – aber man kann sie überlisten

Heute essen wir Gänse, so pflegte es jedenfalls weiland der Kammersänger Leo Slezak anzulegen, sehr im Sinne seines Zeitgenossen Walter Benjamin und dessen apodiktischen Satzes »Der hat noch niemals eine Speise erfahren, der immer Maß mit ihr hielt«. Bei uns ist es eher präsenile Sentimentalität als Verfressenheit, wenn wir uns mit diesem ganz und gar bourgeoisen, in der Zeit unserer kulinarischen Sozialisierung unmodernen Mehrzweckvieh, das gleichzeitig Sinnbild der Völlerei ist, abgeben. Ja ja, schön war das früher, seufzt die Harrer, als meine Großmutter, der alte Drachen, meine Mutter und meine Schwester am Christtag um sieben aus dem Bett staubte, auf dass sie den Sechs-Kilo-plus-Apparat, den der Opapa stolz heimgebracht hatte, in die Rein warfen. Jö, und das viele schöne Fett, das ihm (dem Apparat, nicht dem Opapa) abgezapft wurde. Und die Daunen für die Ausstattung, schreit die Fuchs. Und der Federkiel. Als Vomitivgerät für danach, sagt die Harrer.

Aber heute ist ja alles ganz anders. Die Gansln, die in den nächsten Wochen um Martini herum auf die Tische kommen, in Ostösterreich vom gutbürgerlichen Spitzenrestaurant bis zum Tschecherl ums Eck, hätten unsere Altvorderen Mitleidstränen vergießen lassen. Sie sind kleiner, magerer, im besseren Fall von ihren tagtäglichen Gängen auf die Weide gestählt. Na und genauso schmecken sie dann manchmal auch, zach und hart, wenn sie nicht hoffnungslos überbraten, also trocken sind. Jedenfalls haben wir uns nach mehrjähriger Absolvierung des spätherbstlichen Rituals in renommierten Speisehäusern wieder aufs Homemade besonnen – nicht zuletzt, weil wir die suboptimalen Beilagen satt haben, das in der Regel viel zu gatschige Rotkraut und die nichtssagende Knödelei. Bei uns gibt es außer dem roten übrigens auch ein weißes Kraut, hilft beim Verdauen, bilden wir uns ein. Und aus den

Serviettenknödeln wollen wir das Nussige der braunen Butter herausschmecken.

Natürlich schauen wir, wenn sich auch bis jetzt kein Renommiergansl aus der Gascogne zu uns verirrt hat, auf Herkunft und Fütterung unserer juvenilen Martinigans – erfreulich, dass Gänse sich durch ihren individuellen Lebensstil ohnehin nicht für die industrielle Produktion eignen. So blöd können sie also auch nicht sein, wie es ihnen Konrad Lorenz unterstellt, er pflegte zu behaupten, dass Hausgänse nur Unsinn reden, ausgerechnet er, dem doch selbst eine gewisse Neigung zum Mitschnattern eigen war, zumindest in der Nazizeit.

Übrigens erzählt der Fuchs-Papa, dass ein ganzes Geschwader Lorenzscher Graugänse von ihrem heimatlichen Almsee kommend einmal in unmittelbarer Nähe des Gehöfts eines Jagdkollegen einfiel, worauf dieser alle seine Freunde verständigte, die alsobald ausrückten, um ein paar dieser berühmten Tiere zu erlegen. Stecken Sie Ihren Leserbriefschreibgänsekiel wieder weg, ist eh nichts passiert. In der Erregung ist es einem der Herren zu früh losgegangen. Das Schießgewehr. Und die Graugänse waren weg.

Aber zurück in die Küche, ***Gänse*** finden aus rohrtechnischen Gründen im Allgemeinen bei der Harrer, nicht der Fuchs statt. Nach mehreren durchmischten Versuchen haben wir nun ein Procedere heraußen, bei dem wir erst einmal bleiben werden. Aber zuerst die Vorbereitung: überschüssiges Fett aus dem Bauchraum entfernen, die Federstifte mit der Pinzette sorgfältig entfernen, flämmen, Hals und äußere Flügel abhacken, Gans waschen und trocknen, die Haut an den fettunterlegten Stellen mit einer Nadel vielfach einstechen, salzen, innen mit Majoran oder dem verdauungsfördernden Beifuß einreiben. Das gute Tier wird dann in einen Bräter (ein tiefes Blech) gesetzt, mit etwas Wasser untergossen, und mit etlichen geviertelten Äpfeln und Zwiebeln umlegt, wovon sich ein paar Stücke ruhig auch in die Bauchhöhle verirren können.

Gebratene Gans

1 Gans
Majoran
Beifuß
Äpfel
Zwiebeln

Zuerst heizen wir ihr einmal ordentlich ein: 220 Grad, eine halbe Stunde, da fangt sie schön an zu schwitzen. Dann die Hitze reduzieren, und zwar gleich auf 150 bis 160 Grad und mindestens zwei Stunden schön pomali vor sich hin pofeln lassen, immer wieder begießen. Danach kommt das Ungewöhnliche, das wir, wenn wir uns recht entsinnen, von den Obauers gestohlen haben: Wir wickeln nämlich den Vogel fest in Alufolie und lassen ihn im abgedrehten Rohr bis zu zwei Stunden rasten. Durchs Weiterziehen werden auch die Muskelpakete einer echten Renngans weich, trotzdem bleibt sie saftig. Den Saft haben Sie, als Sie die Gans schlafen legten, abgeleert, Sie machen ihn kurz vor Schluss fertig: gut entfetten, wenn Sie wollen, können Sie eines der mitgebratenen Apferl hineinpassieren, aber aufpassen, dass es nicht zu apfelig wird, abschmecken. Bestens steht der Sauce die Finalisierung mit Balsamico.

Dann kommt der Endspurt für die Gans: Sie wird in größere Stücke tranchiert, diese werden auf ein Gitter mit der Haut nach oben (no na) gesetzt, um im Rohr in einem Finale furioso bei 220 Grad in zirka einer viertel Stunde knusprig gegrillt zu werden. Das Prinzip im Harrerschen Elternhause war dem nicht unähnlich: Dort wurde die Gans zwei Stunden lang langsam und zugedeckt (!) geschmort, dann wurde ihr in einer Stunde Saures gegeben, und auch dort bekam sie nach der Tranchierung noch ihr ultimatives Krusperl.

Weiter geht die Geschichte so, dass die Harrer, die schon stundenlang dem Gansl-Odeur ausgesetzt war, alljährlich nach absolviertem Mahle feststellt: Na, Gans, mag ich wirklich nicht, worauf die Fuchs glücklich nach der Demoiselle und dem Schlamperten (=Fleischreste) greift, um daraus bei sich zu Hause ein köstliches Kraftsupperl zu kochen. Die Harrer wäre den Ganssuppennebeln nicht mehr gewachsen. Ach so, Demoiselles heißen in Frankreich geschmackvollerweise die Rümpfe der ihrer Gliedmaßen beraubten Gänse, aber da die ans Krankenbett gefesselte Harrer gerade Déjà dead der forensischen Anthropologin Kathy Reichs gelesen hat, wo die betreffenden Demoiselles von echten Demoiselles stammten, möchte sie darauf nicht näher eingehen. Die Fuchs ist da robuster, in der Gascogne kann man nun einmal alles einzeln kaufen, sagt sie, nicht nur Gänsekeulen ohne Demoiselles und umgekehrt, auch Gans mit Leber, Gans ohne Leber, Leber ohne Gans. Letzteres ist ein heikles Thema. Nur so viel: Wir tun es. Vielleicht dazu ein andermal.

Gefüllter Ganslhals

1 Zwiebel
Ganslfett
Gansinnereien
etwas Gansfleisch
3 EL Milch
Brösel
1 schwarze Trüffel
Gansleber
Salz, Pfeffer

Oder doch zumindest ein bisschen jetzt gleich: Anstatt der ewigen Gansleinmachsuppe füllen wir nämlich jetzt den ***Ganslhals***. Sie lösen die Haut vorsichtig, der Schlauch muss unversehrt bleiben. Eine feingehackte Zwiebel in einer Spur Ganslfett anschwitzen, gehackte Innereien und ein wenig Fleisch dazu, ein bis zwei Eier, drei Esslöffel mit Milch befeuchtete Brösel, eine kleingeschnittene schwarze Trüffel und ein bisschen Gansleber, jaja, sie kann ja auch ungestopft sein, dazu, salzen, pfeffern und in die Haut füllen, an beiden Enden zunähen und in Gansfett im Rohr eine gute halbe Stunde bei 180 Grad und häufigem Begießen braten. Kann übrigens auch kalt aufgeschnitten werden, Martini-Jausenbrot für die lieben Kleinen, oje, dafür werden wir wieder ausgeschimpft.

25. Oktober 2001

Außen knusprig

Wenn der Vati den Grill anheizt, kriegen wir keine Schweinskoteletts, sondern das Beste von Lamm und Rind. Und orientalische Fleischlaberln

Das auf dem Bild, das sind wir. Fast. Vati und Mutti Fuchs sind leicht zu erkennen, gut, das entzückende Mäderl (Leopoldine heißt sie) wälzt sich in unseren »realities on the ground« auf demselben, weil sie grad ihren stündlichen Wutanfall hat, und statt des sauberen Buberls denken Sie sich halt eine grantige, überwuzelte Zentner-Schateken, die Harrer. Aber sonst stimmt alles. Kein Glutflankerl netzt die Fönfrisur, kein noch so minuskules Brandloch verschandelt das im Ausverkauf erstandene Sommerhoserl, kein verkohltes Schweinsfett verstinkt das Kleiderl. Die Nachbarin haut auch nicht die Gartentür zu, dass es kracht in der adretten Reihenhaussiedlung, niemand reißt die olfaktorisch besudelte Bettwäsch' von der Leine, und dass jemand in Panik die Feuerwehr ruft, weil sein Häusl so verqualmt ist, ist überhaupt ein Gerücht.

Wir grillen. Das ist so schön, weil da die Fuchs so stolz auf ihren Alten ist, der tadellose, außen kruspelige, innen rosarote Lammkoteletts hinlegt – was wir ihm erleichtern, indem wir doppelte (zwei Ripperln dick) kaufen, die wir, ganz simpel mit Olivenöl und mit Thymian- oder Rosmarinzweigen mariniert, einen Tag auf ihre Bestimmung, gefressen zu werden, warten lassen. Was er noch braucht, der Seybold (er ist ein so genannter Emanz, drum heißt er anders als die Fuchs), ist eine hinlängliche Beleuchtung. Weil ein Künstler braucht Licht, sagt die Fuchs. In Wahrheit, sagt die Harrer, hat er jahrelang die Lammkoteletts verschissen und eine Ausrede gebraucht, und inzwischen hat er's eben derlernt, und sagt, es ist der starke Scheinwerfer, den er jetzt hat.

Sie sehen, es ist eine ganz eine heiklige Geschichte, das Grillieren, bei dem sich aus evolutionären – sagt man – Gründen die Männer immer so besonders hervortun. Lieb sind sie, mit ihren versengten Augenbrauen und den Schweißperlen auf der roten Nase, wenn sie mit dem Föhn die Flammen zu entfachen suchen und patschert mit der Zange herumfuchteln, denn dass sie das

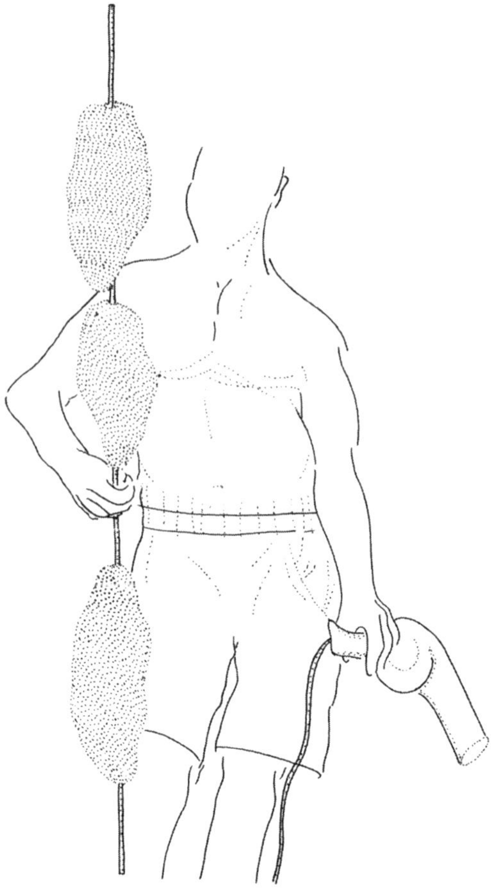

»Grillgut« – was für ein Wort für so eine archaische Beschäftigung – nicht anstechen dürfen, haben wir ihnen mit der nötigen Strenge beigebracht. Und die geistreichen Gespräche, die sie über dem Feuer zu führen pflegen! Da wundert sich keiner mehr, dass sie als Herren der Schöpfung post festum das Reinigen des Grillers und des dreckigen Geschirrs ihrer Liebsten überlassen, sie heißt ja nicht umsonst Putzi.

Ist ja alles nicht wahr, sie sind wahre Meister, grundgescheit dazu und auch brave Abwäscher. Aus der Harrer, sagt die Fuchs, spricht die Angst, dass sie sich in Zukunft ihre Lammnierndeln selbst auf den Rost hauen kann. Die Harrer ist nämlich eine besondere Anhängerin des Grillens, das ja früher ganz und gar nicht landesüblich war. Die Österreicher und Österreicherinnen pflegten sich ihre karzinogenen Stoffe durch reichlichen Genuss von

G'selchtem zuzuführen. Ausnahmen waren nur die total verrußte Lagerfeuer-Knackwurst und die Schweinsbratwürstel auf dem Kirtag – und natürlich der gegrillte Ochse auf dem Rieder Volksfest, den es gab, als es den »Rieder Neger« noch nicht gab, nämlich in den Sechzigerjahren: eine veritable grosse pièce, um die sich Legenden rankten, fantastischer noch als die um die berühmten Raufereien. Den kulinarischen Wert der Sache konnte die Jungfuchs leider nie überprüfen, weil sie, wenn sie um vier Uhr mit ihren Eltern auf der Rieder Mess' eintraf, immer ein abgefressenes Gerippe vorfand.

Ende der Siebziger wurde das Grillen als amerikanische Errungenschaft übernommen – modern, gesellig, gesund (!) – , heute wehen einem pünktlich ab dem ersten Schönwettereinbruch im April gleichzeitig mit den erwachten linden Lüften die minder feinen Düfte von Brennspiritus und Rauch und Schwein an, denn dieses ist und bleibt des Austriaken liebstes Tier, auch auf dem Griller.

Na ja. Wir tun's lieber mit Lammkoteletts, an denen wir unsere über den Winter aufgestaute Fleischeslust ausleben, aber auch genauso gern mit einem dieser schönen T-Bone-Steaks, die mindestens ein Kilo haben müssen und bei denen zum Krebs- auch noch der BSE-Kitzel dazukommt. Letzteren können Sie eliminieren, indem Sie zur Beiried greifen. Weiters lassen wir noch die oben erwähnten Lammnierndeln auf dem Rost gelten, und ein kleines Stückerl Wurst für jeden darf es schon auch sein. Und die Harrer ist, no na, die Proponentin von Nahöstlichem – dem ***Kebab*** aus Lamm- oder Rindsfaschiertem oder auch gemischt, und das geht so:

Kebab von Lamm oder Rind

½ kg Faschiertes
1 fein geschnittene Zwiebel
Knoblauch, Petersilie
Baharat

Zum Faschierten mischen Sie pro halbes Kilo eine entweder durch den Wolf gedrehte oder ganz, ganz fein geschnittene Zwiebel, ebenso Knoblauch nach Gusto, viel frische Petersilie und würzen mit – auf dem Naschmarkt erstandenem – Baharat, das ist eine arabische Gewürzmischung, im Wesentlichen Zimt, Muskat und Nelken (am Golf kommen Pfeffer, Korianderkörner, Kreuzkümmel, Kardamom und Paprika dazu). In manchen Rezepten liest man von der Beigabe von Eiweiß oder etwas Mehl, es hält aber auch so am Spieß, auf den man es ganz dünn appliziert. Am besten geeignet sind natürlich die speziellen Kebab-Spieße, die aussehen wie Schwerter, aber zur Not geht es auch mit den bei uns üblichen. Und die Harrer hat beschlossen, dass sie dasselbe heuer noch mit Koriander und Ingwer, statt Petersilie und Zwiebel, will.

Was wir nicht brauchen, sind irgendwelche industriell vorgefertigten Gewürzorgien, Salzmischungen oder in roten, unappetitlichen Marinadebädern beim Fleischhauer dahindümpelnde Fleischteile, wo dann vom Schweinsripperl übers Hendelhaxerl bis zum Lammfilet alles gleich schmeckt, was den einzigen Vorteil hat, dass man den Brandton nicht spürt, wenn etwas verhunzt ist. Die Reinheit des Fleischgeschmacks, mit einem zarten Raucherl unterlegt, das streben wir an beim Grillen, und deshalb kommt uns nur das Allerbeste über die Glut. In der während unseres Südsteiermark-Urlaubs übrigens nicht Kohle, sondern duftendes Holz von alten Weinstöcken liegt, was ja heuer – in der bescheideneren Variante von Rebschnitzeln allerdings – stark à la mode ist. Kennen wir seit 25 Jahren.

Noch ein paar Worte zum Accompagnement: Zu den Lammkoteletts muss es ein Tsatsiki sein, aus abgetropftem Joghurt bitte. Um abenteuerliche Saucen reißen wir uns nicht, Salat ist okay, lieber ist uns – aber auch aufwändiger – ein Ratatouille, und der Hit zum Rindfleisch ist ein Melanzanigratin. Alles das läuft auf einen gleichzeitigen Betrieb der Küche hinaus, auch unsere unverzichtbaren Rosmarinerdäpfel aus dem Rohr. Aber so ist es nun einmal, aus nichts wird nichts. Außerdem müssen wir ja irgendwie die Menpower am Griller ausbalancieren.

27. Juli 2001

Sommerlicher Rollentausch

Plädoyer für die G'füllten: Gemüse ist gut; mit der richtigen Farce versehen, ist es aber noch viel viel besser. Und spielt in der kulinarischen Liga ganz oben, wenn man es richtig angeht

Selbst der fleischverfressenste Österreicher kennt ihn, den sommerlichen Rollentausch, mit dem sich alljährlich die klassische Zuspeis' Gemüse vom Statisten zum kulinarischen Protagonisten wandelt. Geschwind geht so eine statusmäßige Transformation natürlich nicht, die Gemüseküche, von der wir hier reden – nämlich allerlei Gefülltes –, ist keine für Eilige, ganz im Gegenteil eine veritable Kocherei, ein Bratl oder ein Gickerl wären schneller in die Röhre geschossen. Ganz für sich allein stehen unsere Küchenstars allerdings auch nicht, nicht nur die leckere Hülle macht es – ganz wie im Leben zählt auch das, was drinnen ist. Sweet Jesus, was sind wir heute wieder einwendig, passt eh, es geht ja ums Innenleben, des Paradeisers, der Gurke, der Zucchina, der Aubergine, des Paprikas, you name it.

Letzterer, der gefüllte Paprika, ist ja überhaupt eine österreichische Institution, was sich mittlerweile vor Jahrzehnten unter anderem darin äußerte, dass ihm die zweifelhafte Ehre zuteil wurde, als eines der ersten Dosengerichte auf den österreichischen Markt zu kommen: Legionen von Junggesellen haben sich davon ernährt, bis sie eine heimführten, die es so gut konnte wie die Mutti. Dabei geht die Paprikasozialisierung des Österreichers / der Österreicherin nicht immer ohne Traumata ab, weiß die Fuchs zu berichten. Während die Harrer als armes Internatskind weit Ärgeres kannte, war für die Fuchs die Ankündigung »Die Paprika aus dem Burgenland sind da« Auftakt zu tränenreichen Dramen bei Tisch. Gegessen wurde bekanntlich, was auf einen solchen kommt, und nicht nur die durchaus geschätzte Fülle und die Sauce rundherum, sondern auch das bittere Äußere. Jetzt noch gibt es bei der Fuchs nur gelbe und rote gefüllte Paprika.

Natürlich sind die AustriakInnen nicht die Einzigen, die ihre Gemüse mit guten Sachen vollzustopfen pflegen, über Krautwickler aller Couleurs haben wir an dieser Stelle ja schon einmal berichtet. Im Osten und im Süden wird überhaupt alles, was nur irgendwie Farce aufnehmen kann – außer oben ‚Genannten auch Schwammerln, Zwiebeln, Artischocken, Mangold, Weinblätter –, gefüllt, und als Folge der benedeiten kulinarischen Umvolkung sind es auch bei uns nicht mehr nur die Kohlpletschen und die – typisches Culinaricum Austriacum übrigens – Gurken, die mit allerlei Füllungen bedacht werden.

Gefüllte Zucchini

30 Deka Bratenreste vom Lamm
7 EL Olivenöl
2 mittelgroße Zwiebeln
2 Dosen pelati
3 EL Tomatenmark
2 Stk Würfelzucker
3 EL gehacktes Basilikum
4 mittelgroße Zucchini
Gehackter Oregano
2 - 3 EL Brösel
6 Deka gehackter Rohschinken
4 EL Parmesan
2 Eier

Um unser deklariertes Lieblingsgericht – ***gefüllte Zucchini*** – in seinem Idealzustand herzustellen, ist etwas planerische Weitsicht von Nöten, denn so ganz richtig wird es nur mit Bratenresten vom Lamm: Das verlangt, das Sonntagsbratl entsprechend zu dimensionieren und Reste vor Hunden und Menschen in Sicherheit zu bringen, die sich nach vollendetem Mahle in die Küche einschleichen, um an den Resten herumzusabeln oder die Knochen abzunagen (aber die üblichen Verdächtigen erreichen ohnedies schön

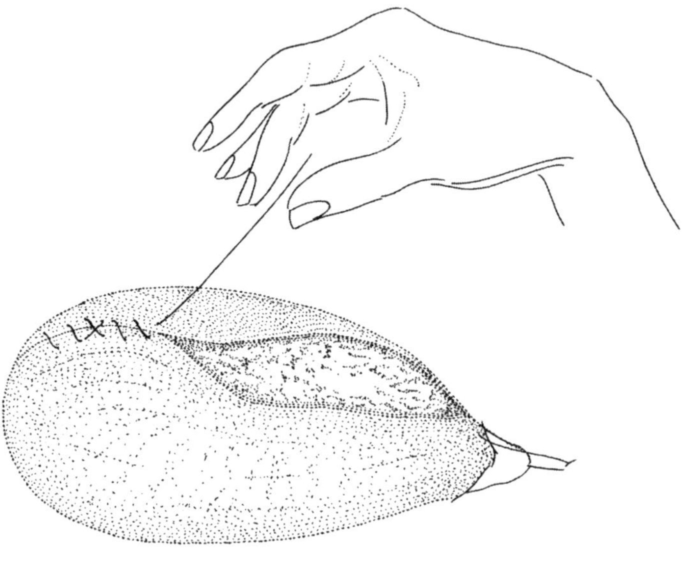

langsam ein Alter, in dem die Beißerchen das nicht mehr so ohne weiteres zulassen.)

Kleiner Scherz, zuerst kochen wir eine Paradeissauce: in drei Esslöffel Olivenöl eine mittelgroße gehackte Zwiebel anschwitzen, zwei Dosen grobgehackte Pelati, drei Esslöffel Paradeismark, zwei Stück Würfelzucker, drei Esslöffel gehacktes Basilikum und Salz zufügen und bei halb bedecktem Topf eine Dreiviertelstunde vor sich hinköcheln lassen. Dann zum Eingemachten: vier mittelgroße Zucchini der Länge nach halbieren, mit einem Kaffeelöfferl das Fruchtfleisch herauskratzen, in vier Esslöffel Olivenöl eine mittlere gehackte Zwiebel goldgelb anschwitzen, ein bis zwei zerdrückte Knoblauchzehen zugeben und ebenfalls kurz mitgaren, dann dreißig Deka faschierte Lammbratenreste (ja, ja, normales Lamm- oder, wenn es denn sein muss, Rindsfaschiertes geht auch) zufügen und anbraten. Gehackten Oregano und das herausgeschabte, fein gehackte Zucchinifruchtfleisch untermischen, nochmals kurz durchrösten, mit zwei bis drei Esslöffeln Bröseln binden, sechs Deka gehackten Rohschinken, vier Esslöffel Parmesan und zwei Eier untermischen, mit Salz und Pfeffer abschmecken.

Ausgehöhlte Zucchinihälften innen salzen und füllen, Paradeissauce in eine passende Auflaufform gießen, die gefüllten Zucchinihälften draufsetzen, mit Parmesan nicht zu sparsam bestreuen und in einem feinen Strahl mit Olivenöl benetzen – nicht zu knapp, in einem Ölsee sollten sie jedoch auch nicht ersaufen. Man sieht, es ist eine ganz schöne Hackn, bis die Zucchinischiffchen adrett arrangiert in ihrem Paradeisbett liegen! Die Rein' dann mit Alufolie abdecken und bei 180 Grad eine knappe halbe Stunde im Rohr garen, die Folie abnehmen und bei 200 Grad (oder mehr) fertig backen, bis die Oberfläche schön gebräunt ist. Unsere Zucchini sind am Entstehungstag schon recht ansprechend, am nächsten jedoch schlichtweg himmlisch.

Waren die Zucchini als unsere Favorites eine Pflichtübung, so haben wir jetzt die Qual der Wahl. Wir haben uns für ***Paradeiser*** entschieden, eine ***fleischige*** und eine ***fischige*** Variante. Ad 1.: Vier große Paradeiser halbieren und aushöhlen, salzen, pfeffern und mit der Öffnung nach unten auf eine Platte legen, das ausgekratzte Fruchtfleisch, eine kleine Zwiebel, zehn Deka Schinken, einige Basilikumblätter, etwas Petersil, vier schwarze Oliven fein hacken, diese Zutaten mit zwei zerdrückten Knoblauchzehen,

Mit Fleisch gefüllte Paradeiser

4 Paradeiser
2 Knoblauchzehen
1 kleine Zwiebel
1 TL Zucker
Basilikumblätter
Petersilie
4 schwarze Oliven
1 Ei
5 Deka Semmelbrösel
10 Deka Schinken

fünf Deka frischen Semmelbröseln, ein Teelöffel Zucker (sic!) und einem Ei vermischen, mit Salz und Pfeffer abschmecken. Mit diesem Gatsch die Tomatenhälften füllen – die Sie, kleiner Tipp, zuvor wieder umgedreht haben –, in eine passende Form setzen, mit Olivenöl beträufeln und mit jeweils einer halben schwarzen Olive krönen, bei 180 Grad dreißig Minuten im Rohr backen.

Und die fischigen Paradeiser: Vier große Paradeiser vorbereiten, siehe oben, innen salzen und kopfüber in einem Sieb abtropfen lassen. In zwei Esslöffel Olivenöl zwei feingehackte Zwiebeln glasig dünsten, zwei Knoblauchzehen und einen halben Bund Petersilie, jeweils fein gehackt, untermischen und sanft weiterbraten, das gehackte Paradeiser-Fruchtfleisch und zehn Deka eingelegte, vorher gehackte und mit zwei Esslöffel Zitronensaft beträufelte Sardinen dazugeben und auf großer Flamme ordentlich einkochen. Fünf Deka entsteinte, gehackte schwarze Oliven und zwei Esslöffel Kapern (wenn möglich in Salz und nicht in Essig eingelegte) untermischen und kurz mitgaren. Vier Esslöffel Semmelbrösel in zwei Esslöffel Olivenöl anrösten, die Hälfte davon mit vier Esslöffeln geriebenen Pecorino unter die Farce mischen, mit Pfeffer und eventuell Salz abschmecken, die Paradeiser damit füllen, in eine geölte Pfanne setzen und mit den restlichen Bröseln sowie geriebenem Pecorino bestreuen, mit Olivenöl beträufeln und wie gehabt bei 180 Grad eine halbe Stunde im Rohr garen. Eine schöne Patzerei, aber es lohnt sich.

Mit Fisch gefüllte Paradeiser

4 Paradeiser
4 EL Olivenöl
2 Knoblauchzehen
2 Zwiebeln
5 Deka entsteinte schwarze Oliven
10 Deka Sardinen
Zitronensaft
2 EL Kapern
½ Bund Petersilie
4 EL Semmelbrösel
4 EL geriebener Pecorino

29. Juni 2001

Pasta politica

Die ganze Welt liebt italienische Zustände auf den Tellern. Nach kurzer Ernüchterung lässt sich feststellen: Die Pasta ist als Kulturgut vom Wahlergebnis letztlich unabhängig

Jetzt, amici ed amiche, haben wir den vaso (sprich: Scherbn) auf. Silvio Berlusconi ist statt im Häfen auf dem Regierungsbankl gelandet (apropos, was sagt il ministro Böhmdorfer eigentlich zur journalistischen Verunglimpfung eines Regierungscapo eines befreundeten stato?). Egal, jetzt schauen wir jedenfalls drein, als ob uns die polli das pane weggefressen hätten, also ungefähr so wie unser Tommaso presidente seinerzeit bei der Angelobung unseres derzeitigen governo federale. Si, si, der Arrer und der Volpe hat's kurzfristig den appetito verschlagen.

Aber nicht die Blödheit, werden einige unserer Leserbriefschreiber und Leserinnenbriefinnenschreiberinnen sagen – und sie haben Recht, ahimè. Sie müssen wissen, der Widerstand nimmt uns mächtig her. Haben wir unser Quantum im letzten Wendejahr aus patriotischen Gründen um eine halbe Flasche welschen (!) Rieslings täglich erhöht – jetzt erst recht! –, so legen wir in solidarischer resistenza dagegen, dass konsumtrottelproduzierende Großkapitalisten so einfach Länder ihren Firmenimperien einverleiben können, ab dato noch eine Grappa drauf. Keinen, der in den Berlusconi-Supermärkten verkauft oder im Berlusconi-Fernsehen beworben wird, si intende.

Aiuto, bei der Pasta wird das schon ein bisschen schwieriger. Die gute alte Barilla kann ja schließlich nichts dafür, und wer säuft, muss essen und schnell, presto! Darum gibt es heute ***Pastasaucen***, die mehr oder weniger fertig sind, während die Nudeln kochen. Wir haben Pasta vor Berlusconi gegessen, und wir werden Pasta nach Berlusconi essen. Und dazwischen auch.

Gerne hätten wir auch das Bild eines spaghettifressenden Silvio B. über diese Geschichte gestellt – aber glauben Sie, der lässt sich dabei erwischen, dass ihm ein Pomodorotröpfchen den goldbronzenen Teint oder den blütenweißen Brustlatz versaut? Vielleicht isst er aber auch gar nicht – und das Gegenteil natürlich auch nicht.

Und seine Kinder hat er, na lassen wir das lieber. Jedenfalls, der Mann hat etwas absolut Hygienisches. Hyänisch Hygienisches. Die Harrer ist kurz vor dem Nervenzusammenbruch, so wie damals nach dem Tod der Lady Di, sagt die Fuchs. Damals war es aber nichts Kulinarisches, echt nicht, sagt die Harrer.

Fettuccine mit Zucchinisugo

4 EL Olivenöl
8 Babyzucchini
8 Zucchiniblüten
1 feingehackte Zwiebel
1 Brief Safran mit 2 EL Wasser
1 TL Zucker
½ Bund Basilikum
½ Bund Petersilie
⅛ l Rindsuppe
25 Deka Fettucine
geriebener Pecorino

Also gut, kaufen Sie Babyzucchini mit Blüten und weichen Sie sie in Desinfekionsmittel ein. Okay, vergessen Sie's. Jetzt im Ernst: Für vier Personen in vier Esslöffeln Olivenöl eine fein gehackte Zwiebel anschwitzen, ein Brieferl Safran in zwei Esslöffeln warmen Wassers auflösen und untermischen. Von acht Babyzucchini die Blüten abtrennen, vier Blüten, die Früchte und einen halben Bund Basilikum in feine Streifen schneiden, einen halben Bund Petersilie fein hacken, alles zur Zwiebel geben, mit einem Achtel Liter Rindsuppe aufgießen und kurz sanft köcheln lassen, salzen und pfeffern. Die restlichen vier Zucchiniblüten ganz kurz vorsichtig mitdünsten. Inzwischen haben Sie ein Viertel Kilo Fettuccine al dente gekocht, der Gemüsesugo wird untergemischt und mit den Zucchiniblüten dekoriert, dazu gibt es geriebenen Pecorino.

Da sind wir fast schon wieder mit Italien versöhnt. Caro Signor Bossi, den Safran haben i negri e gli arabi mitgebracht, die bösen immigranti! Aber dem narrischen Umberto aus den Bergamasker Bergen haben unsere lieben Nachbarn und Nachbarinnen auch ohne unsere Belehrung eine ganz schöne Abfuhr erteilt. Es hätte immer auch schlimmer kommen können.

Kräuterblitzpasta

4 EL Olivenöl
8 Babyzucchini
8 Zucchiniblüten
1 feingehackte Zwiebel
1 Brief Safran mit 2 EL Wasser
1 TL Zucker
½ Bund Basilikum
½ Bund Petersilie
⅛ l Rindsuppe
25 Deka Fettucine
geriebener Pecorino

Und weiter geht es: Für all jene, die sich am Pesto schon abgegessen haben (gibt's denn so was auch?), eine ***Kräuterblitzpasta*** von dem in Londra, Inghilterra, residierenden Zio Antonio Carluccio: In 75 g Butter eine halbe kleine, feingehackte Zwiebel andünsten, 25 g Pignoli und eine sehr fein gehackte Knoblauchzehe zufügen und noch zwei Minuten braten, abgeriebene Schale einer halben Limette und acht Esslöffel gemischte Kräuter (Kerbel, Petersil, Schnittlauch, Basilikum, Minze, Salbei, Rosmarin und Fenchelblätter), Salz, Pfeffer und falls notwendig etwas Hühnersuppe untermischen und nur ganz kurz erwärmen (keinesfalls garen!), mit einem Viertel Kilo inzwischen gekochten Tagliolini und vier Esslöffel besten Olivenöls vermischen und mit Parmesan bestreuen.

Da hätten wir noch was, die in Postdegustationsdesperation (also, wir waren bei einer Weinverkostung, und weil der fuchsische Balg grantig war, trauten wir uns danach nicht in ein Wirtshaus, deshalb landeten wir bei der nicht eingekauft habenden Harrer) wiederentdeckte ***Pasta con la Bottarga***, schmazzo. Die Bottarga ist, wie unsere italophilen Brüdern und Schwestern natürlich wissen, gesalzener, luftgetrockneter Rogen von Meeräschen oder Thunfisch, sie wird in Süditalien in dünne Scheiben geschnitten, mit Olivenöl und Zitronensaft beträufelt und als Vorspeise verzehrt oder – Protein hard core – über die Eierspeis gerieben. Wir wussten auch nicht mehr genau wie man Bottarga mit Pasta isst und haben's so gemacht und für saugut befunden: In Olivenöl eine feingehackte Zwiebel und mindestens eine Knoblauchzehe anschwitzen, mit Obers und etwas Weinderl aufgießen (würde ein Süditaliener niemals tun, aber irgendwoher muss das Saucerl ja so schnell kommen, geht aber natürlich auch ohne – dafür dann noch ein kräftiger Schuss Olivenöl aufs fertige Gericht) und stark einkochen lassen, ein Viertel Kilo (ungeschälte) Cocktailparadeiser (etwas anderes hatten wir gar nicht) in kleine Stückerl schneiden, in einem Sieb überschüssigen Saft abtropfen lassen und erst kurz, bevor die Pasta (es waren Spaghetti) fertig ist, in der Sauce kurz erwärmen, sodass sie ihre Frische bewahren.

Mit den Nudeln und der geriebenen Bottarga vermischen, ordentlich pfeffern, da die Bottarga ziemlich salzig ist, diesbezügliche Zurückhaltung – eine kräftige aber dennoch sommerlich frische Angelegenheit. Das auf die Türschwelle des himmelblauen Casa delle Libertà des Silvio Berlusconi gestrichen, kommt niemand mehr heraus. Sie müssen alle drin bleiben und bis zum Ende der Legislaturperiode den Forza-Italia-Song singen. Und alle Berlusconi-Stationen übertragen 24 ore su 24. Und den Italienern und Italienerinnen graust's alsobald gewaltig.

Aber nicht vor unseren ***Spaghetti alla Caprese*** aus Kampanien: Für sechs Personen ein halbes Kilo sehr reife Paradeiser enthäuten, Kerne entfernen und in Stückchen schneiden, in einer Pfanne drei Esslöffel Olivenöl erhitzen, Paradeiser zufügen, leicht salzen und auf großer Flamme eine Viertelstunde kochen. In der Zwischenzeit fünf Deka entgrätete Sardellen abwaschen, gut abtropfen lassen und mit zehn Deka in Öl eingelegtem Thunfisch und fünf Deka schwarzen, entsteinten Oliven im Mörser zu Püree stampfen, am Schluss einige Esslöffel Olivenöl zufügen und auf winziger Flamme kurz erwärmen. Die sehr heiße Paradeissauce mit 60 Deka al dente gekochten Spaghetti, dem Fisch-Olivenpüree und 15 Deka in kleine Würferl geschnittener Mozzarella vermischen, ordentlich pfeffern. Damit es frischer wird, kann man in letzter Minute unter die heiße Sauce auch noch gehackte Cocktailparadeiser mischen. Geht es Ihnen jetzt besser? Uns auch. Arrivederci. Dopo il diluvio.

25. Mai 2001

Es werde Reis

Auf unsere Reiskultur können wir uns hierzulande nichts einbilden. Wer aber einmal mit dem Real Thing in Berührung gekommen ist, wird sich stets strebend eines Besseren bemühen

Kennen Sie den mit den Schlitzaugen und dem auf dem Klo sitzenden Chinesen? Na ja, was soll man tun, genau das ist eben grosso modo das Niveau, auf dem sich die Beziehung der Österreicher und Österreicherinnen zum Reis bewegt. Die guten Landsleut' können aber natürlich nichts dafür. Aufgewachsen sind etwa wir Nachkriegskinder mit dem etablierten Kindergartengericht Milchreis, das die Nation in zwei Hälften spaltet(e) – die Männer (sic!) der Fuchs-Familie schwärmen heute noch davon (aber die Mama Fuchs hat dank der auch von ihrer Tochter zutiefst verinnerlichten These »Wer kocht, schafft an« den Milchreis in den kulinarischen Orkus befördert). Die Katholisches-Internat-Zöglingin Harrer weiß dazu auch Traumatisches vom in regelmäßigen Abständen auf fettigen Tellern angekrochen kommenden Reisfleisch ihrer Kinderzeit zu berichten. Außerdem gab es Reisauflauf (geht so) und Reisschleimsuppe (oje) und Risipisi (okay).

Die ambitionierteren Reis-als-Beilage-KöchInnen versahen den zu kochenden Reis mit einer mit Gewürznelken gespickten Zwiebel, das war's im Großen und Ganzen mit der Reiskocherei – später kam dann auch noch der Curry-Reis dazu, oder was wir dafür hielten. In Vor-Uncle-Ben-Zeiten war in österreichischen Geschäften, zumal auf dem Land, auch nur eine einzige Reissorte zu finden, ein Siam Patna war das, in der blitzblauen Schachtel samt Reisbauern mit unvermeidlichem Chinesenhut, an sich eine Langkornsorte, aber schön pickert. Der totale Absturz kam dann – ach, wie so oft in der Geschichte der Menschheit – unter dem Mäntelchen des Fortschritts daher: der Parboiled Reis, auf dessen roter Packung anstatt eines grinsenden Chinesen ein grinsender Amerikaner zu sehen war, er ist uns bis heute erhalten geblieben (denn er lebt halt nicht in Österreich, von wo er schon längst als Drogendealer abgeschoben worden wäre, denn er ist schwarz).

Und schon kommt unsere nächste Gemeinheit, denn jetzt beschreiben wir Ihnen in Stichworten das Parboiled-Verfahren: Rohreis wird in Vakuumbehältern mittels Unterdruck alle Luft entzogen, anschließend in lauwarmes Wasser eingeweicht, dabei lösen sich Inhaltsstoffe aus Silberhäutchen und Keimling, anschließend mit Wasserdampf und hohem Druck behandelt, wasserlösliche Vitamine und Mineralstoffe werden wieder ins Innere des Reiskornes gepresst, Körner werden nochmals heißem Dampf ausgesetzt, dabei wird die Oberfläche gehärtet, anschließend wird getrocknet, schmatz.

Wir kennen jemanden, der behauptet, dass das Ergebnis stinkt. Der Mann ist aus dem Iran, für die Harrer das absolute Reis-Schlaraffenland, auch wenn als Wiege des Reises längst Nordthailand mit Funden von 10.000 vor der westlichen Zeitrechnung feststeht, von wo er sich in Ostasien ausbreitete. Ins vorher hermetisch abgeschlossene Japan kam er wesentlich später, im 3. Jahrhundert ante (dafür darf der Tenno bei uns im Bild Reis pflanzen), in die Poebene, woher heute unser göttliches Risottino kommt, erst im Mittelalter.

Apropos, unser ebenfalls göttlicher Carluccio listet in seiner Warenkunde die für ihn wichtigsten 44 Reissorten auf – mit keinem einzigen Langkornreis darunter, kennt er gar nicht, der Zio Antonio. Tatsächlich gibt es über 100.000 Sorten, und das ist schon um 50.000 weniger als vor fünfzig Jahren. 90 Prozent der Weltproduktion kommen aus Asien, die besten Reissorten werden überall selbst verspeist und nicht exportiert. Als uns unlängst unser iranischer Korrespondent, Amir Loghmany, in Wien besuchte, musste er – Auftrag der Chefin – den besten Reis mitbringen, und von der Gattin die genaue Kochanleitung dazu. Er beschaffte fünf Kilo, bei der Ausreise wurde ihm prompt die Hälfte weggenommen: Du kannst dich schleichen, aber der Reis bleibt da!

Reis, iranisch

Reis
Butter
Safran

Sie wissen schon warum, die Iraner: Wenn man in eine Teheraner Mietskaserne eintritt und im fünften Stock ***Reis gekocht*** wird, so duftet das ganze Haus. Der Amir bereitete dann seinen mitgebrachten Reis für die ganze andächtig versammelte STANDARD-Außenpolitik-Crew zu, und das ging so (und funktioniert natürlich bei jedem Basmati): Erst einmal wird der Reis sehr sorgfältig gewaschen, manche Leute weichen ihn sogar ein. Dann wird er in sehr viel gesalzenem Wasser fünf Minuten lebhaft gekocht und abgeseiht.

Währenddessen kochen Sie Butter in gleich viel Wasser auf und geben etwas Safran (die Fäden etwas zerreiben) dazu. Die Hälfte dieser Mischung kommt in einen Topf mit dickem Boden, sie soll auf dem Boden verteilt werden. Darauf leeren Sie die Hälfte des abgetropften Reises und streichen ihn glatt, die andere Hälfte türmen Sie wie einen Vulkankegel auf und machen in die Mitte ein Kraterloch, in das Sie die andere Hälfte der Safran-Butter-Mischung gießen. Den Deckel mit Tüchern umwickeln, zudecken, fünf Minuten auf halbschwacher Flamme lassen, dann auf die kleinste Flamme, die Sie haben, herunterdrehen. Je nach Reissorte ist er dann zwischen 20 und 40 Minuten fertig, am besten kosten, obwohl man ja eigentlich den Garvorgang nicht stören darf, aber da bleibt uns gar nichts anderes übrig.

Diesen Reis mit einer Kruste zu versehen (mithilfe von Dotter oder Joghurt) ist übrigens der größte Stolz des iranischen Hausmanns (haha), aber das ist nur für Fortgeschrittene. Wir geben Ihnen stattdessen noch ein ***duftendes malaysisches Rezept*** bekannt,

das wir in unser Repertoire aufgenommen haben und das zu allem Möglichen passt (wir haben da ein Lammgulasch, das wir Ihnen bei anderer Gelegenheit verraten werden): 60 Deka Basmatireis so lange waschen, bis das Wasser klar abläuft; 1 Deka Zimtstange, 8 Kardamomkapseln und 6 Nelken in 5 Deka Butterschmalz (Ghee, geht aber mit Butter auch) unter Rühren anbraten, bis die Gewürze zu duften beginnen, 1,5 Deka Ingwerwurzeln, 2 Knoblauchzehen und 3 Deka Schalotten schälen, fein hacken, zufügen und unter ständigem Rühren leicht Farbe nehmen lassen, den gewaschenen Reis unterrühren und wieder unter ständigem Rühren drei bis vier Minuten anbraten, mit einem Liter Wasser aufgießen, salzen, aufkochen und anschließend simmern lassen, bis der Reis nur noch knapp mit Wasser bedeckt ist, zudecken, bei 150°C noch weitere 15 Minuten im Rohr fertig garen, in der Zwischenzeit 40 ml Rosenwasser mit einer Messerspitze Safranfäden kurz aufkochen und für etwa eine Minute sanft köcheln lassen, Safran-Rosenwasser über den fertigen Reis träufeln und noch für weitere fünf Minuten ins Rohr stellen.

30. März 2001

Reis, malaysisch

60 Deka Basmatireis
1 Deka Zimtstange
8 Kardamomkapseln
6 Nelken
5 Deka Butterschmalz
1,5 Deka Ingwerwurzeln
2 Knoblauchzehen
3 Deka Schalotten
40 ml Rosenwasser
1 Messerspitze Safranfäden

Einfach fallen lassen

Most, die oberösterreichische Landessäure, ist das höchst komplexe Produkt aus zu Boden gefallenen Früchten und kundiger Handhabung

Da haut sie wieder einmal auf den Putz, die Fuchs, in ihrer Vorlage für unser heutiges Fress- und Saufopusculum. Im »Mostkernlande geboren (Schwanenstadt beziehungsweise Timelkam)« sind wir angeblich einer »Gesinnungsgemeinschaft schicksalhaft zugehörig« – nämlich der Gemeinschaft der Mostschädel, Bacchus vergebe uns. Der ausschließlich aus Äpfeln (sprich Öpfi) und/oder Birnen erzeugte Obstmost schaut so aus: zwischen vier und acht Volumsprozent Alkohol und mindestens vier Promille Säure beziehungsweise 16 Gramm zuckerfreier Extrakt, halt einer zum Trinken und sechs zum Beuteln, wie unsere Feinde, die Nichtmostschädel, sagen würden. Diese mageren kellertechnischen Daten werden natürlich in keiner Weise der identitätsstiftenden Kraft des Mostes, ja seiner mystischen Überhöhung durch ihre bedingungslosen Anhänger gerecht (schreibt die Fuchs).

Und wehe, Sie äußern sich jetzt despektierlich über unsere »Landessäure«, aufpassen, immerhin üben wir seit einem Jahr den Schulterschluss. Sie werden sich doch gewiss an unseren epochalen Bratknödelartikel anno domini 1998 erinnern. Also, der Most ist mindestens eine ebenso ernste Sache, bitte denken Sie beim Leserbriefschreiben daran.

Nicht dass wir so oft Most trinken würden (Gott sei Dank, flüstert die Harrer, und kriegt von der Fuchs eine Kopfnuss), aber wenn, dann gut, denn wir haben das Glück, dass unsere lieben Daheimgebliebenen für uns lokal renommierte, besonders empfehlenswerte Kreszenzen (das hat die Fuchs gesagt) vorselektionieren. Das mag ja zu einem etwas geschönten Bild der Mostsituation führen, geben wir gern zu. Die grauslichen Gesöffe, auf die man allerorten stößt, netzten kaum je unsere Gaumen. Wir sind die Elite, die Mostschädelelite.

Schon beim Schreiben (oder beim Lesen) hebt es einem das Magerl aus – »hobn« muss er ja, so ein Most, wie in der Landessprache die alles zusammenziehende adstringierende Wirkung genannt wird –, darum kochen wir schnell etwas, ein Boeuf à la mode de Haute Autriche, na ja, ein oberösterreichisches Mostbratl halt:

Oberösterreichisches Mostbratl

1 kg Rindsbraten (Beiried oder Rostbraten)
½ l Most
½ kg geschnittenes Wurzelwerk (Karotte, Petersilwurzel, Sellerie, Porree, Pastinak)
2 Zwiebeln
1 Lorbeerblatt, Pfeffer- und Wacholderkörner
Salz, Majoran und Senf
⅛ l Sauerrahm
1 EL Erdäpfelmehl

Ein halbes Kilo geschnittenes Wurzelwerk (Karotte, Petersilwurzel, Sellerie, Porree, Pastinak), zwei in Ringe geschnittene Zwiebel, ein Lorbeerblatt, Pfeffer- und Wacholderkörner in einem Viertelliter Wasser fünfzehn Minuten kochen, auskühlen lassen, einen halben Liter Most dazugeben und ein Kilo Rindsbraten (Beiried oder Rostbraten) darin einen Tag lang beizen. Fleisch heraus, abtropfen lassen, mit Salz, Majoran und Senf einreiben, von allen Seiten in Fett anbraten, das abgetropfte Gemüse ebenfalls. Fleisch und Gemüse in einen Schmortopf geben, der nicht wesentlich größer als das Trumm Fleisch ist, mit Beize aufgießen, dass es fast bedeckt ist, im Rohr zugedeckt bei mäßiger Hitze langsam weich dünsten. Schmorflüssigkeit durch ein Sieb gießen, Gemüse gut ausdrücken und wegwerfen, Sauce einkochen und mit einem Gmachtl aus einem Achtelliter Sauerrahm und einem Esslöffel Erdäpfelmehl binden. Schlecht?

Also, die Fuchs hat diesmal wie blöd recherchiert, bei Mostkoryphäen wie Georg Spießberger in Weyregg und Franz Scherndl und Erwin Hemetsberger in Neukirchen an der Vöckla, aber auch bei einem Produzenten im größeren Stil, dem »Riethalerhof« in Gunskirchen, und dann im befreundeten Ausland, nämlich bei der Mostgalerie Ardagger im niederösterreichischen Mostviertel, ein Muss für wissbegierige Mosteleven. Den Riethalerhof-Most konsumieren wir regelmäßig und mit Freude auf der Hausbeng (sic! woanders heißt das Bankl) unserer Freunde in Weyregg mit Blick auf den Attersee. Übrigens legt der Riethalerhof bei dem Export nach Wien ein Karterl bei mit dem Hinweis, dass es sich bei Most um Apfel- bzw. Birnenwein handelt und man das Produkt bitte schön nicht mit Traubenmost verwechseln möge, meine Güte, was sind die Nichtmostschädel doch für Banausen.

Also, wichtig sind die Sorten, mit aller Deutlichkeit halten wir fest, und werden darin von den Experten einmütig bestätigt, dass man ordentlichen Most nur aus Mostobst erzeugt, man macht ja auch keinen Wein aus Reginatrauben, kleine Birnen und verhutzelte Äpfel müssen es sein und vollreif. Das Mostobst wird nicht gepflückt und nicht vom Baum geschüttelt, es muss herunterfallen und in der Wiese in der Sonne noch ein paar Tage nachreifen, bis es glänzt und die Birnen goldgelb sind. Dabei darf das Obst dann keineswegs angefault sein, sonst »munkerlt« der Most.

Die gängigen Birnensorten sind die Landlbirn, Speckbirn, Steirische, Rotbirn, Bühbirn (eine ganz eine Besserne!), beim Apfel sind es der Böhmische Brünnerling, Holzapfel und Weinling. Am häufigsten ist beim Most der »Mischling«, also die Cuvée, die oft sehr pragmatisch daherkommt, das heißt, das Verhältnis von Apfel und Birne ist nicht selten einfach durch den Ernteertrag bestimmt. Reinsortig wird vor allem die Landlbirn produziert, bei den Äpfeln der Brünnerling, dessen Most man allerdings erst im zweiten Jahr trinkt, die hohe Säure muss erst abbauen.

Die Crux bei der Mostbereitung ist der geringe Alkoholgehalt, bekanntermaßen (und im Widerspruch zu unseren allmorgendlichen Spiegelbildern) konserviert der Alkohol, indem er schädliche

Mikroorganismen abwehrt. Unsere Herren Experten schwören auf Sauberkeit und Natur, also, das Obst wird gewaschen, gemaischt und möglichst rasch gepresst und in Fässer mit Gärspund abgefüllt. Keine Trockenreinzuchthefen für die Gärung und schon recht kein Schwefeln des fertigen Mostes: Die Kunst ist eben, gestützt auf die Erfahrung ohne künstliche Hilfsmittel im Winter einen perfekten Most abzuliefern. »Beim Most musst dir Zeit lassen«, sagt der Scherndl Franz, er presst immer erst Mitte November, da ist der Keller schon kühl und eine langsame Gärung garantiert eine lange Haltbarkeit. Der Keller ist überhaupt ganz entscheidend: Wir kennen Häuser, die jahrzehntelang für ihren Most berühmt waren, dann kam ein Kellerumbau und aus war's, für immer.

Tatsache ist, dass der Most heute fast so etwas wie einen Boom erlebt. Nachdem in den Siebzigern rund um die ober- und niederösterreichischen Bauernhäuser die Birn- und Apfelbäume ausgerissen wurden, damit der moderne Bauer mit einem noch größeren Traktor herumdonnern konnte (und die Bäume nicht mit der »Sengst« ausmähen musste), werden sie seit den 90er-Jahren wieder gesetzt. Die Mostgalerie Ardagger hat auch übrigens das hochlöbliche Ziel des Erhalts der Kulturlandschaft (nicht, wie wir zwei alte Bsuffs natürlich gemeint haben, den besten Most des Landes zu orten.)

Mostsuppe

Butter
1 feingehackte Zwiebel
1 Knoblauchzehe
gehacktes Wurzelwerk
Rindsuppe
Most
Rahmgmachtl (Rahm und Mehl)

Damit nähert sich unsere Mostreise dem Ende, zur Entrüstung unserer Mostschädelfreunde und -freundinnen, die gemeint hatten, dieses Thema würde mindestens drei Folgen vertragen. Zum Thema Kochen mit Most würde uns noch einiges einfallen, vom Glühmost über Mostchaudeau (zu Pofesen!) über Mostkeks zur ***Mostsuppe***: In Butter eine fein gehackte Zwiebel und eine Knofelzehe anschwitzen, gehacktes Wurzelwerk mitrösten, mit halb Rindsuppe und halb Most aufgießen, köcheln lassen, mit Rahmgmachtl finalisieren.

Und die ***Mostkeks*** gehen sich auch noch schnell aus: 20 dag Mehl und 20 dag Butter verbröseln und mit dreieinhalb Esslöffeln Most rasch zu Mürbteig verkneten, diesen zugedeckt kühl rasten lassen, messerrückendick ausrollen und runde Kekse ausstechen. In der Mitte ein Löfferl Ribiselmarmelade setzen, die Scheibe zu einem Halbmond zusammenklappen. Den Rand andrücken, bei Mittelhitze goldgelb backen und noch heiß in Staubzucker wälzen, damit sie nicht ganz so sauer sind.

23. Februar 2001

Mostkeks

20 Deka Mehl
20 Deka Butter
3 ½ EL Most
1 TL Ribiselmarmelade

Mostgalerie Ardagger, 3300 Ardagger Stift 3, Tel: 07479-6400
Riethalerhof, 4623 Gunskirchen, Tel: 07246-6324

Leuchtturm im Punschnebel

Die korrumpierten Adventgesöffe, die in Almhütteln auf Wiens Straßen ausgeschenkt werden, ignorieren wir nicht einmal und machen's österreichisch klassisch: Punsch, Punsch-Chaudeau, Punscheis

Ho ho ho, Ochs und Esel und die lieben Schaferln schauen ganz schön blöd, wie die Heiligen Drei Könige dem Santa Claus auf die Schulter hauen, Schalom, as-Salaam alaikum, Servas, hier im Stall gibt's nichts Ordentliches zu trinken, aber gleich ums Eck ist das Punschstandl der Anonymen Alkoholiker und Alkoholikerinnen, denn wir sind ja politically correct, ho ho ho und Prost.

Armes, umgevolktes Christkind, auch unsere in diesen Belangen so hochsensible Bundesregierung tut nichts dagegen, dabei ist der Weihnachtsmann genauso ein Tschusch wie die Computerexperten, die ma a net brauchen. Als linkslinke Multikultis wäre es uns ja wurst, aber wie, fragen wir Sie, sollen wir das der Leopoldine (3) erklären, die heuer alle bis auf einen Schnuller beim Heiligen Nikolaus abgegeben hat (von der Tante Gudrun kriegt sie wahrscheinlich einen neuen zu Weihnachten, weil sie ist sowas von saulästig)? Lauter Nikoläuse, wohin sie schaut!

Früher, ja früher war alles anders. Punsch gab es ab dem 24., und seine Herstellung war in der mütterlichen Familie der Harrer eine derart wichtige Angelegenheit, dass sie dem nur in ernsten Situationen in der Küche intervenierenden Großvater oblag. Wir späten Nachkriegskinder (Jahrgang 57 und 59) wissen halt noch ganz genau, was Weihnachten ist: Kekse und Konsorten wurden erst am Heiligen Abend freigegeben (erinnern Sie sich, es war die Zeit der Aktionsbutter: Weihnachtsbäckerei und Aktionsbutter, nicht voneinander zu trennen!). Die ersten Mandarinen des Jahres kamen vom Nikolaus, und das Christkind brachte ganz zufälligerweise immer das, was man gerade brauchte: Pelzstieferl, Wintermanterl etc.

Heute brauchen wir nichts mehr. Und der Punsch, diese höchst private, bürgerlich-städtische weihnachtliche Übung für den 24. Dezember ist zu einem wochenlangen öffentlichen Dauerbesäufnis geworden, so manche(r) taucht mit Eröffnung der Weihnachtsmärkte in einen Punschnebel ein, der sich erst gegen Neujahr wieder lichtet. Die Plätze Wiens präsentieren sich verhüttelt mit Bretterverschlägen im Brutalalpinstil, der karitative Vorwand heizt das Kampftrinken erst richtig an, und im U-Bahnschacht droht's von der Leinwand: Punschhütte zu gewinnen! Gewinnen Sie drei mal zwei Stunden Punschtrinken!

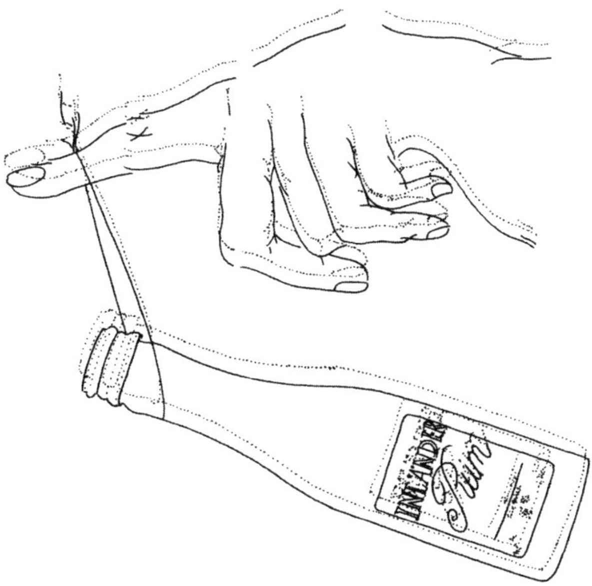

Wär' uns, tolerant wie wir sind, auch wurst, wenn nicht das unter dem Begriff Punsch verabreichte Gebräue ein einziges Missverständnis wäre: wild gewordene Cuvées von Jagatee und Glühwein, in Kanister abgefüllte picksüße Fuselverschnitte mit fabriksgefertigten Aromen. Ausnahmen wird's schon geben. Wir aber wollen Sie heute wieder einmal zum bedingungslosen Purismus ermutigen. So einen ernsthaften Punsch ohne Gschistigschasti flößt etwa der Fuchsische Ehemann am 24. Dezember nachmittags seiner Gattin ein, deren Nerven zu diesem Zeitpunkt meist von der tagelangen Kocherei schon etwas zerrüttet sind: Die gewünschte festlich-euphorische Stimmung stellt sich garantiert ein.

Also zum ***Punsch***, wie ihn der Großvater der Harrer machte: Am Heiligen Abend nachmittags, wenn andere das Eierspeispfandl mit Weihrauch anwarfen, betrat er, der eher der Kategorie der Ketzer zuzurechnen war, Gott hab ihn trotzdem selig, die Küche:

Es beginnt mit einer echten Fron: Dabei werden drei unbehandelte Orangen mit zehn Stück Würfelzucker abgerieben, sodass die Zuckerstücke vollständig mit den ätherischen Ölen der Orangenschale getränkt sind. Übrigens, nach Recherche am Naschmarkt verkündigen wir euch große Freude: Gaudete, unbehandelte Orangen zu finden, ist zumindest im Dezember kein Problem. Nehmen Sie nur Orangen mit einer prallen, knackigen Schale, abgenudelte Exemplare treiben einen schier zur Verzweiflung. Olfaktorisch Sensible wie die Fuchs ziehen Küchenhandschuhe an – Orangenöle haften so, wie man es sich von so manchem Parfum wünschen würde, mit Räucheraal oder geräucherter Gansbrust durchaus zu vergleichen. Aber simplere Methoden (Orangenschale auskochen) bringen nicht das gleiche Ergebnis.

Punsch

3 unbehandelte Orangen
Würfelzucker
3 TL englischer Tee
1 Zitrone
⅛ 80%er Strohrum

In einer vorgewärmten Teekanne drei gehäufte Teelöffel guten, starken englischen Tees mit einem halben Liter Wasser aufgießen und mindestens fünf Minuten ziehen lassen, das landesübliche Wirts-und Kaffeehausgeschlader ist bitte völlig ungeeignet. Gießen Sie den Tee in einen vorgewärmten Topf ab – der Großvater hatte dazu einen hellblauen Emailtopf, der für nichts anderes verwendet werden durfte –, lösen die aromatisierten Zuckerwürfel darin auf, geben 3/8 Liter kochendes Wasser und den Saft von zweieinhalb Orangen und einer Zitrone dazu, das wird dann mit einem Achterl 80-prozentigem Strohrum spiritualisiert und ergibt sechs Tassen. Das ist eine Kleinfamilienmenge, aber wir nehmen einmal an, dass es nicht beim Punsch bleiben wird – und zum Christfeste sollte anständigerweise nur der Christbaum illuminiert sein.

Potenzielle Leserbriefe bezüglich der Rezeptur schmettern wir gleich argumentativ ab: Der Opa bewegte sich bei seiner Punschbrauerei auf solidestem österreichisch-klassischem Terrain, jedes Kind weiß, wie ein Punschkrapferl zu schmecken hat: nach Rum und Orangen- und Zitronensaft und sonst nach gar nichts. Die heilige Katharina Prato stärkt uns auch den Rücken mit ihrem

Punschsorbet: Gewürzsude von Zimt, Nelke etc. zuzufügen sei vergebliche Mühe, sagt sie, die Orangen sind dermaßen prägnant, dass andere Aromen untergehen.

Aber das ist natürlich nicht alles für heute: Wir haben dem österreichischen Klassiker Chaudeau (österreichisch vulgo: Chateau!) einen weihnachtlichen Dreh gegeben und ein ***Punchchaudeau*** fabriziert, und danach lag das Punscheis nahe, beides ausprobiert und für gut befunden. Zu diversen Weihnachtssoufflés – Lebkuchen, Walnuss, Gewürz – passt beides (natürlich entweder oder) hervorragend. Für acht Personen: 4 Deka Zucker, 6 Dotter, 8 Stück aromatisierter Würfelzucker (siehe oben), 9 cl Orangensaft, 6 cl Teeextrakt (3 gehäufte TL Tee mit 2 dl kochendem Wasser aufgießen und 5 Minuten ziehen lassen) und 4 cl Rum glatt verrühren, im Wasserbad zu cremiger Konsistenz aufschlagen, mit Zitronensaft abschmecken.

Punschchaudeau

4 Deka Zucker
6 Eidotter
Würfelzucker
9 cl Orangensaft
3 TL englischer Tee
Zitronensaft
4 cl 80%er Strohrum

Fürs ***Punscheis*** – für alle, die sich die Chaudeau-Patzerei in letzter Minute nicht antun wollen – 40 g Gelatine einweichen (ja, ja, wir schwindeln), 1,5 dl Orangensaft, 1 dl Teeextrakt, Saft einer Zitrone und 6 cl Rum vermischen, in einer Hälfte der Flüssigkeit 13 aromatisierte Stück Würfelzucker auflösen und beiseite stellen, die andere Hälfte mit 10 Dottern und 150 g Zucker über dem Wasserbad zu dicklicher Konsistenz aufschlagen, eingeweichte Gelatine und restliche Flüssigkeit unter die heiße Masse rühren, im kalten Wasserbad solange schlagen, bis die Chose erkaltet ist. Ein Viertel Obers (oder auch mehr, das Ganze ist ziemlich intensiv) aufschlagen und unterziehen, in den Tiefkühler, nach 2 Stunden einmal durchrühren, um sich am Boden absetzende Orangenschalenpartikel gleichmäßig zu verteilen und halleluja.

Punscheis

40 g Gelatine
6 Eidotter
Würfelzucker
15 cl Orangensaft
10 cl Teeextrakt
Saft 1 Zitrone
6 cl 80%er Strohrum
10 Eidotter
150g Zucker
¼ l Obers

22. Dezember 2000

Kälbernes mit Loch

Die Stelze ist für uns das Beste, was das Kalb zu bieten hat, und Ossobuco das Gericht, das ihre Vorzüge am schönsten zur Geltung bringt. Aber das Einkaufen der Stelzenscheiberl in Österreich ist weniger lustig

Es ist ja ganz leicht. Gehen Sie und kaufen Sie vier bis fünf, aber bitte keinesfalls unter dreieinhalb Zentimeter dicke Scheiben der hinteren Kalbshaxe (hyperkorrekt schrecklicherweise manchmal »Hachse« geschrieben) und bereiten Sie Ihr Ossobuco – oder Ihre Ossibuchi, wie es in unserem »Mestolo d'oro« (Der goldene Kochlöffel) heißt, wenn es sich auch um immer dasselbe Buco, Loch, im selben Osso, Knochen, handelt. Ist ein feines Essen, mailändischerweise etwas für den Sonntag, ein großartiges Schmorgericht, bei dem Mark, Gemüse, Wein und Suppe den kräftigen Saft der Stelze perfektionieren.

Schneckn. Auf hochdeutsch: Das österreichische Fleischergewerbe hat ungeahnte Fallstricke ausgelegt. Testimonianza, Erzählung einer Betroffenen namens Fuchs: »Ich hatte die Menüfolge für mein Familienfest mit der Harrer wie üblich besprochen, diese meldete keinerlei Bedenken an, hatte sie doch soeben göttliche Ossi buchi, erstanden um ein Kälber- äh Schweinegeld beim Meinl am Graben, fabriziert. Ich ging also etliche Tage vor dem Feste zum Metzger meines Vertrauens, um fünf Kilo Kalbsstelze, in fünf Zentimeter starke Scheiben geschnitten, zu ordern.«

Arme Fuchs, sie bekam ein adrettes, tiefgefrorenes, in Plastik eingeschweißtes Eineinhalbzentimeterscheiberl als Demonstrationsobjekt über die Budel geschoben. Auf ihren schüchternen Einwurf, dass das eigentlich nicht ganz die übliche Stärke für Ossobuco sei, hieß es: »Dann dürfen S' es halt net so lang dünsten.« Lieber Herr! Erst durch das langsame und stundenlange Schmoren wird ein Ossobuco zu dem, was es sein soll! Aber es war eh wurscht, denn die Scheiben gab es nur – für uns inakzeptabel – tiefgefroren, »weil wie soll man's denn sonst schneiden« (die Telefonnummer eines Mailänder Fleischhauers müsste man jetzt haben).

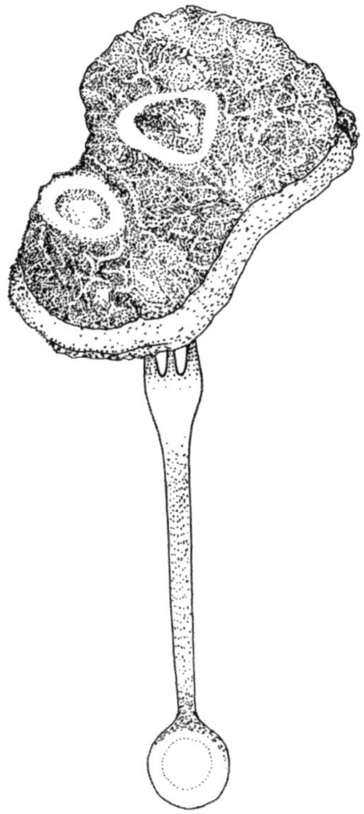

Also hamma net, kömma net, mochma net. »So a Trutschn«, denkt sich der Meister, als diese beleidigt abzieht. Meinl am Graben, hat die Harrer gesagt, aber der Gedanke an den Fußmarsch mit der kindergartenurlaubenden Leopoldine durch die Fußgängerzone (»Mama tragen!«) schreckt ab, also geht's zum Naschmarkt zum Vertrauensmetzger Nummer zwei.

Machen wir's kurz. Fuchs traf auf volles Verständnis, bestellte – und bekam bei Abholung Tage später zwei Zentimeter dünne Scheiben, tiefgekühlt, überreicht mit wortreichen Erläuterungen darüber, warum die Burschen in St. Marx nicht in der Lage wären ... Eine Tragödie: die Fietzelei beim Zusammenbinden der Dinger, die durch den beim Auftauen auslaufenden Fleischsaft nicht trocken zu kriegen sind, das Mehl wird zum Kleister, der beim Anbraten picken bleibt, dann wölben sie sich vogelnesterartig ...

Jaja, Kalbfleischkaufen ist sowieso Vertrauenssache, angesichts aller Hormon- und Antibiotikaskandale kann einem der Gusto vergehen, trotzdem ist das Kälberne in Österreich als »etwas Besseres« institutionalisiert, als Braten, Schnitzel, Kalbsvögerl, gefüllte

Kalbsbrust, wenn nicht gar – Krönung der österreichischen Kalbfleischküche – Kalbsnierenbraten. Lässt uns alles relativ kalt angesichts der Stelze und ihrer Fähigkeit, aus eigenem Vermögen, ohne Hilfsmittel und Mühe, den kälbernsten aller Säfte zu generieren – der beim Ossobuco noch zusätzlich geadelt wird. Klar: Gallertige Sehnen, Krusperln, weiche Gelenksknochen und Hautfetzen vollbringen dieses Mirakel, kurz alles, was heute nicht so sehr vom Menschen, sondern eher von den Hundsviechern heiß begehrt ist, die sind halt gescheit.

Nein ernsthaft, der Saft der Kalbstelze wird höchstens von dem eines französischen Kalbsbratens übertroffen, und hören Sie sich einmal den Aufwand an: ausgelöster Kalbsfuß, Schwarten, Knochen sowieso, Gemüse und Gewürze als Basis.

Ossobuco
(für 6-8 Personen)

8 Scheiben von der Kalbshaxe
Salz, Pfeffer, Mehl, Olivenöl
Butter
3 Karotten, 4 Selleriestangen
2 Zwiebeln
10 Deka Champignons
3 Knoblauchzehen
¼ l Weißwein
¾ kg Paradeiser
¼ l Rindsuppe
2 Lorbeerblätter
Thymian, Oregano

Also, wenn Sie nicht den Wunderfleischhauer haben, dann gehen Sie gleich zum Meinl am Graben und kaufen die köstlichen, dicken, nicht tiefgekühlten ***Kalbshaxenscheiben*** von der hinteren Stelze (für sechs bis acht Personen acht Stück), binden sie mit Küchengarn, weil Auseinanderfallen einer ihrer ureigensten Eigenschaften ist, salzen, pfeffern sie und wenden sie in Mehl (überschüssiges abklopfen). Dann braten Sie Ihre Ossi in einem großen Schmortopf, der das Fleisch in einer Schicht fassen können muss, in Olivenöl von beiden Seiten bei regelmäßiger Hitze hellbraun an, nehmen das Fleisch heraus, gießen das Öl ab, zerlassen Butter im Bräter, worin Sie drei Karotten, vier Selleriestangen, zwei Zwiebeln, zehn Deka Champignons und drei Knoblauchzehen (alles fein gehackt, no na) goldbraun anschmoren. Kurz die Hitze erhöhen, mit einem Vierterl Weißwein (dass er trocken und sehr gut sein muss, versteht sich von selbst) aufgießen und reduzieren, dreiviertel Kilo geschälte, entkernte und grobgehackte Paradeiser beigeben, mit einem Viertel Rindsuppe aufgießen, mit gehacktem Petersil, zwei Lorbeerblättern, Thymian, Oregano, Salz und Pfeffer würzen und aufkochen.

Dann die Fleischstücke einlegen, so dass sie von Sauce bedeckt sind, notfalls etwas Suppe nachgießen, einen gut schließenden Deckel aufsetzen, bei 170 Grad im Rohr oder bei kleiner Flamme zwei bis zweieinhalb Stunden schmoren, bis das Fleisch sehr weich ist. Während der letzten dreißig Minuten nehmen Sie den Deckel ab, damit die Sauce etwas eindicken kann.

Die Champignons sind eine Erfindung von Harry's Bar in Venedig, wohin allsonntäglich »mindestens zwanzig Gäste aus Mailand« zum Ossobucoessen kommen. Ganz streng verkündet der Herr Cipriani, dass man Ossobuco unmöglich aufwärmen könne, dafür sprechen natürlich die (ja nicht orthodoxen) Schwammerl, ehrlich gesagt, wir machen's trotzdem, aber wir sind halt rechte Kälber, äh Schweinderln.

Gremolata

1 EL Zitronenschale
3 EL Petersil
1 TL Knoblauch

Porcovitello, jetzt hätten wir fast die – unverzichtbare – ***Gremolata*** vergessen: ein Esslöffel Zitronenschale, drei Esslöffel Petersil, ein Teelöffel Knoblauch, hebt den Palato ungemein. Wann sie über das Fleisch kommt, unmittelbar vor Ende der Garzeit oder erst beim Anrichten, ist eine Glaubensschule. Und weil es die Mailänder gern übertreiben mit dem Essen, machen sie traditionellerweile ein Risotto alla milanese dazu. Ist uns eigentlich zu viel, wenn es schon ein Risotto sein muss, so tut es eines alla parmigiana, aber meistens machen wir – sacrilegio! – kein Risotto, sondern einen schlichten Basmatireis mit Safran, quasi alla persiana.

27. Oktober 2000

Das Messer für die Insel

In der Harrer/Fuchs-Küche überwiegt Praktisches und Pragmatisches

Also, Harrer und Fuchs haben beide keine trendigen, luxuriösen Designerküchen (Heiliger Lukullus, was hat das miese Harrersche Küchenkammerl in der Mariengasse, wo sie bis vor drei Jahren wohnte, nicht alles an Menümarathons gesehen!), auch keine Kultgerätschaften und keinen elektronischen Küchenmaschinenpark auf letztem technischem Stand. Wenn Herren kochen, verhalten sie sich ja meist ähnlich perfektionistisch wie bei Automobilen oder Sportausrüstungen, da ist das Beste gerade gut genug. Weiber in der Küche gehören, sind wir ehrlich, zur banalen Alltäglichkeit, ebenso banal sind ihre Tools.

Was jeder kochende Mensch, Männlein oder Weiblein, braucht, wenn es in der Küche ernst wird, ist das Lieblingsmesser, sozusagen das Messer, das man mit auf die Insel nehmen würde. Ohne die 20 Zentimeter, die den Küchenfortsatz der rechten Hand bilden, geht gar nichts, wehe, man hat das Messer verlegt oder gar mit Gemüseabfällen weggeschmissen. Dann macht die ganze Sache keine Freud' mehr, ebenso wenn es stumpf ist: Und deshalb ist unser Utensil Nummer zwei der Messerstreicher, denn ohne ordentliche Schneid geht gar nichts. Dass der Hausherr, wenn er denn einmal das Bratl tranchiert, das Messer vor den Gästen wetzt, fällt unter das Kapitel männliches Imponiergehabe; besondere Aficionados betätigen sich übrigens auch immer wieder messerwetzenderweise an Kellerstiegen oder Böden von Steingutbierkrügeln. Uns ist das zu aktionistisch.

Das einzige Küchenutensil des Fuchsischen Gatten aus der Zeit vor seiner Heimholung, das vor den Augen seiner Holden Gnade fand, war übrigens sein Universaltopf, mit einem Durchmesser von 24 und einer Höhe von 14 cm durchaus brauchbar, von annehmbarer Qualität (dicker Boden). Er war in den letzten 15 Jahren ein echter Freudensborn, eine »marmite magique«, ein magischer Kessel, aus dem da kamen Suppen, Fonds, Sughi, Pasta, Risotti, Ragouts, Braten, Kalbsstelzen, sogar Steaks (was für eine

elende Fettspritzerei in der Pfanne!). Zu ihrem 40. Geburtstag hat es die Fuchs aber zu einem 15-Liter-Häfen gebracht: Sie bekam von einem Jugendfreund ein ganzes Gamserl mit allem Drum und Dran geschenkt, und da war der Mitgifttopf des Gatten überfordert (Krickerlauskochen!). Seitdem gibt es auch beim Auskochen des Wildschweinschädels für den Neujahrs-Saurüssel keine Probleme, und überhaupt kann sie sich nun ihrer Obsession des Fondskochens völlig uneingeschränkt hingeben: Wie man aus 15 Litern einen halben macht.

An »Küchenrobotoren«, wie das so schön heißt, würden wir nicht gerne auf den Pürierstab verzichten, der jedes banale gedünstete Gemüse in Windeseile zum köstlichen Schaumsüppchen mutieren lässt, da hat es die gute alte Flotte Lotte schwer. In dieselbe Kategorie fällt der Cutter, ist ja heute selbstverständlich, aber wir sehen uns noch in zarter Jugendblüte beim Feinhacken des Karpfenfleisches für einen »gefilten Fisch« mit dem großen Küchenmesser! No na, meinen die Jüngeren natürlich auch zum Handmixer, vor dem sich aber jeder als einer genialen Erfindung verneigt, der schon einmal Dotter und Zucker so lange geschlagen hat, bis die berühmte hellgelbe, dicklich-cremöse Substanz entsteht. Puristen schlagen Eischnee bekanntlich ja nur mit der Rute im Kupferkessel – ehrlich gesagt, fehlt uns dazu beim Dessertgang schon der Drive.

Die Liste wäre natürlich fortzusetzen, da ist unsere liebe Nudelmaschine, zwar nur handbetrieben mit Kurbel, aber was ist es für eine Freude, wenn der Teig mit einer geringen körperlichen Anstrengung schön glatt herauskommt! Die Fuchs, das sei erzählt, liebt außerdem ihren Sprudler gar sehr, eine Drahtspirale – mit der sie, Gott behüte, keine Einbrenn zersprudelt, sondern höchstens noch ein Rahmgmachtel –, und ihren Zestenreißer zum Zwecke der Herstellung allerfeinster dünnster Zitrusschalenfäden ohne bittere weiße Schale.

Was man als Koch und Köchin nicht braucht, ist, und das sagen wir ganz kategorisch: 1. Mikrowellenherd: für Auftauer und Wärmer, 2. Eierschneider: für Brote-Illustrierer, 3. Zwiebelhacker: Wer keine Zwiebel schneiden kann, soll's bleiben lassen, 4. Spargelschäler: eine Lieblosigkeit, die der Individualität der Stangen Hohn spricht, 5. Kugelausstecher: Gschisti Gschasti, 6. Schnitzelklopfer: Obwohl, schön war's schon, wenn früher punkt halb zwölf am Sonntag die österreichischen Berge und Täler, Städte und Dörfer vom Schnitzelklopfen widerhallten. Und nach so viel Lehrreichem für KochjüngerInnen schließen wir denn mit einer Anregung für unsere Bundesregierung: In Zeiten der Bedrohung von außen das synchrone Schnitzelklopfen als einigende Kraft kulturell fördern!

20. Oktober 2000

Südsteirische Deliberationen

Wein mit Aussicht und Brettljause, so haben wir die Südsteiermark vor Jahren kennengelernt. Aber es gibt noch ein Leben nach dem Verhackerten

Heiliger Klapotez, im Kühlschrank vergammeln die Käferbohnen mit Kernöl, die sich die Harrer zum Zwecke der Inspiration vor zwei Tagen zusammengemischt hat, der Welschriesling vom Tement ist leer, und der Artikel ist immer noch nicht fertig. Schuld daran ist diesmal eindeutig die Fuchs, die eine Vorlage geliefert hat (wir schreiben nämlich arbeitsteilig), in der unter anderem die unsterbliche Geschichte vorkommt, wie die Fuchs und die Harrer mit dem braunen Cocker Klausi und dem schwarzen Labradiner Golem von der Weinstraße auf jugoslawisches Gebiet gerieten und der mit Suchhunden und Maschinengewehren (mindestens!) ausgestatteten Tito-Soldateska durch Brombeerstauden und steile Böschungen im letzten Augenblick entflohen, in einem Gewaltmarsch, schreibt die Fuchs.

Direkt in eine Buschenschank, fügt die Harrer hinzu, weil sie weiß, was sie ihrem Ruf schuldig ist. Es war Mitte der Achtziger Jahre. Wir fahren noch immer alljährlich in die Südsteiermark, und das aufregendste Erlebnis war seither der Marder, der eigentlich ein Siebenschläfer war, der einen Mitreisenden in den Finger gebissen hat, auf dem Klo.

Aber heuer war uns plötzlich wieder danach, eine Steiermark-Geschichte zu schreiben, wir baten darum. Die bewundernswürdige Person, B. L., die für dieses Produkt, also auch für unsere Deliberationen (dieses Wort durfte ich unlängst in einem Kommentar nicht benützen, aber jetzt!) ihren schönen Kopf hinhalten muss, versuchte vor unserer Deliberierung zu erfragen, um welche einschlägige journalistische Form – Bericht, Reportage, Analyse o.ä. – es sich diesmal handeln würde. Ich versprach nie Dagewesenes. Und jetzt schmecken mir die Käferbohnen nicht, und der Tement, wie gesagt, ist leer.

Also muss ein neuer her. Und schon geht es los. Was hat uns – neun angeblich Erwachsene und drei Kinder (Harrer: Bälger)

– heuer in der Steiermark am meisten beeindruckt? Reinhard: Eierspeise von 20 Eiern mit Kernöl beim Hernach, Leopoldine: Pokemon, die mir der Papa geschenkt hat, Fuchs: Weinstrauben beim Brolli, Sarah: Wespe, die mich gestochen hat, Barbara: Aussicht vom Jaglhof in Sernau (Nr. 25, Sernau, Tel. 03454/6675), Helene: Nervenzusammenbruch der Fuchs, Harrer: Läuseshampoo »für zarte Geschöpfe« im Kaufhaus Repolusk in Leutschach, Raimund: zehn Schilling Enthäutungszuschlag fürs Backhendl beim Tscheppe auf der Weinstraße, Jakob: der Papa ist blöd, das Spielzeugauto dort war viel schöner, Monika: Frühschoppen beim Heiligen Geist, Martin: die Harrer ist so was von streitsüchtig, Fritz: das Essen.

Also, seriös ist unter anderem zu vermelden, dass in der Südsteiermark mittlerweile auch Leute, die sich nicht gerne ausschließlich von Verhackertem und sonstigen Schweinereien ernähren, nicht verhungern müssen. Um eines der Bilder zu bringen, die den Günter Traxler in der Redaktionskonferenz so schön auf die Palme bringen, sagen wir, die südsteirische Weinstraße erlebt einen kulinarischen Höhenflug. Achtung, Weinstraße von links oben. Die Harrer, eine überaus hippe Reporterin, wurde in Gamlitz ausgesetzt, um sich nach Abreise der Gruppe noch drei Tage lang allein durchzuschlagen. Sie weiß also, wovon sie spricht.

Beim Tscheppe (Sulztal 18, Tel. 03453/7575) musste sie öfters zukehren, um nacheinander die Aussicht, die Tscheppe-Weine, das

Backhendl mit Salat inklusive Kernölorgie und das Schwammerlgulasch zu recherchieren; dermaßen psychisch und physisch gefestigt, wagte sie sich in die Hügel im Landesinneren, um in großer Ehrfurcht beim Sattler (Sernau 1, Tel. 03453/4454-0, Gamlitz) vor- und zuzusprechen und im Jaglhof in Sernau (Tel. 03454/6675, Gamlitz) ein Sommerloch in die Gegend zu schauen (nicht ohne sich vorher ein wenig gelabt zu haben).

Bitte, sagt die Fuchs, wir dürfen die Leute nicht blöd sterben lassen. Den Sattler zu beschreiben, hieße Sauvignon auf die Weinstraße tragen, aber der Jaglhof, der sich »Weinbauernstöckl« nennt, ist bisher nur in »Kreisen« bekannt. Auch unsere Frau Muster, in deren altem Haus wir in Leutschach wohnen, sagt, es sei vielleicht die schönste Aussicht in der ganzen Südsteiermark – Richtung Norden, sie schließt das Heiligen-Geist-Kircherl auf den Hügeln hinter Leutschach, schon auf der slowenischen Seite, bis die Ebene nach Graz ein. Und so fuhren wir folgsam hin und waren nicht enttäuscht. Nicht zerreden, ein magischer Ort. Außerdem eine kleine, schöne Speisekarte, die Ausführung vorzüglich, zu trinken gibt es glasweise vieles, was wir längst kosten wollten oder was längst ausverkauft ist.

Aber, wie gesagt, ein so genannter Geheimtipp ist der Jaglhof nicht mehr, ein solcher, wenn Sie schon so etwas wollen (ein noch blöderes Wort, seit es das zweite »p« der neuen Rechtschreibung hat) ist das Gasthaus Bernadette Resch (Ehrenhausener Str. 1, Tel. 03454/271) in Leutschach. Die Harrer hatte gleich gesagt, da ist was Neues beim Friedhof, aber die anderen haben wieder einmal gedacht ... na lassen wir das. Auf die Frage »Wie lange sind Sie denn schon hier«, hat die Frau Bernadette der Harrer dann tatsächlich »seit zirka hundert Jahren« geantwortet, aber gleich eingeschränkt »aber nicht à la carte«. Und die Polentasuppe (Entschuldigung, ich weiß nicht mehr, wie sie auf der Karte hieß), die ich gegessen habe, war weder friedhofsmäßig noch von vor hundert Jahren. Jedenfalls werde ich nächstes Jahr, inshallah, die ganze Truppe hintreiben.

Weinstrauben

½ kg Mehl
10 Eidotter
¼ l Chardonnay
Schweineschmalz
Salz

Aber jetzt hätten wir tatsächlich fast den Brolli (der Arkadenhof-Brolli, Eckberg 43, Tel. 03453/2341, an der Weinstraße) mit gepflegten Käferbohnen und schöner Aussicht (oder war's umgekehrt?) vergessen, dessen ***Weinstrauben***-Rezept die Fuchs schamlos, wollte sagen: exklusiv für Sie persönlich, geklaut hat: Für den Tagesbedarf, schreibt die Fuchs, (na das ist aber jetzt interessant, wessen Tagesbedarf meint sie da?) ein halbes Kilo Mehl, etwas Salz, zehn Dotter und ein Viertel Chardonnay (den Rest der Flasche trinkt sie aus) zu einem Teig verkneten, dünn wie Nudelteig auswalken, kleine, unregelmäßige Teigstücke ausradeln, erinnert an Maltagliati, sagt die Harrer, und in Schweineschmalz herausbacken. Schaut wie Hasenöhrl aus, sagt die Fuchs, und Oberösterreich hat uns wieder.

29. September 2000

Liebe fürs Leben

Der Grundstein zu unserem Nahverhältnis zur Marille wird schon im Kleinkindalter gelegt: mit dem Marillenknödel

Beim Nachdenken darüber, was dem Homo austriacus außer seinem Schnitzerl und seinem Schweinsbraterl kulinarisch denn noch so wirklich am Herzen liegt, sind wir erstaunlicherweise auch auf »ein Obst«, so heißt das nämlich bei uns, gekommen. Die Marille: des Österreichers, der Österreicherin geschätztestes Steinobst, anders als die gscherte Zwetschke, die überall außer in der Antarktis wächst, ein empfindliches, mimosenhaftes, ja kapriziöses Gewächs, das – für österreichische Ansprüche – nur dort recht gedeiht, wo sie außer einem gemäßigten Klima auch einen kalten Winter beziehungsweise überhaupt die Kombination von warmen Tagen und kühlen Nächten vorfindet.

Das konnte die Griechenlandurlauberin Fuchs erst jüngst wieder bestätigt finden, als sie höchst idyllisch unter einem Marillenbaum – mit Blick über Olivenhaine aufs Meer – ihr Frühstück einnahm und ihr eine hochreife Marille auf den Tisch plumpste: gut, gewiss, aber die fein eingebundene Säure in die geschliffene Frucht hat ihr eben gefehlt, das letzte Äutzerl, das ist bei der Marille nicht anders als beim Wein.

Womit wir, na wo schon, in der Wachau wären. Wenn ein Wachau-Reisender im Frühling / Frühsommer von dort nach Restösterreich zurückkehrt, wird er unweigerlich das Vegetationsstadium und die Vegetationsumstände der Marille abgefragt: Blüht sie schon? Gab es Frost? Gibt es genug Insekten? (entscheidet über Quantität, heuer mäßig), und, am wichtigsten: Wann beginnt die Ernte? Diese Auskunft bekommt man auch von den Marktstandlern, auf dass man die Marille – immer ist die Wachauer Marille gemeint – ja nicht versäume.

Da aber nichts so ist im Leben, wie es sein sollte, hört man auch grausige Gerüchte über Etikettenschwindel bei der Ursprungsbezeichnung auf den Wiener Märkten. Na gut, wenn die Marillen ordentlich sind, keine Katastrophe, was ich nicht weiß, macht mich nicht heiß, aber ärgerlich wird's, wenn das angebotene Fruchtma-

terial (was für ein arges Wort, da kränkt sich die Marille) uneinheitlich ist, reife und und unreife gemischt, schlampig geerntet. Zur Erinnerung, rund, gelb-orange sollte sie sein, das der Sonnenseite zugekehrte Wangerl rot marmoriert, die kleine Kerbe in der Haut am Stilansatz kündet von der richtigen Reife, und beim Öffnen der Frucht treten Safttropfen aus dem Fruchtfleisch, aaahh.

In Wirklichkeit ist der Marillenkauf eine einzige Malaise, unreifes, saures, hartes, unaromatisches Klumpert die Regel. Die Fuchs hat längst einen eigenen Marillenbaum gesetzt (einen Spalierbaum, eh klar, ein Oberösterreicher in Wien, die heimische Witterung im Kopf, kann halt nicht anders), oder man fährt selbst zum Marillenbrocken in die Wachau. Übrigens, angeblich gibt das nachträgliche Reifen der Marille auch den bekannten unerwünschten Lackton beim Marillenschnaps.

Aber bis zu dem einschlägigen Destillate legt der Österreicher nun doch normalerweise einen langen kulinarischen Weg zurück, der früh, mit Marillenknödeln, beginnt. Dem österreichischen Kleinkinde werden diese zumeist verabreicht, sobald es feste Nahrung zu sich nehmen kann. So wird der Grundstein für die spätere Liebe zur Marille gelegt; eine Sonderstellung vor allen anderen Leibspeisen erhielten die Marillenknödel zumindest in unserer Generation auch noch durch die kampfsportartige Annäherung: das Marillenknödelwettessen.

Dabei wurden bei den Fuchsens alle direkten Nachkommen im Kindesalter beziehungsweise in der frühen Adoleszenz allsommerlich am langen großelterlichen Küchentisch versammelt. Atmosphäre euphorisch-nervös-gespannt, Akustik hochgradig aufgeladen (Harrer: mit einem Wort, die Hölle!), die Objekte der Kompetition standen wohl präpariert in Reih' und Glied, um den simmernden Fluten übergeben zu werden, Großmutter und Großtant' garantierten schwitzend den reibungslosen Ablauf. Der akustische Pegel sank schlagartig mit Wettbewerbsbeginn, in der Anfangsphase war der Knödelverschleiß gewaltig, pendelte sich nach und nach auf ein menschliches Maß, später auf ein müdes Dahinplätschern ein, wobei sich die verbalen Einwürfe auf die Knödelanzahl des jeweiligen Führenden beschränkten.

Die österreichischen Kochbücher sind feig und sagen unisono, Marillenknödel könne man wahlweise aus Erdäpfel-, Brand- oder Topfenteig herstellen. In Wahrheit ist es natürlich so, dass der einzig befriedigende Teig bei so einem Schlüsselgericht nur der sein kann, an den man im fortgeschrittenen Säuglingsalter gewöhnt wurde. So lassen wir es also dabei, dass die Hülle umstritten ist, keinesfalls aber, dass die Marille in der Mitte hochreif sein und der Kern durch ein Stück Würfelzucker ersetzt werden muss. In ausländischen Publikationen lesen wir mit Interesse, dass Letzterer vorher in Marillenschnaps getränkt wird, erprobenswert, vielleicht nicht grad zum Kinderknödelwettessen, oder eben da, sagt die teuflische Harrer (die seit der Geburt von Fuchsens Leopoldine Pläne wälzt, einen Kindergarten namens »Herodes« zu gründen), dann zahlt sich die Speiberei wenigstens gleich aus.

Die Brösel sollten, bittschön, nicht die gleichen sein, die Sie, wenn schon, zum Karfiol reichen. Für die Marillenknödel müssen sie mit Zucker und Zimtpulver in viel Butter geröstet werden, bis der Zucker zu karamelisieren beginnt. Die Fuchsische Urgroßmama hat Lebkuchenbrösel genommen oder Lebkuchengewürz statt Zimt – der Harrer allerdings zu katholisch, der Advent kommt noch früh genug.

Was braucht der Österreicher noch: richtig, die Marillenmarmelade. Als Veteranen im MM-Einkochen dürfen wir Sie an den final touch erinnern: Die Marillenkerne werden zerschlagen, die weißen Kerne ausgelöst, feingehackt und unter die fertige MM gemischt: gibt den gewissen Bittermandelgeschmack, ist aber bitte kein Mandelersatz, weil mit hohem Blausäureanteil versehen.

Überhaupt, Marille und Mandel, da haben wir, die wir ja nicht als besondere Desserttiger verschrieen sind, eine unserer ultimativen Kombinationen gefunden. Mandeleis *(Rezept in unserem entzückenden, äußerst empfehlenswerten, um nicht zu sagen für jeden ordentlichen österreichischen Haushalt völlig unverzichtbaren Kochbuch)* mit Marillensauce (siehe Seite 30). Nochmals aaahh.

28. Juli 2000

Italienische Essenz

Drachenkopf, Seeteufel und Miesmuschel – vom Kunststück, eine Zuppa di pesce mit Wiener Mitteln hinzukriegen

Nach zehn Jahren Verbannung von dem wahrscheinlich besten Fischmarkt Italiens, Mailand (das haben wir nicht erfunden, so sagen die Profis!), hat die Harrer es letztlich doch noch gewagt und in Wien eine Zuppa di pesce (Fischsuppe) hergestellt. Was soll man denn auch kochen, wenn man seine Gäste und Gästinnen einigermaßen spektakulär bewirten will, sich unter diesen jedoch eine – immerhin ichthyophagische, will heißen fischfressende – Vegetarierin befindet (Poseidon soll ihr ihren Algenfraß brackig werden lassen, sie ist nämlich dann nicht zum Essen erschienen! Das nächste Mal kriegt sie Blunzen mit Grammelsterz!).

Aber gut, das ist halt der braven Wirtinnen Los. Die Harrer schritt also zum schon Tage vorher telefonisch avisierten Fischhändler, kaufte naserümpfend – immerhin war sie vor zehn Jahren gewohnt, dass ihr die Gamberi aus dem Papierl davonhüpften – ein und brachte das Folgende heim: die ewigen, verdächtig billigen Cozze (Miesmuscheln, die bei uns nicht selten ihren Namen verdienen), ganz passable Vongole, große Gamberi (ohne Köpfe, was an und für sich eine Katastrophe ist, woher soll denn der Geschmack kommen!) und kleine Gamberi (mit Köpfen, aber dafür gekocht, ein Wahnsinn!); Scampi (unverzichtbar!) hatte der unselige Fischmensch gleich gar keine, die musste die Harrer woanders kaufen – mit großem Misstrauen angesichts des niedrigen Preises, wo die doch vor zehn Jahren in Italien schon 400 Schilling das Kilo kosteten, aber das war natürlich allererste Ware ... Dazu natürlich noch Sepie und Moscardini, einen Drachenkopf (sic! einen, mehr gab es nicht) und ein Trumm Seeteufel, letzteres aus schierer Verzweiflung, damit die Gäste nicht hungern müssen.

Um das glückliche Ende der Geschichte gleich vorweg zu nehmen: Das Endprodukt war wirklich schwer in Ordnung, laut akklamiert, kann man durchaus essen, wenn man sich von gewissen mediterranen Idealen die Rohstoffe betreffend verabschiedet. Die ideale Zuppa sieht übrigens für die Fuchs und die Harrer unter-

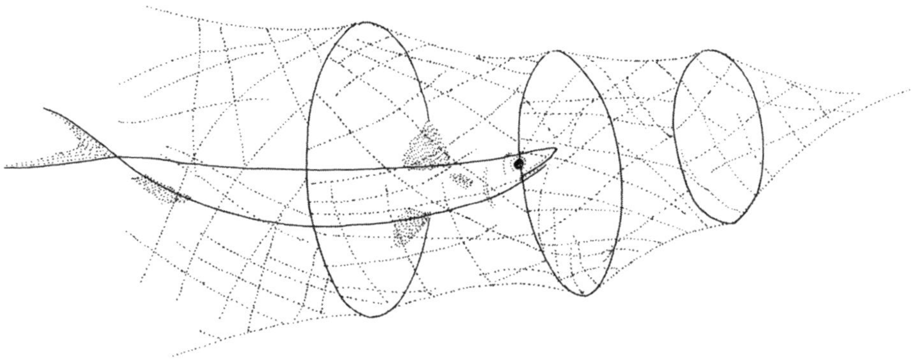

schiedlich aus: Die Harrer, die geniale Schmeißerin, kocht eine leichtfüßige, elegante, reintönige Fischsuppe, eine subtile Mariage der Primärdüfte von Fisch, Wein und Paradeisern, während die Fuchs auch bei der Zuppa ihrer Obsession anhängt, alles, was da kreucht und fleucht auf dem Land und im Wasser, mit Gemüsen, Kräutern und Wein im großen Häfen auszukochen, bis sie ihnen den allerletzten Succus extrahiert und die Flüssigkeit zur Essenz reduziert hat: Die Metamorphose vom Häfen zum Häferl erscheint ihr ja überhaupt das zentrale Mysterium der Kocherei (obwohl, sagt die Harrer boshaft, wir schon vor 25 Jahren einmal übereingekommen waren, dass der mühsam erkochten essenzartigen Krebssuppe ein Schöpfer Wasser nur gut tun könnte, sie war einfach zu stark!).

Die Fuchs hat außerdem einen Ehemann, dem sie alles auslöst, die Scampi, Muscheln, Fischerln etc., damit er sich beim Essen die Pfoterln nicht dreckig machen muss. Die Harrer hingegen weiß genau, dass manche Herren (und Damen) beim Zuppa-Essen nur zu gerne so richtig schön mit den Fingern ins Volle greifen, mit Muschelschalen und Shrimpskarkassen um sich werfen, weswegen sie die Tafel mit (diesem Zweck bestimmten) einfachen weißen Leintüchern zu decken pflegt, die man nach der Gasterei in der Waschmaschine auskochen kann.

Zuppa di pesce

Porree, Karotten, Stangensellerie
Olivenöl, Knoblauch
kleine Polypen, Tintenfische
Miesmuscheln
Drachenkopf oder Knurrhahn
ersatzweise Seeteufel
große Gamberi, kleine Gamberi
Scampi
Weißwein
Pelati, ein paar frische Paradeiser
Salz, Peperoncino, Petersilie
Weißbrot

Um aber ihren Gästen dies zu ermöglichen, tut sie zuerst folgendes: Reichlich Porree, Karotten und Stangensellerie in winzige Würfelchen schneiden, in einem sehr großen, mehr breiten als hohen Topf in Olivenöl anschwitzen, später reichlich gehackten Knoblauch dazu, dann die gereinigten und je nach Größe in Stücke geschnittenen kleinen Polypen – die etwas länger brauchen, bis sie weich werden – und Tintenfische, was Sie halt davon haben. Ordentlich mit der Weißweinflasche drübergehen, Pelati (ohne zu viel Saft) dazu, Salz, ein paar Bröserln Peperoncino, Deckel drauf und leicht köcheln.

Die Hauptarbeit, das Putzen ihrer Zutaten (grässlich die Cozze!), das in der Harrerschen Version die größte Arbeit ist, haben Sie zu diesem Zeitpunkt schon hinter sich. Nicht nur aus purem Platzmangel im Topf, sondern auch aus kochtechnischen Überlegungen (das Safterl!) ging die Harrer das letzte Mal dann so vor: Im Wein-Pomodoro-Sud garte sie bis zu einem gewissen Grad – also nicht durch – ihren Drachenkopf und ihr Seeteufeltrumm, die sie danach wieder ins Freie beförderte, bevor nach und nach die großen Gamberi, die Muscheln, die Scampi und die kleinen Gamberi in die Zuppa kamen. Meist braucht's dann noch Wein, vielleicht auch Wasser, ein bisschen Petersilie am Stängel und ein paar Stücke geschälte Paradeiser, deren Frische der Chose den rechten Kick gibt. Wieder den Deckel drauf und warten, bis – nach Minuten – die Zuppa sichtbar fertig ist, das heißt, die Muscheln sind geöffnet, die Gamberi und Scampi sind durch. Auf den Tisch damit zu den mit Suppentellern und Brot (am besten Bruschette) und mehreren Servietten ausgestatteten Kommensalen, und wenn Sie dann genug Platz im Topf geschaffen haben, werden die Fische darin fertig gegart und nachserviert.

So einfach ist das. Schreibende Köche und Köchinnen arbeiten an der Zerstörung des eigenen Mythos. Aber nicht deshalb gibt es zur Zuppa keine Mengenangaben, ganz ehrlich, es gibt keine, weil es keine gibt, woher sollen wir sie denn nehmen? Nase über den Topf halten, kosten, es wird schon werden. Beschwerdebriefe bitte direkt an die Chefredaktion.

30. Juni 2000

Cocozelle aus dem Notkoffer

In unserer Kindheit waren sie echte Exoten, heute sind sie vom sommerlichen Speisezettel gar nicht wegzudenken: die Zucchini

Als der Onkel Hubert anno 1962 quasi vom Wiener Naschmarkt in die Wüstenei, die da Oberösterreich hieß, zog, nach Timelkam genauer gesagt, führte er einen Notkoffer mit sich: Olivenöl, Oliven und was halt sonst noch zu einem kulinarischen survival kit gehört, aber auch Zucchinisamen hatte er dabei; ob Nero oder Verde di Milano, Cocozelle von Tripolis, Seneca, Striata d'Italia, Bianca Sarda, Tonda di Nizza – wer kann das heute noch sagen?

Liebe Leute und Leutinnen, tut nicht die Nase rümpfen, das war immerhin zu einer Zeit, als die Fuchs und die Harrer sich noch gar nicht so lange ihren Windeln entwunden hatten, prähistorisch sozusagen, wir fraßen damals Krumpern, Karotten und Kohl, aber bestimmt keine Zucchini, Melanzani und Finocchi (Fenchel), die im Plachutta-Kochbuch noch 1993 unter »Gourmetgemüse« laufen, na ja. (Nur unsere geniale Kochbuch-Ahnherrin Katharina Prato, Edle von Scheiger, kannte die exotischen Zucchini natürlich schon Mitte des 19. Jahrhunderts, als »Zucki«.)

Nun, der Onkel Hubert hütete die Zucchinisamerl und -pflanzerl wie seine Augäpfel, es war ein rechtes Bangen, ob das mediterrane Kürbisgewächs, das ursprünglich aus der Neuen Welt stammt, das harte oberösterreichische Klima überhaupt derpacken würde. Zuerst kamen sie aufs Fensterbankl, die Zucki, dann ins Mistbeet, um nach den Eisheiligen auf dem allersonnigsten Gartenstückerl mit der allerbesten Komposterde ausgesetzt zu werden.

Als der halbe Garten überwuchert war, wurde der gesamte Clan vom Onkel Hubert mit Zucchini versorgt, und im nächsten Jahr züchtete bereits die ganze Verwandtschaft – bei einem eher beschränkten Zucchini-Kochrepertoire konnte da mit fortschreitender Vegetationszeit der vegetabile Segen schon beinahe zu einem Kreuz werden, merkt die Fuchs, die es auch nicht immer leicht gehabt hat im Leben, seufzend an. Retrospektiv war auch der Erntezeitpunkt der Zucchini nicht der ideale, so 25 bis 30 Zentimeter hatten die Gartentrophäen allemal, die man damals verspeiste.

Aber das war ja nichts gegen die Apparate, mit denen in den Jahren, die da kommen sollten, die lokalen Garten-und Obstbauvereine auffuhren, Zucchinimonstren von siebzig Zentimeter und mehr, die man eh nur mehr an die Schweindeln verfüttern konnte. Der Clan der Fuchs, um den geht es hier nämlich, ist übrigens noch immer davon überzeugt, dass die rasante Verbreitung der Zucchini in Oberösterreich auf eine undichte Stelle im familiären Zucchinisamenverteilerkreis zurückzuführen ist, dramatische Beichten auf dem Totenbett sind aber bisher ausgeblieben ...

Bei den Fuchsens hat man die Zucchini immerhin nicht nur der Zubereitungsart zugeführt, die dem Österreicher und der Österreicherin zu jedwedem Nahrungsmittel einfällt: panieren oder durch Tropfteig ziehen und backen. Nein, die Zucchini wurden auch halbiert, in dünne Scheiberl geschnitten (eventuell nach Auskratzung der größeren Kerne), und einfach in Butter gedünstet und mit Petersil bestreut (nicht eingebrannt, was die Fuchs ihrer Sippschaft noch heute hoch anrechnet!), was zum einhelligen Clan-Urteil »sehr bekömmlich« führte – in einer Familie von tatsächlich oder eingebildeten Magenschwachen durchaus ein kulinarisches Kriterium.

Heute sind Zucchini Grundnahrungsmittel, und es liegt uns fern, Sie darüber zu belehren, was man damit alles machen kann – Stichwort gefüllte Zucchini, eine unserer Leibspeisen, die bestimmt auch einmal drankommt. Wir präsentieren vielmehr heute drei verschiedene Gratins, schlicht wie wir sind, werden diese von uns auch immer wieder Kretins gerufen, ja das ist nun einmal so. So ein feiner Zuckikretin kann sich auch selbst genügen, interessant ist, dass bei diesen schon älteren Rezepten kein einziges Mal Knoblauch vorkommt, der doch heute als der klassische Zucchini-Begleiter gilt.

Zucchinigratin, französisch

1 ½ kg Zucchini
½ Glas Milch
2 Eier
20 Deka geriebener Emmentaler
10 Deka Schinken
Salz, Pfeffer
Semmelbrösdel
Butter

Beginnen wir mit der sanften ***französischen Version***, die auch recht gut zu Kalbfleisch passt: Eineinhalb Kilo Zucchini waschen und in Würferl (eineinhalb Zentimeter) schneiden, einsalzen und eine gute Stunde stehen lassen, ausdrücken, Salz abwaschen und trockentupfen. In einer großen Kasserolle wird ein halbes Glas Milch erhitzt; die Zucchiniwürfel dazugeben und bei geschlossenem Topf weich dünsten, bis die Flüssigkeit verdampft ist. Unter das überkühlte Gemüse werden zwei Eier, zwanzig Deka geriebener Emmentaler und zehn Deka gehackter Schinken gemischt, mit Salz und Pfeffer abgeschmeckt, in eine gebutterte Gratinform gefüllt, mit Semmelbrösel bestreut und mit aufgesetzten Butterflöckchen im Rohr gratiniert.

Zucchinigratin, mediterran

1 ½ kg Zucchini
5 Frühlingszwiebeln
20 Deka Fetakäse
5 EL Kräuter
(Petersilie, Dille und Pfefferminze)
4-5 Eier
3-4 EL Mehl
Butter
10 Deka entsteinte schwarze Oliven

Das mediterrane Gegenstück dazu ist der folgende ***Gratin***, diesmal werden die Zucchini grob geraspelt eingesalzen und ausgedrückt, fünf fein gehackte Frühlingszwieberl, zwanzig Deka zerkrümelten, geschmacksintensiven Fetakäse, fünf Esslöffel gehackte Kräuter (Petersilie, Dille und Pfefferminze), vier bis fünf Eier, drei bis vier Esslöffel Mehl darunter mischen, salzen, pfeffern, in eine große gebutterte Auflaufform einfüllen. Der Gratin sollte nur drei Zentimeter hoch sein, sonst wird er zu feucht. Den Kick geben ihm die zehn Deka entsteinten und halbierten schwarzen Oliven, mit denen er belegt wird, Butterflocken aufsetzen und im Rohr bei 180 Grad backen, bis die Oberfläche schön gebräunt ist. Kann einem mit einem ganz einfachen Paradeissalat recht glücklich machen!

Zucchinigratin III

1 ½ kg Zucchini
1 große Zwiebel
3 EL Öl
geriebener Emmentaler oder Gruyère
Butter

Nummer drei ist unser immer wieder heiß geliebter ***Zucchinigratinpurist***: Eine große Zwiebel hacken und in drei Esslöffel Öl anschwitzen, eineinhalb Kilo in Würfel (diesmal darf's ein bisserl größer sein, zweieinhalb Zentimeter) geschnittene Zucchini zugeben und eine halbe Stunde dünsten lassen. Danach Deckel halb auflegen und auf sehr kleiner Flamme eine gute Stunde weiter vor sich hin garen, immer wieder umrühren, am Schluss Deckel weg, Hitze erhöhen und Zucchini unter Umrühren etwas anschmurgeln lassen – das gibt einen durchaus erwünschten, schönen Röstton. Salzen und pfeffern, in gebutterte Auflaufform füllen, mit geriebenem Emmentaler oder Gruyère bestreuen, die unvermeidlichen Butterflocken darauf und gratinieren. Gar nichts dagegen zu sagen.

26. Mai 2000

Riesling ins Vakuum

Unsere alljährliche Tour de vin in die schöne Wachau ließ auch heuer wieder kein Auge trocken – und keinen Weinkeller ungefüllt

Das G'spritztenglas im Foto muss man nicht so ernst nehmen, oder glauben Sie tatsächlich, dass wir an einen Küss-den-Pfennig vom Schmidl oder einen Steinborz vom Lagler ein Wasser dranlassen? Na bitte. Das mit dem Bild ist so: Die Originalfotos unserer heurigen Weinreise (Roas beziehungsweise Tour de vin) in die Wachau konnten wir leider nicht zur Veröffentlichung freigeben. Nein, nicht dass wir wirklich Angst hätten, dass jemand, der am Nebentisch saß, als Fidi und Günter das Lied von der Blinden Schleiche sangen, uns wiedererkennen könnte. Das ist auch schon egal. Aber mit der Kamera hat offensichtlich etwas nicht gestimmt, irgendwie komisch ... spiraesk, deixisch.

Alles stark übertrieben, wie üblich. Die Fuchs, meine hochlöbliche Koautorin, die soeben die Fischgründe um Zypern leerweidet, trinkt noch immer zur Kreislaufstabilisierung ungerührt ihre drei Gläser Sekt zum Frühstück, und die Harrer führt noch immer nach getanem Wachauer Tageswerk tadellos nächtens den Hund spazieren, diesmal hieß er Klärchen, echt wahr.

Natürlich dienen unsere Wachauer Reisen einem höheren Zweck, nämlich der Eindämmung, wenn nicht Stillung unseres mit dem Alter proportional anwachsenden Horror vacui, der Angst vor der Leere, der Leere im Weinkeller nämlich. Freundlichen Menschen, die mir zwecks professioneller Beherbergung meiner Weine die allerbesten Weinkeller in Stammersdorf oder sonst wo in lauschigen Kellergassen antragen, pflege ich zu sagen, dass ich meinen Wein am liebsten unter meinem – na Sie wissen schon – spüre, im Keller in meinem Wohnhaus. Könnte mir keinen beruhigenderen Unterbau vorstellen.

Mag sein, dass auch die politischen Verhältnisse das Ihrige dazu, zum Horror nämlich, beitragen. Mein alter Freund George, vulgo von Bratwurst, bis zum Falkland-Krieg (wo er die Mütze draufhaute) hoffnungsvoller Major in der britischen Armee und einzig nennenswerter Aufriss meiner Studienzeit in Detmold, Ostwestfalen-

Lippe, schrieb mir am 4. Februar 2000 eine denkwürdige E-mail: Dear Austria, think about exit strategies: buy Riesling!

Dear George, das haben wir getan. Unsere erste Station in der Wachau, wo wir auch gleichzeitig unser ganz und gar nicht bescheidenes Nachtlager aufschlugen, waren die Laglers in Spitz. Im Weinberghof (3620 Spitz, Am Hinterweg 17, Tel. 02713/2516) kann man nicht nur viersternig pennen (Jessas, was sind wir bürgerlich geworden), es gibt auch höchst attraktive Pakete, die Weinverkostung mit Buffet und ein Abendessen im Florianihof mit Lagler-Weinbegleitung inkludieren (Jessas, was sind wir faul geworden). Letzterer Programmpunkt war auch Schauplatz der Performance vom Lied von der Blinden Schleiche, die Helene, Gattin des Barden Fidi, als vorläufigen Tiefpunkt unserer an Tiefpunkten ach so reichen Karriere bezeichnete.

Dass mich die Lagler-Weine beeindruckt haben, ist leicht an meiner Bestellliste abzulesen. Ach Georgie, wir haben Smaragde gekauft, die diese Regierung ganz bestimmt überdauern! Wie immer traten wir an, um »Trinkweine« zu kaufen, wie immer kehrten wir vor allem mit großer Ausbeute an Weinen »zum Aufheben« heim. Nur die trockenen, hochreifen Spätlesen ziehen bei uns nicht mehr so gut wie früher, wahrscheinlich haben wir aneinander Trockenes, Hochreifes, Spätes genug.

Aber nun chronologisch: Also anreisen taten wir an einem Freitagabend zur Lagler-Weinkost, unseren ersten Samstag-Termin traten wir beim Franz Schmidl (02711/2240) in Dürnstein an, einem wahren Idol unserer Trinkgemeinschaft. Leider, oder Bacchus sei Dank, verdient eine Verkostung beim Schmidl diesen Namen nicht: Denn wer dort nur »kostet«, das heißt, sein Proberl nicht austrinkt, mit dem ist etwas nicht in Ordnung. Dear Georgie, der Schmidl hat schon Spitzenrieslinge gemacht, als wir uns in Detmold noch mit Lambrusco eintrankelten.

Mit von Wachauer Weinsäure entsprechend angetörntem Magerl begaben wir uns vom Schmidl (per Taxi, bitteschön) zum Jamek in Joching (Joching 45, 3610 Weißenkirchen, Tel. 02715/2235) zum Mittagessen, ein kleines Himmelreich seit mittlerweile fast Jahrzehnten, Essen gut, Ambiente geschmackvoll, Kellnerinnen professionell und lieb, Wein sowieso vom feinsten. Dann schlugen wir den Weg zum Schmelz (Weinbergstr. 14, 3610 Joching, Tel. 02715/2435) ein, ein großer Rieslingmacher, my dear friend and plumroaster, seinen Stein-am-Rain und Steinriegl im Keller zu haben, ist ein sanftes Ruhekissen für deine alte Austria.

Wenig überraschend rief Fidi, als wir die Schmelz-Verkostung begonnen hatten, alsbald nach einer Jause, die gaben wir ihm, trotzdem konnte er sich danach dem Spaziergang nach Wösendorf, wo uns im Florianihof (Wösendorf 74, 3610 Weißenkirchen, Tel. 02715/2212) unser Abendessen erwartete, nicht sofort anschließen, sondern musste noch einmal beim Jamek einkehren, wohin er auch den Martin verzahte, den wir an und für sich gern bei uns haben, denn er ist unser Anwalt. Der Rest kugelte indes durch die Weinberge, Klärchen und Leopoldine Fuchs, zweieinhalb, schritten wacker voran.

Als wir in Wösendorf ankamen, war die Hälfte der Partie irgendwie abhanden gekommen, die Fuchs und ich tippten zuerst auf den Machherndl (Hauptstr. 1, 3610 Wösendorf, Tel. 02715/2282), wo wir aber erst nächsten Vormittag vorsprachen und reich eingekauft habend davongingen, übrigens direkt zum unvergleichlichen Prandtauerhof in Weißenkirchen (3610 Joching, Tel. 02715/2310), dessen Hühnerleberparfait mit Essigmarillen allein schon eine Roas in die Wachau wert wäre.

P. S.: Die Abhandengekommenen sind wieder aufgetaucht, sie waren nur schnell auf ein kleines Bier.

12. Mai 2000

Es ist passiert

Beuschel: Auf patriotischen Kochpfaden mit südosteuropäischen Abzweigungen

Auf den Osterhasen müssen wir zwar noch warten, aber die blauen Eier haben wir ja schon, außerdem pfeifen Hammel und Hammelinnen bei jener Tätigkeit, die uns später in die Lage versetzt, ihre Kinder zu verzehren, auf das Kirchenjahr. Das heißt, die Lämmlein-, Kitzlein-, Zicklein-Saison steht unmittelbar bevor.

Wieder einmal reichlich krass, die Harrer und die Fuchs, aber die Zeiten sind halt so, auch wir haben uns vorgenommen, die Lufthoheit über den Stammtischen zu erobern. Auf unserem wird heute ein Beuschel aufgetragen, aber keines von Schweinderln aus Ried im Innkreis oder sonst wo, sondern von Schafen aus Austria, das jetzt nicht mehr mit Australia verwechselt wird, lauter lipizzaner-weiße, grundgütige Tiere, die eh immer so viel für arme Negerkinder spenden, bähbähbäh.

Aber lassen wir das. Beuschel, das ist eines der Gerichte, an denen sich die Geister scheiden, nicht nur bei der Konsumation, sondern auch bei der Produktion. Die Harrer wurde im Klosterinternat mit der leider weit verbreiteten eingebrannten Essigsuppen mit luftröhrendurchzogenen Schweinslungenstreifen sozialisiert und brauchte Jahre, um ihren Eltern zu verzeihen; beim Ehemann der Fuchs war's anders, der nahm nach dem Tod seiner Mutter Beuschel jahrelang nur mehr bei den Drei Husaren zu sich. Ob ihn die Fuchs durchs Beuschel zum Heiraten oder er die Fuchs durchs Heiraten zum Beuschel oder das Beuschel beide ..., na lassen wir das auch. Mit der Harrer hat er sich mittlerweile ebenfalls abgefunden.

Also, ernsthafte Küchenjünger und -jüngerinnen bestellen zu dieser Jahreszeit ein ganzes Lamperl oder Ziegenkitz beim Bauern oder Fleischer, da werden die Innereien (plus Kopf) mitgeliefert. Da aber die daraus resultierende Quantität bei mehreren Kommensalen bestenfalls für ein Amuse gueule für jeden reicht, bleibt nichts anderes als hamstern bzw. bestellen, normalerweise kein Problem, da es ja hierzulande fast nur Lammrücken-/Keulen-/Schulternesser

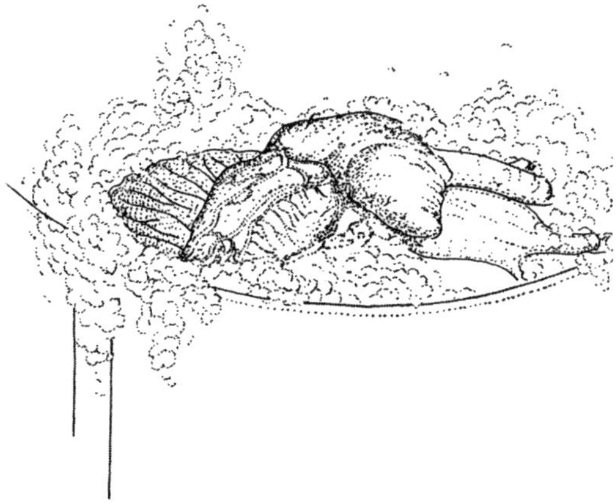

gibt. Vor ausufernder Beuschel-Raffgier sei aber ausdrücklich gewarnt: Die Fuchs besorgte sich einmal fünf (sic!) Kilo Lammbeuschel, die zu putzen und zu schneiden die gesamten Meyerbeerschen Hugenotten dauerte, an die sie jetzt mit einer Mischung aus Dankbarkeit und Hass zurückdenkt. Übrigens, die Harrer schwindelt gern ein bisschen und gibt auch ein bisschen Züngelchen, Wängelein und sogar Leberln dazu, zum Strecken, während es sich streng orthodox ja nur um Lunge und Herz handelt.

Schreiten wir in die Küche: Sie haben ihr Beuschel gut gewässert, für ein Kilo bereiten Sie einen Sud aus etwa einer halben Flasche Veltliner, einem halben Liter Wasser, je einer geschälten Karotte, gelben Rübe, Petersilwurzel und einem Stück Knollensellerie, einer großen halben Zwiebel und zwei angedrückten Knoblauchzehen, dazu kommt ein Lorbeerblatt, einige Pfeffer- und Pimentkörner, etwas Muskatblüte und entweder ein Büschel Thymian (Kuttelkraut hat das früher in Wien geheißen) oder Bohnenkraut oder das, was bei den Fuchsens in Oberösterreich im Garten wächst und Boazkräutl (=Beiz-) heißt und von ihr noch nie

Lammbeuschel

1 kg Lammbeuschel
½ Flasche Grüner Veltliner
1 Karotte, 1 gelbe Rübe
Petersilienwurzel
1 Stk. Knollensellerie
½ große Zwiebel
2 Knoblauchzehen
1 Lorbeerblatt, Muskatblüte
Pfeffer- und Pimentkörner
Thymian oder Bohnenkraut
5 EL Butter
4 EL Mehl
Senf, Kapern, Sardellenpaste
geriebene Zitronenschale
Salz, Pfeffer

am Naschmarkt gesichtet wurde. Mit Interesse erwarten wir botanisch aufklärende Leserbriefe ...

Zurück zu unserem Sud, in dem das Beuschel auf kleiner Flamme zugedeckt weich gekocht wird, gleich zu Beginn die Lungen mehrmals anstechen, aber das wissen Sie eh, und mehrmals wenden. In diesem Sud können Sie auch, falls vorhanden, die gesäuberten Kopfhälften mitkochen. Zuerst die Lungen, später die Herzen herausnehmen, in Eiswasser abschrecken, gröbere Luftröhren, Fett, Sehnen und Knorpel entfernen, das Beuschel in eine Wanne legen und ein paar Stunden pressen, das erleichtert das Aufschneiden.

Inzwischen den Beuschelsud abseihen und stark reduzieren, aus fünf Esslöffeln Butter und vier Esslöffeln Mehl – horribile dictu, aber so ist es nun einmal – eine Einbrenn herstellen, mit Sud aufkochen und wenn nötig passieren. Jetzt wird das Beuschel feinnudelig geschnitten – dabei akribisch kleinere Luftröhrenüberbleibsel entfernen –, Wurzelgemüse mit Gabel fein zerdrücken und zusammen mit dem geschnittenen Beuschel in die Sauce geben, mit Senf, fein gehackten Kapern, Sardellenpaste, geriebener Zitronenschale, Salz und Pfeffer abschmecken und noch etwas köcheln lassen.

Am besten wird das Beuscherl erst am nächsten Tag verzehrt, vielleicht noch ein bisserl mit Aceto balsamico nachgewürzt, und auch einer Verfeinerung mit Obers stehen wir aufgeschlossen gegenüber – aber keinen Gulaschsaft, bitte nein, tun Sie uns das nicht an. Was Sie dürfen, sind Bärlauchsemmelknödel: unter die Knödelmasse al dente gedünsteten, ausgedrückten Bärlauch mischen, die Saison beginnt gerade.

Mayiritsa

Leber, Lunge, Herz und Darm vom Lamm
6 Frühlingszwiebel
12,5 Deka Butter
½ Bund Dille
6 EL Reis
3 Eier
1 große Zitrone
Salz, Pfeffer

Zum Schluss noch ein Abweichen von patriotischen Kochpfaden mit der griechischen Ostersuppe **»Mayiritsa«**, für die Sie sich aber auch den Darm vom Lammproduzenten mitliefern lassen müssen (aber, aber, bei Frankfurtern, Bratwürsteln und Konsorten beißen Sie ja sonst auch hinein, dass es kracht!). Also, Leber, Lunge, Herz und den peinlichst mit Salz und Zitronensaft gesäuberten Darm in eineinviertel Liter kochendes Wasser geben, Schaum abschöpfen, salzen und eine halbe

Stunde kochen. Alles feinnudelig schneiden, sechs feingehackte Frühlingszwiebel in einem Achtel Butter anschwitzen, Innereien zugeben, anrösten, mit Kochflüssigkeit aufgießen, mit reichlich (ein halber Bund) Dille würzen, sechs Esslöffel Reis dazu und 25 Minuten köcheln lassen. Dann drei Eier mit dem Saft einer großen Zitrone versprudeln, mit einem Viertelliter Sud vermischen und in die Suppe einrühren, bis sie eindickt – unter Vermeidung einer Eierspeis', bitte schön.

24. März 2000

Die Umvolkung des Schweins

Es lebe der Hinterhofhammel,
er hat den faschierten Braten revolutioniert

Kulinarische Lebensweisheit Nummer eins, in den Worten eines oberösterreichischen Handwerkers und gefragten Pfuschers, dessen Fleiß durch die Qualität der diversen Jausen und Mittagessen durchaus regulierbar war: »Ein Bratl bringt ein jeder Trampl zusammen.« Solchermaßen das Urteil über in großen Trümmern zubereitetes Fleisch gesprochen, wenden wir uns heute dessen Gegenteil zu, dem Faschierten, denn, Lebensweisheit Nummer zwei, was der Bauer in der Kindheit gefressen hat, frisst er auch später noch gern oder so ähnlich.

Mit Scham erinnert sich die Harrer daran, dass sie und ihre Schwester als Kinder faschierte Laberl manchmal als »Faschisten« zu bezeichnen pflegten, vielleicht im Glauben, es handle sich dabei um irgendeine ausgestorbene exotische Spezies.

Heute weiß sie es besser. Und sie weiß auch, genauso wie die Fuchs, dass Faschiertes eine geradezu jämmerliche Reputation hat. Als Kampfpreisartikel in Supermärkten, potenzieller Nährboden explodierender Bakterienpopulationen, Entsorgungsmöglichkeit für die Reste des oben genannten Bratls, nicht ganz koscher, zumindest verdächtig, billig auf alle Fälle.

Die Fuchs kann von einem Urlaubserlebnis in Griechenland berichten, wo die Hotelgäste die vielen faschierten Spezialitäten (köstlich, und wenn die Fuchs das sagt ...) der extra von ihrer Heimatinsel herbeigeschifften Hoteliersmama, einer wackeren Kapitänswitwe, in einer ausgewachsenen Revolte verweigerten. Unwürdige Ignoranten allesamt, wir hätten ihnen aus Rache einen gebratenen Dachhasen serviert. (Ein Glück für uns, dass Katzenmutter Klinger pensioniert ist – war übrigens wahrscheinlich die letzte Chance; ein Dirndlkleid in Pension zu schicken, ist kulturpolitisch heute nicht mehr tragbar.)

Nein wirklich, nicht auch noch auf den kulinarischen Seiten! Aber wir haben da schon wieder ein politisches Problem, zur Herstellung unseres Faschierten benötigen wir nämlich einen Haxen

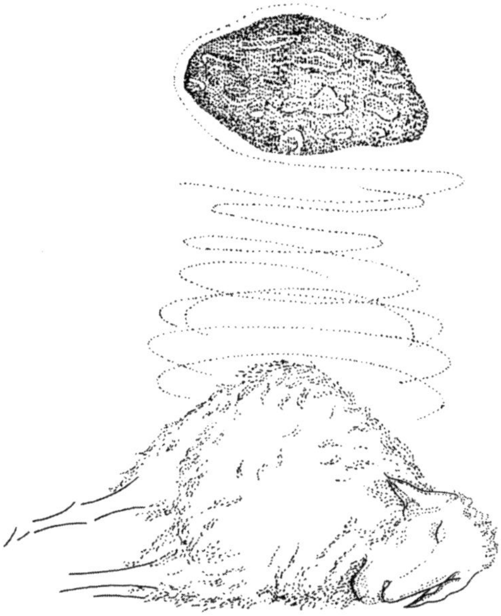

des berühmten auf dem Hinterhof zu bratenden Hammels (na ja, es ist kein Hammel und kein Haxen, sondern ein Lamm und eine Schulter): die Hälfte Lamm, die andere Rind, Schwein und/oder Kalb, so schaut es aus, unser Faschiertes.

Außer der Umvolkung des Schweins zugunsten des Lamms ist aber an dem Sukupschen ***Faschierten-Braten***-Rezept (es ist ja so peinlich, aber Sukup hieß die Mutter der Harrer mit Mädchennamen) nichts mehr zu verbessern. Bei uns zuhause gab's keine infantilen Spielereien wie eingebaute Eier (überhaupt, die kulinarischen Geheimnisse des harten Eies haben sich uns bis heute nicht erschlossen), Essiggurkerl oder gar Frankfurter.

Auch bei der Zuspeis' sind wir Fundamentalisten: Zum faschierten Braten wird Erdäpfelpüree serviert (ohne geröstete Zwiebel!) und Bummerlsalat, kreative Schübe sind hier, bitte schön, fehl am Platz. Manchmal gab es auch breite Nudeln bei uns (so hießen damals die Tagliatelle), darüber kann man reden.

Und so geht er, der Sukupsche faschierte Braten, den wir so noch nie in einem Kochbuch gefunden haben: Ein Kilo Faschiertes wird mit einem Ei (und eventuell einem Dotter) und in Wasser oder Milch eingeweichten, ausgedrückten, dann durchgedrehten Semmeln abgearbeitet, klassisch sind drei, wird der Braten »fleischiger« gewünscht, genügen zwei Semmeln. Weiters kommen in die Masse eine geschnittene und geröstete Zwiebel, Salz, Pfeffer, traditionell Majoran – während wir Thymian bevorzugen – drei Zentimeter Sardellenpasta, reichlich gehackte Petersilie und ein ordentlicher Schuss Sodawasser. Ein Verstoß gegen die Wiener Klassik ist der Knoblauch, der bei uns auch hinein muss, damit sich das Lamm nicht so ausgegrenzt fühlt.

Faschierter Braten

1 kg Faschiertes
1 Ei dazu event. 1 Eidotter
Milch, 2-3 Semmeln
1 Zwiebel
Majoran oder Thymian
Sardellenpasta
Petersilie, Knoblauch
Salz, Pfeffer
1 Schweinsnetz
1 EL Kapern
2 oder 3 Sardellenfilets
¼ l Sauerrahm
Paradeiser
Speckstreifen

Diesen Braten können Sie in ein Schweinsnetz wickeln, müssen es aber nicht, er wird jedenfalls in Bratlform in eine Pfanne verfrachtet und bei 180 Grad zugestellt und schon bald nach Garbeginn mit Suppe begossen. Wenn ihn bereits ein schönes Safterl umgibt, fügen wir diesem einen großzügigen Esslöffel Kapern und zwei, drei geschnittene Sardellenfilets hinzu, und brav weitergießen. Nach gut zwei Drittel der Kochzeit, also ungefähr einer Stunde, kommt der Sauerrahm (und nichts anderes) dazu, mindestens ein Viertel, den Sie vorher mit etwas Suppe abrühren, bevor er in die Pfanne kommt.

Da die Sauce der Schlager bei diesem Gericht ist, trägt man besser etwas mehr an, und nimmt dann eben auch ein bisschen mehr Kapern und Sardellen. Der Sukupsche Clou ist, zu diesem Zeitpunkt den Braten dicht mit geschnittenen Paradeisern und – darüber – Speckstreifen zu belegen, er wird dann nicht mehr begossen. Den Speck muss man nicht unbedingt essen: Aber er gibt dem Braten und der Sauce einen Kick, und die Frische der Paradeiser ist auch ein angenehmer Kontrapunkt.

Und weil wir heute so multikulti drauf sind, präsentieren wir aus unseren vielen faschierten Hits (man denke nur an all die gefüllten Gemüse) auch noch total fremdländische Fleischlaberl: Unter Rinds- oder Lammfaschiertes (oder auch fifty : fifty) mischen Sie gehackte, angeschwitzte Zwiebel wie üblich, aber anstelle der Semmel einen gekochten und passierten Erdapfel. Gewürzt wird mit Minze, Petersil, gemahlenem Kardamom (!), Salz und Pfeffer, mit Ei binden. Laberl in Grammelpogatscherlgröße formen, in Mehl wälzen und in Öl herausbraten – und sie dann um Himmels Willen nicht, und das gilt bei uns auch für ganz traditionelle Fleischlaibchen, nachträglich in einem unsäglichen Safterl (Bratenrückstand plus irgendwas) ersäufen. Im Bewusstsein, dass das gar manches österreichische Kochmonument so befiehlt: Wir halten es für eine kulinarische Barbarei, etwas knusprig Gebratenes hinterher einzuweichen, wie Wienerschnitzerl mit Sauce halt. Ach ja, zu unseren Laberln passt ein Rahmgurkensalat oder gleich ein Tzatziki.

3. März 2000

Eine Ente für das Y2K

Orangen und Ingwer leisten unserer Silvesterente einen verdauungsfreundlichen Beistand

Weihnachten ist natürlich längst gegessen, wenn Sie diesmal Harrer/Fuchs zu Gesicht bekommen. Von uns hätten Sie auch keine kulinarische Rettung in letzter Minute erwarten dürfen: Kein Weihnachtswunder für Schlendriane! Aber wir haben uns etwas einfallen lassen, womit Sie erstens den kollektiven Irrtum, der sich da Millennium nennt, begehen und zweitens tags darauf die Folgen (des Promillenniums) lindern können.

Ach, das waren noch Zeiten, als man durch die adventliche Fastenzeit gastrointestinal und geistig (die Roratemessen!) erfrischt in die Feiertage ging. Heute, na, wir brauchen Ihnen ja nichts zu erzählen, gerade hat am Schreibtisch vis à vis der Kollege und Vatikan-Spezialist Josef Ertl sein Schweinsbratl ausgepackt. Und vom Gang her weht der Punschduft, ausgeschenkt von den anonymen STANDARD-Alkoholikern.

Lassen wir das, da wissen wir wenigstens, woher das Sodbrennen kommt, das wir ab 2. Jänner – am 1. müssen wir ja noch den Vorwärts, den Schweinsschädel, verzehren – kurieren können. Unser Rezept fürs Silvesterenterl ist so mittendrin – Ente ist ja nicht wirklich Diät, aber mit Orangen und Ingwer zumindest für österreichische Verhältnisse fast schon wieder.

Canard à l'orange

1 Ente
2 EL Honig
¼ l Hühner- oder Rindsuppe
¼ l Orangensaft
¼ l Sojasauce
4 Deka Ingwer

Unsere abgewandelte Form der ***Canard à l'orange*** geht folgendermaßen – wobei der Ingwer natürlich deutlich verrät, dass sie von einem fremden Misthaufen stammt: Machen Sie eine Marinade aus zwei Esslöffel Honig, die in einem Viertel Liter Hühner- oder Rindsuppe aufgelöst werden, je ein Viertel Orangensaft und Sojasauce hinzufügen, vier Deka geschälter und feingeriebener Ingwer und die Schale einer (unbehandelten) Orange hinein, das Ganze aufkochen.

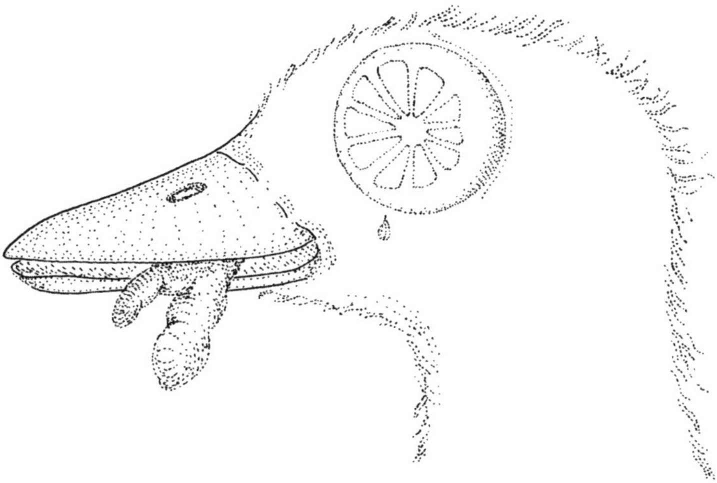

Legen Sie Ihr Federvieh zuerst mit der Rücken-, dann mit der Brustseite in die heiße Marinade und lassen Sie es über Nacht darin ziehen. Die Ente wird abgetropft, bei mäßiger Hitze im Rohr gebraten – Kragen und Flügerl mitbraten, da freut sich die Sauce. Immer wieder mit Marinade begießen. Am Schluss, wenn der Vogel schon herausgehoben ist, die Sauce entfetten und mit etwas Maizena binden, als Garnitur geben wir Orangenspalten.

Entensuppe

Entenfleisch vom Vortag
Entenkarkasse
Haut, Herz, Magen von der Ente
Suppengemüse
2 Karotten
1 Porreestange
3 Deka Ingwer
1 Hand voll Austernpilze
oder Sojasprossen

Und jetzt kommt's, das Magenputzer-Supperl für den Tag danach. Zum Feste haben Sie ja eh nur die Gustostückerl, das heißt Brust und Keulen, serviert, und den Federviehtorso vor den notorischen Knochenabkieflern und Krustomanen in Sicherheit gebracht, es ist also noch was dran. Sauce haben Sie auch noch.

Vom geretteten Enterl die Haut abziehen, das verbliebene Fleisch (das Schlamperte hieß das bei uns zu Hause) ablösen und beiseite stellen. Die Karkasse in kleine Stücke teilen, bei jungen Tieren brauchen Sie dazu nicht einmal eine Geflügelschere. Mit Haut, Herz, Magen und Suppengemüse in einen großen Topf mit Wasser geben und drei bis vier Stunden auskochen, dann abgießen. Die Suppe muss sorgfältig entfettet werden, restliche Entensauce und kleingeschnittenes Entenfleisch plus Magen und Herz hinein. Daneben kochen Sie in etwas Entensuppe folgende Gemüse in Partien bissfest und schrecken Sie in kalter Suppe ab: Pro Entelein zwei Karotten in feinen Streifen, das Weiße einer Porreestange, der Länge nach halbiert und in Scheibchen geschnitten, drei Deka Ingwer in kleinen Streifen, eine Handvoll Austernpilze oder Sojasprossen (diese nur erwärmen). Wenn Sie danach nicht 2000-tauglich sind, ist Ihnen nicht zu helfen, das ist ein Supperl der Extraklasse.

Aber auch die traditionellen Enten- oder Ganslbrater brauchen auf Ihre Stärkung nicht zu verzichten: Das Vieh kommt ganz wie oben mit den Innereien in einen Topf zum Auskochen, am besten mit ein bisschen Hühnersuppe aufgießen, mit Pfefferkörnern und Muskatblüte würzen, auskochen, abseihen, entfetten. Im Gegensatz zur Freiin von Prato brennen wir unsere Suppe aber nicht (mit Enten beziehungsweise Gänseschmalz) ein und gießen Sie auch nicht mit Obers auf – Sie sind magenmäßig eh schon genug bedient, nehmen wir einmal an. Wieder bereiten wir eine bissfeste Gemüseeinlage (Porree, Stangensellerie, Karotte) zu, geben die Vogelreste und die Innereien in die Suppe und schmecken mit Safran, Salz und Pfeffer ab.

24. Dezember 1999

Aufforderung zur Ziege

Für die schlechte Reputation der Eisenbahnerkuh kann unsere leckere Baby Goat rein gar nichts

Man sollte gar nicht meinen, was die wohlerzogene, sanftmütige Fuchs für ein Drachen sein kann, wenn sie beispielsweise auf der heiligen Insel Patmos irgendwo im Grase liegt und ihr Urlaubsschlaf durch sich harmlos nähernde Menschen gestört wird (selbst Oberösterreicher werden brutal weggebissen). Ganz anders, wenn bimmelnd eine Ziegenherde einfällt: Gerührt betrachtet sie die vorbeiziehenden stolzen Böcklein, ohne Klagen schlägt sie über den Goasbemmerln ihr Lager auf, denkt wässrigen Auges an die Nachbarin Duschlbauer in Timelkam, die die Potenz ihres wackeren Geißbocks mit einem aufmunternden »Wünsch Glück« um Geld an Geißenbesitzer zu verhökern pflegte, oder an unseren Freund Fidi, das unfreiwillige Ziegenmilchkind, der sich in seiner Schulzeit nach nichts mehr sehnte als nach Kuhmilchkakao. Nicht so die Fuchs, längst ist ihr das Wasser auch in den Mund eingeschossen. Ziegen, lauft um Euer Leben, die Fuchs will ***Ziegenragout mit Paradeissauce*** essen!

Ziegenragout mit Paradeissauce

1,3 kg Ziegenschulter oder -keule
1 dl Olivenöl
1 mittlere Zwiebel
2 Dosen Pelati
1 Knoblauchzehe
2 TL Zucker

Dazu nimmt sie – denn die Harrer will ja auch was – 1,3 Kilo Ziegenschulter oder -keule oder, besonders gut, Stelzerln (dann etwas mehr im Gewicht, wegen des höheren Knochenanteils). Wir haben die allerhöchste Freude an einer jugendlichen Ziege im Alter von etwa drei Monaten, die ja schon im Alten Testament die Tafeln von Königen und Patriarchen zierte. Weder soll es ein Ziegensäugling sein, nix wie Haut und Knochen, noch eine durch Altersschwäche dahingegangene Milchziege. Diesen so genannten Eisenbahner- oder Bahnwächterkühen hat die Ziege ihren ramponierten kulinarischen Ruf zu verdanken.

Also, wir hacken unser Ziegenfleisch, das von einer saftiges Gras und würzige Kräutlein gefressen habenden Teenagerziege stammt,

in Portionsstücke und braten diese in einer Kasserolle in einem Deziliter Olivenöl an, bis sie leicht gebräunt sind. Aus dem Topf nehmen, eine mittlere gehackte Zwiebel darin anschwitzen, zwei Dosen gehackte Pelati plus ihrem Saft, eine zerdrückte Knoblauchzehe und zwei Teelöfferln Zucker dazu, Fleisch in den Topf zurückgeben, salzen, pfeffern, zudecken und auf kleiner Flamme dünsten, bis sich das Fleisch leicht vom Knochen lösen lässt. Falls notwenig, die Sauce noch einkochen – ohne Fleisch, sonst zerfällt es. Wenn wir Stelzerln genommen haben, lösen wir das Fleisch aus und lassen die Knochen im Saft noch länger vor sich hin köcheln.

Das Stück Zimtrinde, das beim Lammragout gerne mitgekocht wird, erscheint uns bei der Ziege nicht passend. Auch mit der klassischen Beilage sind wir nicht so zufrieden: Es sind handgeschnitzte, frittierte Erdäpfel, da alles Knusprige im Saft aber aufgeweicht wird, ist uns Polenta oder Couscous lieber.

Ziege mit Zitronensauce

1,3 kg Ziegenschulter oder -keule
1 bis 2 Zitronen
1 dl Olivenöl
zerribener Oregano

Ganz schön hellenisch ist die Ziege mit Zitronensauce: anbraten wie oben, keine Paradeiser, Zwiebel, Knofel und Zucker, dafür mit zerriebenem Oregano, Salz und Pfeffer würzen, Saft von eineinhalb bis zwei Zitronen zugeben, mit etwas Wasser aufgießen, restliches Prozedere wie oben.

Unser Leib-und-Magen-Schaf-und-Ziegenkäse-Betrieb, der Haidhof in Kirchstetten, verkauft neben Lamm- auch Ziegenfleisch, von der bei uns seltenen Burenziege mit kompakterem Wuchs und einer ausgeprägteren Muskulatur. Natürlich gibt es das Fleisch nicht immer, aber größere Tiere prinzipiell das ganze Jahr über – wenn die Geißen das ganze Jahr »zugelassen« sind und die Herdengröße durch Schlachtung reguliert wird. Im Allgemeinen läuft die Ziege von sechs bis acht Wochen unter »Kitz«, und auch später wird alles Mögliche versucht, um bei den potentiellen Käufern ja nicht die Assoziation zum »Goasseln« zu wecken. Soll sein, wir brauchen diese Aufforderung zur Ziege nicht.

29. Oktober 1999

Karl & Christine Müller, Kirchstetten 35, Neudorf bei Staatz, 02523/8505 und 6764

Patatischer Irrgarten

Liebhaber von Mehligen haben es schwer: Dabei sind sie für Erdäpfelpüree und -gratin unverzichtbar

Nun sagt unser neuer Freund Christofferl, das bilden wir uns alles nur ein. Er findet mehlige Erdäpfel ohne Schwierigkeiten, sagt er, allerdings nur in der richtigen Saison, das heißt, vom Frühling an, bis zum Zeitpunkt, wenn die Heurigen beginnen. Vielleicht liegt's ja daran, dass in Wien die Heurigen gleichzeitig mit dem Spargel auf den Markt kommen, die Heurigen aus Zypern oder Israel oder von sonst, wo der Pfeffer wächst. Da gibt es dann eben nie Mehlige. Aber der Christoph lebt nicht in Wien, sondern in Innsbruck, vielleicht fahren wir ja nächstens zum Erdäpfelkaufen dorthin.

Aber lieber Christoph, sagt die Fuchs, Mehlige sind ja nicht einfach alte Erdäpfel (obwohl die, weil sie weniger Wasser enthalten, für den Zweck etwa der Püreeherstellung noch immer besser geeignet sind als frische). Mehlige sind eine Sorte, mehrere Sorten sogar, die niederösterreichische Saatbaugenossenschaft weiß von Agria, Hermes, Saturna, Treff und Welsa zu berichten. Es gibt sie also – aber wo nur haben sie sich versteckt? Allerorten kugeln uns Festkochende entgegen.

Den Bock haben die sonst von uns sehr geschätzten Vermarkter von gewissen Qualitätserdäpfeln aus biologischem Anbau abgeschossen: Auf dem bekannten Papiersackerl steht in großen Lettern »Im Volksmund Mehlige«; die Sortenbezeichnung »Ostara« – vorwiegend festkochende Erdäpfel – ist nur mit der Lupe zu finden. Dementsprechend war auch das Püree, das wir daraus fabriziert haben, leimig und gleichzeitig grießig-krümelig. Die Erdäpfelverkäufer vertrauen darauf, dass kein Mensch mehr weiß, wie ein ordentliches Püree zu schmecken hat – beziehungsweise, dass der echte Österreicher eh zum einschlägigen Sackerlgatsch greift.

Dann kommt noch die Gemeinheit dazu, dass manche mehlige Sorten auf gewissen Böden eher festkochend ausfallen (etwa die Agria im Waldviertel), dass manche Sorten die Gruppen wechseln (wie die Ditta von vorwiegend festkochend zu festkochend) und so

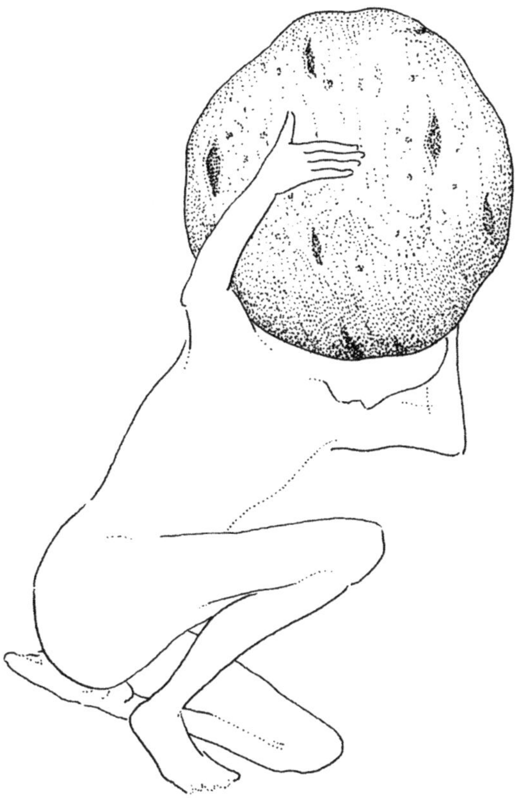

weiter und so fort. Der patatische Irrgarten hat uns verschluckt und gibt uns nicht mehr frei.

Aber warum, möget ihr fragen, greinen die Fuchs und die Harrer so verzweifelt nach mehligen Grumpern, wo doch die Vorteile ihrer populären Schwestern, nach denen die Nachfrage so groß ist, dass sie die Mehligen verdrängt haben, auf der Hand liegen: je fester, desto robuster, ein paar Minuten länger gekocht ist kein Beinbruch, während die Mehligen diesbezüglich nicht die geringste Toleranz zeigen, weil Ideal und Zerfall in engster zeitlicher Abfolge passieren. Auch das anschließende Wenden in Butter und Petersilie muss bei den Mehligen mit größter Sanftmut erfolgen, damit die abschmelzende Erdäpfeloberfläche die rechte Liaison mit der Butter eingeht, die milde zerfließenden Kanten nicht malträtiert werden.

Na, habt Ihr's jetzt verstanden? Die Fuchs ist eine bedingungslose Verfechterin des mehligen Genusses – auch im Erdäpfelsalat –, die Harrer ist eine zumindest teilweise Bekehrte. Aber beim Püree gibt es sowieso keine Diskussion und beim Erdäpfelgratin auch nicht.

Wir genieren uns nicht, hier und heute beides, obwohl es ja in den Kochkindergarten gehört, vorzuexerzieren: Seit der Leopoldinen-Mutter Fuchs bewusst wurde, dass das Erdäpfelpüree eine der ersten auch später noch ernst zu nehmenden Speisen ist, die man dem Kleinkinde hineinstopft (bitte, hat die Fuchs so gesagt, nicht die Harrer), ist es ihr ein Anliegen.

Also hier unser Rezept für Convenience-Kinder und ihre Altvorderen: Ein halbes Kilo Erdäpfel schälen, in gleich große Stücke schneiden und in Salzwasser (Perfektionisten und Katzenbesitzer tun dies mit Milch) kochen – ja nicht zu lang, sie können nicht nur zerfallen, sondern sich auch zu sehr mit Wasser ansaufen. Abgießen, im Topf auf kleinster Flamme ausdampfen lassen und dann durch ein möglichst kleinmaschiges Sieb drücken. Bitte dabei keine kreisenden Bewegungen oder gar die Küchenmaschine einsetzen, da wird's höchstens Erdäpfelleim.

Erdäpfelpüree

½ kg Erdäpfel
10 Deka Butter
zerriebener Oregano
Milch
Muskatnuss, Salz

Zehn Deka Butter in kleinen Flocken unterrühren, das Püree auf sehr kleiner Flamme halten und mit Milch zur gewünschten Konsistenz bringen, mit Muskatnuss und Salz abschmecken. Butterexzesse à la Siebeck sind zwar lecker – aber, wenn etwaige Oberssaucen dazukommen, uns eindeutig zu heavy.

Wichtig: Das Püree sofort frisch essen, nur im äußersten Notfall im Wasserbad warmhalten. Aufwärmen geht nicht, schon unsere Ahnherrin Frau Prato sagte ausdrücklich: Die Erdäpfel fürs Püree »kocht man nicht zu früh, damit sie gerade zur Zeit des Anrichtens abgerührt werden können«. Was ja generell gilt, nicht nur für Püree: Aufgewärmte Erdäpfel sind ein Gräuel und haben auf einem halbwegs kultivierten Teller nichts zu suchen. Liebe Gastronomen und Gastronominnen: Wir sind ja nicht eure Schweindln!

Nun zu Appetitlicherem, nämlich unserem Gratin: Auch hier, finden wir, ist die schmeichelnde Verbindung zwischen Erdäpfel und cremigem Umfeld nur mit Mehligen möglich. Erdäpfel schälen, in nicht zu dünne Blatterln hobeln, in Wasser auswaschen und trocknen. Eine flache Gratinform mit angedrückter Knoblauchzehe ausreiben, generös ausbuttern, mit den Erdäpfelscheiben auslegen, salzen, pfeffern, Muskatnuss darüberreiben – und diesen Vorgang wiederholen, aber nicht mehr als vier Schichten. Kaffeeobers oder Milch-Obersmischung (halbe/halbe) angießen, wobei das Flüssigkeitsniveau unter der letzten Lage bleiben muss, sonst wird's eine Supp'n.

Erdäpfelgratin

½ kg Erdäpfel
1 Knoblauchzehe
Butter
Muskatnuss
Kaffeeobers oder Obers
Milch

Geriebenen Gruyère (zur Not Emmentaler) darüberstreuen und nicht zu wenige Butterflocken draufsetzen, bei 180 Grad zirka eine halbe Stunde im Rohr backen.

Ja, das war Primitiv-Erdäpfelküche – kriegen tut man ein richtiges Püree und ein ordentliches Gratin trotzdem fast nie!

24. September 1999

Mit Schweißperlen auf der Nase

Wenn wir thailändisch sagen, dann meinen wir auch thailändisch: Gaeng Ped Gai zum Beispiel

Nein, nein und abermals nein, wir sind nicht auf den Fusionsküchenzug aufgesprungen! Wenn wir Ihnen heute thailändisch kommen, so meinen wir thailändisch – und nicht das neuerdings modische, geniale – sprich: konzeptlose – Zusammenmantschen von asiatischen Zutaten bei Hinwegsetzung über alle Geschmackstabus (nicht zufällig gilt London als Ausgangspunkt für diese Mode). Ein Designer-Restaurant, am besten von Terence Conran, muß es sein, in dem die trendig-cool-schicke Klientel selbst Ingwer, Koriander, Garnelen und natürlich Zitronengras in den Wok mixen darf, oder was immer sie will. Mit Schauen und Geschautwerden hat das viel zu tun, wenig jedoch mit Kochen und Essen ... Aber wir werden auch das überstehen wie die halbrohen Fisolen der Nouvelle Cuisine, die Herrschaft der Barbarieente und anderes.

Unseren seligen Urlaubserinnerungen an Thailand, in denen Töpfe und Teller fast genauso oft vorkommen wie Pagoden, hat unlängst der thailändische Botschafter Sorayouth Prompoj in verdienstvoller Weise auf die Sprünge geholfen, indem er uns zu einer

»Thai Cuisine Party« in sein Gartl im 18. Bezirk lud. Im Zelt kochte uns an einem heiß-schwülen Sommertage die berühmte Köchin und Autorin Karnjana Leder die identitätsstiftende thailändische Currypaste und drei komplette Gerichte vor, die wir mit Schweißperlen auf der Stirne und ob der Schärfe rinnender Nase verzehrten, glücklich keuchend: Ja, genauso war's damals in ... Hauptadressat war übrigens nicht die Koch-Journaille, sondern Wiener Restaurants, die ermutigt werden sollen, thailändische Gerichte ins Programm aufzunehmen. Uns kann's nur recht sein.

Übrigens, in ihren Notizen konnte sich die Fuchs folgender Sottise nicht enthalten: »Hacktechnik mit dem Küchenteil begeistert (schlampige) Harrer: ein paar Klescher mit der flachen Klinge (Platieren) auf die Schalotten, ein paar wilde Wiegebewegungen, fertig.« Wie gemein von ihr, es waren nicht nur Schalotten, es waren Zitronengras, Galangalwurzeln, Frühlingszwiebeln, alles, was sich nur irgendwie derkleschen läßt!

Sei's drum, die Harrer hat der Fuchs verziehen, beginnen wir denn mit unserem scharfen Werke, und zwar kochen wir Ihnen unseren erklärten Liebling des Tages – denn beim Essen sind wir uns wieder einig, gell – Gaeng Ped Gai, was auf deitsch heißt Bambussprossen mit Huhn und Kokosobers. Dazu können Sie zuerst eine Rote-Currypaste (Kriang Gaeng Ped Daeng) selbst herstellen, es gibt sie allerdings auch im Packerl. Zwei getrocknete Chilis (oder mehr für Feuerschlucker), über Nacht in Wasser eingeweicht, mit einem halben Teelöffel Salz im Mörser zerstoßen (ganz wie beim guten alten Pesto!), nach und nach eine Scheibe Galangalwurzel, vier Stück geschnittenes Zitronenkraut, einen halben Teelöffel Limettenschale, zwei Korianderwurzeln oder einen halben

Gaeng Ped Gai

Rote Curry Paste:
2 Chilies
½ TL Salz
1 Scheibe Galangalwurzel
4 Stk. Zitronenkraut
½ TL Limettenschale
2 Korianderwurzeln oder
½ EL Korianderpulver
4 Deka Schalotten
4 Deka Knoblauch

3 EL Öl
4 EL Kokosmilch
20 Deka Hühnerbrust
1 TL Mehl
⅓ l Kokossahne (aus der Dose)
Bambussprossen
6 EL Fischsauce
1½ El Zucker
1 grüner, 1 roter Pfefferoni
3 Limettenblätter
Basilikumblätter

Eßlöffel Korianderpulver, je vier Deka gehackte Schalotten und Knoblauch dazu, bis eine cremige Paste entsteht. Der Einsatz einer Küchenmaschine ist auch kein Sakrileg, sagt Maestra Karnjana.

In zwei Eßlöffeln Öl einen Teelöffel rote Currypaste bei kleiner Hitze anbraten, mit vier Eßlöffeln Kokosmilch und einem Eßlöffel Wasser ablöschen, aufkochen, zwanzig Deka in Streifen geschnittene und in einem Eßlöffel Öl marinierte Hühnerbrust mit einem Teelöffel Mehl vermischen und zur Sauce geben. Fünf Minuten köcheln lassen, mit je einem Drittel Liter Kokossahne (aus der Dose) und Wasser aufgießen, für weitere fünf Minuten zustellen, abgetropfte und in Streifen geschnittene Bambussprossen dazugeben und weiter köcheln. Mit sechs Eßlöffel Fischsauce – das ist eine Art flüssiger thailändischer Suppenwürfel, ebenfalls fertig erhältlich – und eineinhalb Eßlöffel Zucker abschmecken, mit je einem grünen und roten, in Streifen geschnittenen Pfefferoni (Furchtsame nehmen Paprika), drei Limettenblättern und einigen Basilikumblättern würzen, noch zwei Minuten köcheln lassen – und wenn es eine leicht suppige Konsistenz hat, dann paßt das schon, es gibt ja Reis dazu.

30. Juli 1999

Sympathetische Symbiose

Alkohol für die Kleinen? Niemals!
Aber Bowle durften wir schon als Kinder …

Bowle, das ist Champagner und echte Walderdbeeren an einem von Tricia Guild gedeckten Gartentisch, eiskalt und spritzig, nur eine Spur von fruchtiger Süße, die dem Brut des Sprudels entgegenhält. Bowle, das sind bräunlich zerfließende Erdbeeren, die schon nach nichts geschmeckt haben, bevor sie in dem längst warm und schal gewordenen Gemisch aus billigem Wein und Sekt ersäuft wurden. Bowle, das sind frische, leicht nach dem exzellenten Wein, in dem sie angesetzt wurden, schmeckende Ananas, in denen sich die Kohlensäure des unmittelbar vor dem Servieren zugegebenen Sekts gefangen hat und in der Nase kitzelt. Bowle, das ist die Entsorgungsanstalt für das halbsüße Gschlader, das jemand bei der letzten Einladung mitgebracht hat, weil er glaubte, es wären so viele Gäste da, daß er als Täter nicht identifizierbar wäre (Irrtum! Wir kennen sie alle!). Und so weiter und so fort.

Wenn ich des absolut scheußlichen Bowletopfs – es war eine Art überdimensionaler Römer – in meinem großelterlichen Haushalt gedenke, frage ich mich, ob ich die Erinnerung nicht verkläre, die mir geradezu wundervolle Bowlen aus meiner Jugendzeit ins kulinarische Eck meines Hirnkastels zurückzaubert. Aber ja, Bowle durften wir auch als Kinder …, sie war sozusagen der Anfang der Karriere, wenn man das kleine Bier nicht rechnet, das ich als Zweijährige im Wirtshaus bestellte.

Den Topf hat Gott-sei-Dank meine Schwester geerbt, die mir bestätigt, daß sie wirklich köstlich waren, unsere Bowlen. Mein Großvater, der auch für den alljährlichen Weihnachtspunsch verantwortlich zeichnete, war ein Vollprofi. Diesen zeichnen folgende Prinzipien aus: Er verwendet nur saubere, beste Grundprodukte, die da sind Obst, Wein und Sekt, setzt das Obst nicht zu kurz und nicht zu lang (aufpassen bei Erd- und Himbeeren) mit Wein und ja nicht zuviel Zucker an, er hat genügend große Kühlkapazitäten, das heißt, er schmeißt alles aus dem Kühlschrank raus, um Platz für den Bowletopf zu schaffen, und er gibt den Sekt oder Schampus

möglichst erst bei Tisch dazu – auch weil die Gäste ja sehen wollen, womit sie da traktiert werden.

Mein Großvater hat immer Würfelzucker genommen, diese Gewohnheit stammte wahrscheinlich aus Zeiten, in denen der Kristallzucker noch sehr grob war, ganz abgesehen davon, daß die Familienfama behauptet, einer unserer Vorfahren habe als Zentraldirektor der Böhmisch-Mährischen Zuckerfabriken im 19. Jahrhundert den Würfelzucker überhaupt erst erfunden (billiger geben wir's nicht).

Von mir hingegen verlangen Sie bitte nicht, das Rad neu zu erfinden. Bowle, das wird immer Wein, Sekt und Obst bleiben – wenn Hochprozentiges dazukommt, ist es eben keine Bowle mehr, sondern ein Cocktail. Na gut, ein Schüßlein Himbeergeist auf unsere Walderdbeeren lassen wir durchgehen genauso wie ein paar Fädlein Zitronenschale, aber nur in homöopatischen Dosen, genauso wie den Obstsaft, der beim Schneiden entsteht. Auf ein halbes Kilo Obst – wobei uns, es sei gesagt, ganz klassisch (geschälte!) Pfirsiche fast am liebsten sind – kommen dann höchstens zehn Deka Zucker. Bei der guten alten Bowle der Bourgeoisie korrespondiert meist eine Flasche Sekt mit zwei Flaschen Wein. Wir halten's lieber fifty:fifty – außer es ist der Wein, dem die tragende Rolle zukommt, was ja auch sein kann. Keinen Sinn macht es, zwei Giganten gegeneinander kämpfen zu lassen.

Von gemischtem Obstsalat in Bowlenform halten wir nicht viel, auch da sind wir Fundamentalisten. Und dem Hang zum Exotischen steht oft ein Qualitätsproblem entgegen: Früchten, die ohne Bowle nichts heißen, weil sie unreif gepflückt wurden, ist auch mit einer Bowle nicht zu helfen. Aber das hat sich ja in den letzten Jahren signifikant gebessert und eröffnet eine Menge neuer Möglichkeiten – man denke nur an Mangos oder Lychees. Es muß ja nicht unbedingt eine stinkende Durian sein.

16. Juli 1999

Ticket ins Pesto-Elysium

Jedem Genußmenschen seine eigene Basilikum-Plantage:
Wir brauchen ihn fürs Pesto

Ach, unsere Bärlauchexzesse haben ihr saisonales Ende gefunden, werfen wir uns also mit ganzer Hingabe auf unser nächstes Lieblingskräutl, das Basilikum. Anders als beim oben genannten Frühlingsknofel ist beim Basilikum nicht unser Sammlerinstinkt gefragt, sondern der grüne Daumen: Nach der Eisfrau Sopherl wird er steigenweise im Fuchsischen Vorgarten bzw. Harrerischen Klopfbalkon ausgesetzt, von wo er seinen Weg direkt in den Frühstückstopfen, auf die Bruschette und die Paradeiser mit Mozzarella (als direkten Nachfahren der sommerlichen Essigwurst der Altvorderen) nimmt. Ganz zu schweigen von den vielen Sughi, die im Sommer unsere Pasta rot-grün zieren.

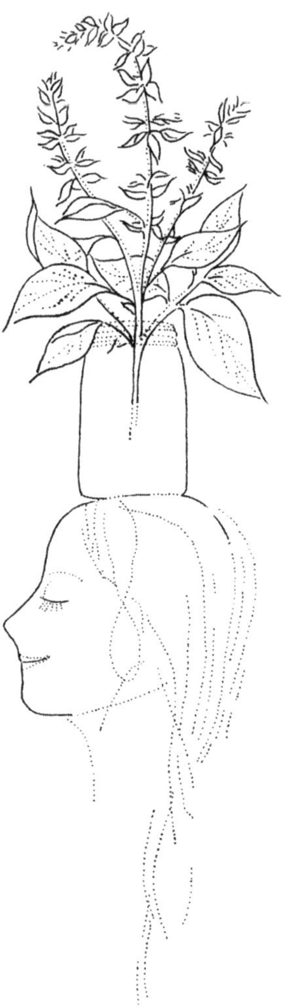

Die Fahrkarte ins Basilikum-Elysium ist aber noch immer der Pesto, und zwar aus dem hochreifen (blühenden!) Basilikum des Sommers. Der Mai-Pesto ist, so sehr wir ihn als Sommerboten lieben und schätzen, im Vergleich eine matte Sache.

Zur Pestozubereitung gehört, so will es die reine Lehre, ein Marmormörser mit einem Holzstößel, dazu tanta diligenza e pazienza, sehr viel Fleiß und Geduld, eh klar. Wenn wir uns daran halten würden, könnten wir den Pesto nicht in kompaniemäßigen Mengen zubereiten: Wie ordinäre Menschen zu Weihnachten Vanillekipferl, so verschenkt nämlich die Fuchs im Sommer

Pesto. Es sei nicht verschwiegen: Da muß der Cutter ran. (Diverse Exkommunikationsschreiben bitte direkt an die Chefredaktion.)

Unseren ***Pesto*** machen wir so: Sechs Deka geröstete Pignoli, sechs Knoblauchzehen und ein Deka grobes Salz (wenn der Pecorino, der später dazu kommt, auffällig salzig ist, dann weniger). Das alles im Cutter zerkleinern, nach und nach 15 Deka gewaschene und abgetrocknete Basilikumblätter dazu, zu glatter Paste verarbeiten, eventuell (nicht, wenn Sie einen Mörser benützen) schon ein bißchen Öl beigeben. Dann kommt der geriebene Käse – acht Deka Parmesan und vier Deka Pecorino – und das restliche Extra Vergine (alles in allem ein Viertelliter) dazu.

Pesto

6 Deka geröstete Pignoli
6 Knoblauchzehen
1 Deka grobes Salz
15 Deka Basilikumblätter
8 Deka Parmesan
4 Deka Pecorino
¼ l Olivenöl

Der Pecorino wäre natürlich eine eigene Geschichte wert, wir mögen am liebsten einen alten, bei dem beim Auspacken eine ganze Schafherde durch die Küche zieht, zuletzt gekauft auf einem abbruzzischen Wochenmarkt. Das Basilikum und der Knofel halten im Pesto locker dagegen.

Unser Pesto füllen wir in Gläser ab, mit einem schönen Olivenölspiegel oben drauf, der auch immer wieder erneuert wird, wenn wir ans Glas gegangen sind. Das Pesto ist im Kühlschrank gut haltbar, nur die Intensität läßt mit der Zeit etwas nach.

Auch in der Frage, welche Pasta die Ehre hat, unserem Pesto als Vehikel zu dienen, sind wir nicht besonders orthodox: Da gibt es die Trenette, deren einzige Daseinsbestimmung die Mariage mit dem Pesto ist, oder die Trofie, aber wer wird die wieder wuzeln (Nudelteig zu spaghettiartigen Schnüren formen, in vier Zentimeter lange Stücke schneiden, Enden zuspitzen und zu kleinen Spiralen drehen)? Aber auch mit anderen Nudeln brauchen Sie sich nicht zu genieren. Zum leichteren Untermischen unter die Pasta kann man den Pesto etwas mit Nudelkochwasser verdünnen.

Das war Pesto pur, es gibt aber auch andere Genußarten – eine unser liebsten ist übrigens Pesto ins Erdäpfelpürree gemischt. Klassisch ist die Minestrone mit Pesto oder ***Soupe au Pistou:*** Zwanzig Deka frische, enthülste rote Borlotti-Bohnen (oder getrocknete, über Nacht eingeweichte), je zwei festkochende Erdäpfel, Karotten, kleine Stangen Porree, Stangen Staudensellerie und eine Zwiebel waschen, putzen und in Scheiben schneiden (in der Provence kommen noch 20 Deka in Stücke geschnittene Fisolen dazu). Alles mit vier Eßlöffel Olivenöl in zwei Liter Salzwasser 30 Minuten auf sehr kleiner Flamme köcheln, bis das Gemüse al dente ist, dann zwei kleine Zucchini in Scheiben, vier gehäutete, entkernte, grob gehackte Paradeiser, einen Bund zerhackten Borretsch und 15 Deka Nudeln (kleine Penne etwa) in der Suppe kochen. Pesto untermischen (ist bei Tisch erlaubt), dazu Olivenöl, geriebenen Pecorino oder halbe/halbe Pecorino und Parmesan servieren.

Wir lüften unser Geheimnis: Wir machen unsere Minestrone oft nicht mit Wasser, sondern mit einer Lammsuppe – bei uns kugeln immer ein paar Lammbeiner herum, die ausgekocht werden –, das gibt dem Supperl gemeinsam mit dem Pecorino den letzten Kick. Wenn noch ein paar Bröckerln Lammfilet drin herumschwimmen, ist es auch nicht verkehrt.

25. Juni 1999

Soupe au Pistou

20 Deka frische, enthülste rote Borlotti-Bohnen
2 festkochende Erdäpfel
Karotten
kleine Stangen Porree
Staudensellerie
1 Zwiebel
4 EL Olivenöl
2 kleine Zucchini
4 Paradeiser
1 Bund Borretsch
15 Deka Nudeln

dazu Pesto
Pecorino und/oder Parmesan

Sugoschismatische Zustände

Einer unser treuesten kulinarischen Wegbegleiter ist eine Ragù-Bolognese-Variante, die durch ihren hohen gemüsigen Anteil besticht. Wie man sie macht, darüber sind wir uns allerdings uneinig.

Heute müssen wir Ihnen von einer Heimsuchung berichten, unserem Sugoschisma, umso peinlicher, als dieser Tage endlich unser Opus magnum in die Buchhandlungen kommt, in dem wir ganz gerührt unsere jahrelange harmonische Koch-, Freß- und Schreibgemeinschaft vorführen (eilt, eilt und kauft, liebe Brüder und Schwestern im kulinarischen Geiste!). Zu den schismatischen Zuständen später, im heutigen Jubelartikel anläßlich der Bucherscheinung (eilt, eilt und kauft!) geht es jedenfalls um den Sonntagsbraten unserer frühen Studentinnenzeit, unsere Pasta asciutta. Wofür der Sugo immer bereits am Samstag aufgestellt wurde, auf daß er am Sonntag geschmacklich schön abgerundet sei.

Nota bene, wir halten Epochen vor der durchgreifenden Italianisierung des kulinarischen Alltags. Die spätere Toskanafraktion, darunter so mancher zukünftige Connaisseur der edelsten Kreszenzen, süffelte noch post-68er-revolutionär begeistert Chianti aus der Bastflasche. Höchstens die ganz polyglotten Italytrotter hätten gewußt, daß das, was wir da im Kochtopf hatten, eine Bologinese-Abart war.

Oder eine abartige Bolognese, wie unser verehrter Maestro Antonio Carluccio, dem wir – wie unsere treuen (eilt, eilt und kauft!) LeserInnen wissen – sonst gehorsam nachfolgen, wohl dazu sagen würde. Wir machten so gut wie alles falsch: erstens viel zu viel Paradeiser, zweitens keine Tagliatelle (die zum Ragù, wie es ja richtig heißt, einzig orthodoxe Pasta), denn damals waren die Spaghetti völlig konkurrenzlos. Drittens kochten wir – und kochen wir heute noch – den Sugo mit Olivenöl, nicht mit Butter wie in Bologna üblich, und gaben viertens zur Abrundung am Schluß einen ordentlichen Schuß Obers hinein. Fürs Soffritto, die angeschwitzten Gemüse, mit denen bei der Bolognese alles beginnt, war damals fünftens Stangensellerie nicht aufzutreiben – was uns nicht weiter gestört hat, denn wir wußten eh nichts davon, auch sechstens nichts von den Karotten, die unbedingt außer Zwiebeln und Knoblauch da hineingehören.

Trotz all dieser Verfehlungen: Wir haben damals unseren anhänglichsten Lebensgefährten gefunden, er darf sogar alljährlich mit uns auf Urlaub in die Steiermark fahren, unser Sugo, wo er die zu bekochende Reisegesellschaft beglückt. Der lebensverändernde Anstoß zu unserem Sugo stammte übrigens von einem erzpiefkinesischen Rezept, an das wir uns nicht näher erinnern, aus einer erzpiefkinesischen Zeitschrift (wir studierten damals in Deutschland). Die frankophile Fuchs sagte: Mach ma französisch, und unser Ratatouillesugo ward geboren.

Ratatouillesugo

2 Zwiebeln
10 Deka Hamburger Speck
Olivenöl
6 Knoblauchzehen
¼ kg Rindsfaschiertes
¼ kg Lammfaschiertes

Fuchs'sche Version
6 Dosen Pelati
1 El Zucker
Rosmarin, Oregano, Thymian, Salz, Pfeffer
1 Aubergine/Melanzani
2 Zucchini
1½ gelbe Paprika

Harrer'sche Version
1 Glas Weißwein
Karotten, Sellerie

Ach, und dann haben wir uns – kurzfristig – auseinandergelebt, aber für ein Sugoschisma hat's gereicht. Brav essen wir zwar die eine den Sugo der anderen, ohne zu meckern, aber bei der Zubereitung trennen uns Welten. Wobei kurioserweise ausgerechnet die Harrer Jüngerin der leichtfüßigen, die Fuchs jedoch der schwergewichtigen Ratatouillepastaschule ist.

So lasset uns denn mit dem Wenigen beginnen, was uns eint: Zuerst öffnen wir eine Flasche edlen Weines, damit wir während des Kochvorgangs nicht verdursten. Zwei gehackte Zwiebeln und zehn Deka feingehackten Hamburger Speck in Olivenöl anbraten, sechs zerdrückte Knoblauchzehen und je ein Viertelkilo Rinds- und Lammfaschiertes zugeben und gut anrösten. Die Fuchs gibt jetzt sechs Dosen gehackte Pelati (geschälte Tomaten) dazu, einen Eßlöffel Zucker gegen die Säurespitze der Paradeiser, mit Rosmarin, Oregano, Thymian, Salz und Pfeffer würzen, drei Stunden köcheln lassen.

Inzwischen macht die Wahnsinnige folgendes: In nicht zu knapp Olivenöl werden nacheinander eine große, in 2-Zentimeter-

Würferln geschnittene Aubergine, zwei mittlere, ebenso gewürfelte Zucchini und eineinhalb gelbe Paprika (Ratatouille-Traditionalisten nehmen vorzugsweise grüne) frittiert. Auf einem Sieb abtropfen lassen, zum fertigen Sugo von oben geben und noch eine halbe Stunde köcheln lassen. Sagt sich so leicht, ist aber eine Sauarbeit.

Wie in alten Detmolder Zeiten darf man den Sugo erst am nächsten Tag essen, jedoch heutzutage mit Pasta corta oder Tagliatelle. Bis dahin haben Sie auch Ihre Küche vom hauchdünnen Ölfilm gereinigt, Ihre nach Frittieren stinkenden Haare gewaschen und Ihre einschlägig parfümierte Hütte gelüftet. Sie haben nun einen runden-reifen Sugo für Ihre Pasta, wie er harmonischer nicht sein könnte. Gibt auch die Harrer zu.

Trotzdem ist ihr das alles zu blöd. Daß ihr Sugo außer einfacher auch noch gesünder ist, mag ein Zufall sein, Fakt ist, daß die Fuchs ihre Tochter Leopoldine (fast) täglich mit dem Harrer-Sugo atzt. Sie können sich selbst Ihren Reim darauf machen. Also hört, liebe zukünftige Leser unseres Buches (eilt, eilt und kauft!): Die Harrer gibt nach dem Fleischrösten (sie hat jüngst ein Drittel Schwein, ein Drittel Lamm und ein Drittel Kalb genommen, war auch fein) erst einmal ein Glaserl aus ihrer Weißweinflasche dazu (was unter anderem heißt, daß sie während des Kochens ein Glas weniger trinkt als die Fuchs, die die ganze Flasche putzt.)

Erst wenn der Wein ebenfalls verdampft ist, kommen die Gewürze und dann nach und nach die gewürfelten Gemüse (Karotten und Sellerie sind von Beginn an dabei, dafür nimmt sie weniger Zwiebel als die Fuchs). Wichtig ist, daß Sie alles ganz trocken rösten, zuerst das Faschierte, erst wenn das Safterl weg ist, kommen der Wein, dann das Gemüse, und erst wenn alles wieder trocken ist, die Pelati. Das kann ganz schön lange dauern und geht nur mit ständigem Rühren, aber so faul sind wir ja auch nicht, wie die Fuchs immer sagt, gell? Ach ja, und was wir noch sagen wollten: Eilt, eilt und ...

7. Mai 1999

Das Büchlein heißt ALS OMA IM KELLER QUARGEL ASS, ist bei Mandelbaum erschienen und beinhaltet alle seit 1993 im Standard erschienenen kulinarischen Ergüsse des Autorinnen-Duos Harrer/Fuchs.

Und hier sind anschließend die Rezepte aus besagtem Büchlein:

Als Oma im Keller Quargel aß
Die Rezepte

Austernkipferl

Pochierte Austern aus der Dose, ganz lassen, etwas salzen und pfeffern, in Kipferlform in Blätterteig wickeln, backen.

Füllungsvarianten:

– Gehackter Räucherlachs mit Dille und einem Spritzer Zitronensaft
– Shrimps
– Geselchte Forellen mit Gabel zerpflücken (ungefähr gleich schwer) Obers unterrühren, gehackte Dille zufügen

Bakalar na bijelo (Stockfisch)

Stockfisch – das Fleisch muss hell sein, 24 Stunden in Wasser, das öfters gewechselt wird, einweichen. Wenn nötig, etwas schuppen. Den Stockfisch ein bis zwei Stunden in Wasser kochen und dann auslösen und in Stücke zerpflücken. Weich gekochte Kartoffeln grob zerstampfen, den Bakalar und etwas von seinem Kochwasser hinein geben, mit genügend zerdrücktem Knoblauch, gehackter Petersilie, Salz, weißem Pfeffer und reichlich Olivenöl abschmecken. Dazu Weißbrot und Weißwein servieren.

Bärlauchquiche

Eine Quicheform mit Mürbteig oder tiefgekühlten Blätterteig auslegen, mehrmals mit der Gabel einstechen und bei 200 Grad blind backen (= Blatt Pergament auf den Teigboden legen, mit Erbsen beschweren), und zwar hell.

Inzwischen zwei gehackte Frühlingszwiebel in 4 Deka Butter anschwitzen, 45 Deka nudelig geschnittenen Bärlauch dazu, mit einem guten Schuss Weißwein und einem Achtel Obers aufgießen, salzen, pfeffern, dünsten, die Flüssigkeit einkochen, 3 Esslöffel Parmesan untermischen und auf dem Quicheboden verteilen. Dann kommt der Eiguss: 2 Eier mit einem Achtel Obers versprudeln, salzen und darüber gießen, bei 170 Grad fertig backen.

Die Quiche kann in mehreren Varianten zubereitet werden:

- Mit Spinat: Zwiebel und Knoblauch in Olivenöl anschwitzen, gehackten Blattspinat darin dünsten, gehackte schwarze Oliven und Feta dazu, dann kommt der Eiguss wie oben.
- Porree: Die weißen Teile von vier Porreestangen der Länge nach halbieren, in Scheibchen schneiden, in Butter dünsten, Schinken- und Emmentalerstreifen dazu, den Eiguss, siehe oben, mit Muskat würzen.
- Fenchel: Zwei Knollen Fenchel halbieren, Fäden abziehen, Strunke entfernen, in Scheiben schneiden und in zwei Esslöffel Butter al dente dünsten. Das Weiße von einer Stange Porree grob hacken und blanchieren, mit Fenchel vermischen, den Eiguss ebenfalls mit Muskat würzen.

Bärlauchrisotto

Eine gehackte Frühlingszwiebel in 2 Deka Butter glasig werden lassen, 30 Deka nudelig geschnittenen Bärlauch dazugeben, salzen, pfeffern und dünsten. Mit einem Achtel Obers aufgießen und einkochen lassen. In der Zwischenzeit wieder eine gehackte Frühlingszwiebel in 2 Deka Butter anschwitzen, 10 Deka Risottoreis dazu, anrösten, mit einem schwachen Achtel Weißwein löschen und mit entfetteter Hühnersuppe ein Risotto kochen. Dann den Bärlauch einrühren, abschmecken, Butterflocken dazu und rasten lassen. Wenn Sie wollen, mit Parmesan servieren.

Bärlauchsuppe

2 bis 3 Esslöffel Schalotten in Butter anschwitzen, 4 große Hände voll nudelig geschnittenen Bärlauch dazu und ebenfalls kurz anschwitzen. Mit einem Schuss Weißwein löschen und mit Rindsuppe aufgießen, dann dünsten, bis der Bärlauch weich ist. Anschließend das Ganze pürieren, unter Umständen noch mit Rindsuppe aufgießen. Abschließend einen ordentlichen Schuss Obers hinein, eventuell mit einem Dotter legieren und mit Butterflocken montieren.

Bärlauchtascherln, chinesische

Ein viertel Kilo Bärlauch feinstnudelig schneiden, ein halbes Kilo Faschiertes vom Schwein (nicht im Cutter faschieren, sondern im Fleischwolf!), 1 Ei, Sesamöl, 1 Esslöffel Sojasauce, 1 Esslöffel Reiswein und Salz. Alles gut verrühren. Aus Weizenmehl und kochendem Wasser wird ein Nudelteig hergestellt (Sie können aber auch fertigen Teig chinesischer oder japanischer Provenienz kaufen). Mit Nudelmaschine auswalken, Kreise mit einem Durchmesser von 8 bis 9 Zentimeter ausstechen, rohe Fülle aufsetzen und Tascherl formen. Die Ränder verzieren wie bei Kärntner Kasnudeln und in Wasser kochen.

Für die Sauce 4 Esslöffel helle Sojasauce, 2 Esslöffel Essig, 2 Teelöffel Sesamöl, 3 Teelöffel Chiliöl, 2 Teelöffel Zucker, eine Prise Salz und 2 Teelöffel fein gehackten Knoblauch vermischen und erhitzen. Die heißen Tascherln mit der kalten Sauce servieren.

Bauernkrapfen

Für zirka 20 mittelgroße Krapfen braucht man ein halbes Kilo glattes Mehl, 3 Deka Germ, 2 Eier, einen Dotter, einen Esslöffel Öl, Salz, 2 Esslöffel Zucker, drei Achtel Liter Milch. Aus einem Drittel der Milch und der Germ und einem Esslöffel Zucker ein Dampfl machen, wenn es aufgegangen ist, alles warm zusammenmischen, Teig abschlagen und in einer Schüssel gehen lassen. Dann mit einem Esslöffel den Teig herausstechen, kleine Laiberl formen, diese auf ein bemehltes Tuch setzen, abdecken und weiter aufgehen lassen. In einer Ein-Liter-Kasserolle ein gutes Viertel Ceres (zur Probe ein Stückchen Brot braun werden lassen) erhitzen. Die Teiglaibchen werden nun auseinander gezogen, so dass sie in der Mitte ein Grübchen erhalten, mit dem Grübchen nach unten werden sie ins heiße Fett gegeben. Mit dem Löffel wird auf den Krapfen heißes Fett geschöpft (dadurch gehen sie schön auf), dann umdrehen und fertig backen. Sie müssen rundherum einen hellen Rand haben. Serviert werden sie solo mit Staubzucker bestreut, mit Apfelmus oder –kompott, Zwetschken- oder Hollerröster oder mit Marmelade im Grübchen.

Blunzenstrudel

Gehackte Zwiebel und Knoblauch anschwitzen, die von ihrer Haut befreite Blutwurst mitrösten, eventuell mit Majoran und Piment nachwürzen. Dann die gekochten Kartoffeln dazugeben: Die Quantität hängt von Ihrem Geschmack ab, je nachdem, wie deftig blunzig der Strudel sein soll (keine zu fest kochenden Kartoffeln, die weicheren nehmen mehr Geschmack auf). Mit der Masse den Blätterteig füllen und backen.

Bratapfel mit Kardamomeis

Das Kerngehäuse entfernen und die Äpfel mit gehackten Walnüssen füllen (die Walnüsse kann man auch mit Preiselbeerkompott anrühren und mit Ingwer würzen). In eine Auflaufform setzen und bei 150 Grad 50 Minuten im Rohr braten. Die fertigen Äpfel werden mit Cognac flambiert und danach mit dem eigenen Saft begossen.

Kardamomeis: Zwei Dotter und ein Ei werden mit sieben Deka Zucker auf kleiner Flamme oder im Wasserbad cremig und dann im Eiswasserbad kalt geschlagen. Zwei Teelöffel Kardamompulver unterrühren, unter die Eischaummasse ein Viertel Liter geschlagenes Obers unterheben und tieffrieren.

Bratknödel, oberösterreichische

Für den Nudelteig (für 16 Knöderl) aus 30 Deka glattem Mehl, Salz, einem guten Schuss Öl, zwei Deziliter warmem Wasser einen geschmeidigen Teig machen, der fünf Minuten rasten soll. Es kann auch Brand- oder Erdäpfelteig verwendet werden.

Fülle 1: zwölf Deka Schweinsbraten, zwölf Deka Surbraten, zwölf Deka Bauerngeselchtes, eine halbe Knackwurst oder eine andere Wurstsorte, eine mittlere Zwiebel, eine Knoblauchzehe, im Fleischwolf faschieren, mit acht Deka rohem Faschierten und einem Esslöffel edelsüßen Paprika vermischen.

Fülle 2: zwei Viertel roher Schweinsbauch, ein Viertel rohes Rindfleisch und ein Viertel Geselchtes (Bauch), Knoblauch und Zwiebel nicht zu knapp, Salz, Pfeffer und Paprika.

Dazu Sauerkraut (oder im Innviertel saure Rüben) und »kalten Kren« servieren: Ein Viertel Sauerrahm mit zwei, drei Esslöffel Essig vermischen, mit Milch zu sämiger Konsistenz aufsprudeln, salzen, pfeffern und mehr oder weniger gerissenen Kren und Schnittlauch untermischen, bei Tisch über die aufgeschnittenen Knödel (bitte nicht übers Sauerkraut!) gießen.

Brennesselspinat

Die Brennesseln werden wie Spinat in reichlich Salzwasser gekocht – knappe fünf Minuten –, dann mit eiskaltem Wasser abschrecken und im Mixer pürieren. Eine kleine Einbrenn zubereiten, mit Milch und Obers aufgießen. Noch einmal passieren. Dann, wenn vorhanden, mit etwas Rindsfond (oder Suppenwürfel) abschmecken, ein paar Butterflocken und für Italophile ein paar Reiber Parmesan darauf.

Brimsenhaluschken

25 Deka griffiges Mehl, zwei Eier, Salz, (unter Umständen) Wasser zu einem Nudelteil verarbeiten, eine halbe Stunde rasten lassen, auswalzen und in ungleich große Flecken schneiden. Im Salzwasser kochen und abschrecken (auch mit Lasagneblättern oder sehr breiten Bandnudeln möglich). Pasta in etwas heißer Butter schwenken, ein Achtel Liter Sauerrahm und ein Viertel Kilo reifen Brimsen mit einer Gabel zerdrücken, unter die Nudeln mischen, salzen und pfeffern. Darüber zehn Deka Lammgrammeln oder auch Schweinsgrammeln oder Speckwürfel.

Brotsuppe

Eine gewürfelte Zwiebel in Butter anschwitzen, 25 Deka geschnittenes Schwarzbrot mitrösten, mit eineinviertel Liter Wasser aufgießen und gut verkochen. Dann mit Salz und Muskat würzen, das Ganze passieren und ein versprudeltes Ei einrühren. Mit Schnittlauch bestreut servieren. Ein bisschen weniger spartanisch wird es, wenn am Anfang eine Knoblauchzehe miträstet, das Wasser durch Rindsuppe ersetzt, mit Rahm und Dotter legiert und am Schluss Butterflocken untergerührt werden.

Bruckfleisch

Das Bruckfleisch, eine bekannte Wiener Spezialität, besteht aus sechserlei Teilen des frisch geschlachteten Rindes, und zwar zu gleichen Teilen aus Herz, Leber, Milz, Herzröhren (genannt »Lichteln«), Bries und Kronfleisch, das ist ein an der Brustinnenwand befindliches grobfaseriges Fleisch. Herz, Leber und Bries wird in flache Scheibchen, die Lichteln zu Ringen, Milz und das Kronfleisch zu Streifen geschnitten. Für ein Kilo Bruckfleisch röstet man 25 Dekagramm halbfein gehackte Zwiebel in zwölf Dekagramm Fett goldgelb an und schreckt mit einem tüchtigen Schuss Essig ab. Darauf kommen Herz, Lichteln, Kronfleisch und Leber dazu, an Gewürzen Salz, Pfeffer, ein Lorbeerblatt, ein bisschen Thymian und Majoran, worauf das Ganze zugedeckt im eigenen Saft ungefähr eine Stunde gedünstet wird. Erst dann gibt man Bries und Milz dazu, und während nun alles zusammen weiter dünstet, röstet man 25 Dekagramm geputztes und mit Reibeisen geriebenes Wurzelwerk mit zwei zerdrückten Knoblauchzehen, gibt die Wurzeln zum Fleisch, gießt mäßig Wasser nach, sodass eine mollige Sauce entsteht, in der das Fleisch vollends weich dünsten kann. Gegen Schluss verbessert man das Gericht mit einem Zehntelliter Rotwein. Wird das Bruckfleisch mit Rinderblut vollendet, verrührt man dieses mit Rotwein und gießt es unter Rühren zum Fleisch, damit sich keine Klümpchen bilden können.

Carciofi alla giudea und alla romana

Carciofi alla romana werden mit einer Mischung aus Minze, Petersilie und Knoblauch – in Olivenöl angerührt – gefüllt (die Masse zwischen die beschnittenen Blätter drücken), gesalzen und in Wasser und doppelt so viel Olivenöl gedünstet. Zuerst mit dem Kopf nach oben, dann kopfüber, jeweils zirka zwanzig Minuten. Den Sud nicht wegwerfen, sondern einkochen und beim Servieren darüber gießen.

Ob bei Carciofi alla giudea die Artischocken zuerst in Wasser und Zitronensaft gegart oder gleich roh verarbeitet werden, darüber gehen die Glaubensschulen auseinander. Es hängt davon ab, wie frisch und zart sie sind. Jedenfalls werden die jüdischen Carciofi, nachdem man die Blätter wie eine Rosette auseinander gebogen hat, in Olivenöl frittiert, zuerst mit dem Stil, später dem Kopf nach unten, bis die Blätter goldgelb und knusprig sind.

Champignonsuppe

Blättrig geschnittene Champignons und fein gehackte Schalotten in Butter anschwitzen, durchrösten, mit Weißwein und Obers aufgießen, etwas Hühnerfond dazu und dünsten, das Ganze pürieren, mit einem Schuss Pernod parfümieren und zum Schluss gehackten Kerbel dazu. Als Suppeneinlage blättrig geschnittene Champignons.

Coda alla Vaccinara (Ochsenschleppragout)

Ochsenschwanz vorbehandeln. Dann Zwiebeln, Karotten (je eine), Knoblauch, Petersilie und einen Peperoncino schön klein hacken, bei gut eineinhalb Kilo Ochsenschwanz schwache zehn Deka Speck ebenfalls klein würfeln. Das alles in Olivenöl anrösten, die Ochsenschwänze dazu, auf allen Seiten anbraten, salzen, pfeffern, eventuell auch mit Nelken würzen. Dann mit zirka einem Viertel Liter Weißwein aufgießen. Ordentlich aufkochen lassen, fünf, sechs geschälte dazu und im geschlossenen Topf etwa zweieinhalb Stunden auf den Herd stellen. Ab und zu nachschauen, ob noch genug Flüssigkeit da ist. Bei Bedarf etwas Wasser nachgeben.

Inzwischen mindestens zwei Stangen Sellerie würfeln. Mit Rosinen und gleich schwer Pinienkernen (je etwa fünf Deka) in den Topf geben und das Ganze noch eine halbe Stunde weiterköcheln lassen. Die Sauce wird nach Originalrezept mit Bitterschokolade (etwa zweieinhalb Deka, manche bevorzugen Kakao) gebunden. Dazu etwas Sauce aus dem Bräter nehmen, mit der geriebenen Schokolade zusammen rühren und dann in die Sauce im Topf einrühren.

Couscous von Fadma mit Lamm

Ein Kilo Lammschulter in Stücke schneiden, ein halbes Kilo Zwiebel in Achteln, dazu kommen fünf geschälte und ein Viertelkilo vorher eingeweichte Kichererbsen, Petersilie, Ingwer, Safran, salzen und ordentlich pfeffern. Großzügig mit Wasser aufgießen, 15 Deka Butter dazu und aufstellen, nach einer halben Stunde zuerst Karotten (ganz) und Kohlsprossen, dann größere Stücke von Kohlrabi und ganz am Schluss von Zucchini und Auberginen hinein. Kürbisstücke und Streifen von ungeschältem roten und grünen Paprika werden extra gegart.

Das Couscous sorgfältig zubereiten:

1. Mit Öl und etwas Wasser und Salz abarbeiten (nicht zu nass), in einem Sieb auf Wasserdampf stellen, diesen zehn Minuten durchgehen lassen, wegnehmen.

2. Diesmal mehr Wasser dazu, Salz, Pfeffer und zehn Minuten rasten lassen, wieder auf Dampf (siehe oben).

3. Wieder Wasser, aber diesmal Butter dazu und wieder auf den Dampf, fertig. Das Couscous wird angerichtet und die Sauce drüber gegossen, wobei Sie in den Couscoushaufen Löcher stechen, denn die Flüssigkeit soll auch ins Innere gelangen. In die Mulde das Fleisch geben und rundherum das Gemüse anrichten.

Crostini alla napoletana

Auf halbierte Weißbrotscheiben Mozzarella-Scheiben (Büffelmozzarella) legen, darauf Streifen entkernter Paradeiser und Sardellenfilets. Die Brote mit Oregano bestreuen, pfeffern, salzen (vorsichtig wegen der Sardellen), auf einem eingeölten Blech im vorgeheizten Backofen überbacken.

Eis

Grundrezept: Zuerst die Abwasch mit kaltem Wasser füllen. Dann ein Ei und zwei Dotter (große Eier, je mehr Schaum, umso cremiger das Eis!) mit fünf Deka Zucker im Schneekessel über dem Wasserbad aufschlagen. Wenn die Masse buttercremeartig einzudicken beginnt, wird der Kessel ins kalte Wasser übersiedelt und dort weitergeschlagen. Der geschilderte Vorgang nennt sich »kalt- und warm schlagen« und ist entscheidend für das Gelingen: Es gilt auf dem heißen Wasserbad genau den Punkt zu erwischen, an dem die Eier die Masse eindicken. In diese Creme dann zwei Deziliter geschlagenes Obers heben.

Hinsichtlich der Aromen, die dann unter die kalt geschlagene Eischaummasse gemischt werden, bevor das Ganze ins Tiefkühlfach kommt, sind wenig Grenzen gesetzt. Zu beachten ist aber, dass größere Flüssigkeitsmengen die cremige Konsistenz zerstören.

– Grand Marnier oder Cointreau: sechs Zentiliter des jeweiligen Likörs untermischen. Als Begleitung, im Frühjahr Erdbeeren

Romanow: 60 Deka Erdbeeren in vier Esslöffel Curaçao und vier Esslöffeln frischem Orangensaft drei Stunden im Kühlschrank ziehen lassen; öfter umrühren. Im Winter Kumquatkompott: Zwanzig Deka Kumquats vierteln und entkernen, mit etwas Zucker und Wasser (die Früchte sollen nicht bedeckt sein) auf kleiner Flamme maximal fünfzehn Minuten dünsten. Vor dem Servieren mit Cointreau parfümieren.

- Mohn: Vier Deka sehr fein gemahlenen Mohn in fünfzehn Zentiliter Milch weich kochen, abkühlen lassen, den Zucker in der Eischaummasse auf siebeneinhalb Deka erhöhen, Mohn unterziehen, mit Rum parfümieren.
- Mandeln: Sechs Zentiliter Amaretto und sechs Deka geröstete, fein gemahlene Mandeln in die Eischaummasse geben. Dazu ein Kirschragout: Rotwein und Zucker stark reduzieren, entkernte Kirschen darin schwenken, mit Orangen- und Zitronensaft und/oder Kirschwasser abschmecken.
- Weihnachtseis: In die Eischaummasse kommen diesmal sechs Gramm Vanillezucker, dreieinhalb Deka Zucker, dreieinhalb Deka Honig und Lebkuchengewürz. Als Begleitung in Zucker marinierte Preiselbeeren und ein Zabaione aus Altbier.

Fasan, gebraten

Ein Fasan wird trocken, in kleinen Partien von unten nach oben gerupft. Wenn der Fasan gerupft, ausgenommen und abgeflämmt ist, wird er innen mit Salz, Pfeffer und zerdrückten Wacholderbeeren eingerieben (nach Belieben etwas Piment). Auf die Brust dann zwei Lagen Schweinsnetz legen und den Vogel noch zusätzlich mit einer Schicht Schweinsnetz umwickeln. So trocknet der Fasan nicht aus und bekommt ein schützendes, essbares Krusperl. Dann kommt der Vogel auf den Rost des Backofens und zwar zu Beginn des Bratvorgangs immer auf einer der Seiten liegend. Darunter stellt man einen Topf, um Saft und Fett aufzufangen. Der Fasan wird mit flüssiger Butter begossen, nochmals außen gesalzen und gepfeffert und bei circa 200 Grad je nach Größe 25 bis 30 Minuten gebraten. Dazwischen immer wieder mit dem Bratensaft begießen und wenden.

Während der letzten zehn Minuten das Netz entfernen, den Fasan auf den Rücken legen, so dass die Brust Farbe nehmen kann, und recht oft begießen. Bei geöffnetem, abgeschalteten Rohr etwas rasten lassen und dann tranchieren. Er sollte außen goldbraun, innen jedoch blassrosa sein. Genaue Zeitangaben sind schwer zu machen, es gibt jedoch einen Anhaltspunkt: ein Stich mit dem Messer zwischen Bein und Körper, der austretende Saft muss rosa sein. Ist er rot, weitere fünf Minuten zurück ins Rohr.

Den entfetteten Bratensaft mit etwas Weißwein und Kalbsfond aufgießen, einkochen und mit einem Schuss Madeira abschmecken. Am besten passt dazu Kartoffelpüree und mit Preiselbeeren verfeinertes Blaukraut, auch Kohlsprossenpüree ist nicht verkehrt.

Fischbeuschelcroutons

Zweieinhalb Deka fein gehackte Schalotten in Butter goldgelb anschmurgeln, dazu zwei geputzte und fein gehackte Karpfenbeuschel geben, die kurz mitgeröstet werden. Mit einem schwachen Achtel Weißwein löschen, aufkochen, mit zwei Esslöffel Semmelbrösel binden. Das Ganze wird mit etwas geriebener Zitronenschale, Petersilie, Salz und Pfeffer abgeschmeckt. Überkühlen lassen und zwei Dotter untermischen, auf gebutterte Scheiben von altbackenen Semmeln streichen und bei 200 Grad im Rohr überbacken.

Fleischstrudelsuppe

Strudel: Zwanzig Deka glattes Mehl (Type 480), ein Ei – beim gekochten Strudel unverzichtbar –, Salz, rund $^1/_{10}$ Liter lauwarmes Wasser (unter Umständen auch Weißwein), zwei Deka Öl zu einem glatten, seidigen Teig kneten, ein Laibchen formen, mit Öl bestreichen, mit einem Geschirrtuch abdecken und eine halbe Stunde rasten lassen.

Ein Tuch bemehlen und den Teig auswalken. Den Teig immer wieder über den Handrücken gleiten lassen: Sein eigenes Gewicht zieht ihn aus. Zurück auf das Strudeltuch gleiten lassen und so lange ausziehen, bis Sie durch den Teig die Zeitung lesen können. Der Vorteil eines gekochten Strudels ist: Er verlangt keine Perfektion. Auf zwei Drittel der Strudelfläche folgende Fülle auftragen: Eineinhalb mittlere gehackte Zwiebeln in Butter goldgelb anschwitzen, dazu ein halbes Kilo Rindsfaschiertes, anrösten, salzen, pfeffern und gehackte Petersilie dazu. Auf zwei Drittel des ausgezogenen Teigs verteilen, vorsichtig einrollen. Den Strudel schön behutsam in einen großen Topf legen, in dem schon die Rindsuppe simmert. Bei kleiner Flamme mehr ziehen als kochen lassen und mit Schnittlauch bestreut servieren.

Gans- oder Entenleberstreichwurst mit Brioche und glasierten Apfelspalten

Man kann außer Gansleber auch Enten- oder Hühnerleber verwenden. 30 Deka Leber rosa braten, den Bratensatz mit etwas Cognac und Port löschen und den Saft einkochen.

Die Lebern werden mit dem Fond im Cutter püriert und durch ein Haarsieb gestrichen. Dann zehn Deka nussbraun erhitzte Butter abkühlen lassen und unter die Masse rühren; wenn diese komplett erkaltet ist, zwei Deziliter geschlagenes Schlagobers unterziehen und mit Salz, Pfeffer und Muskat würzen.

Die Masse in eine mit Alufolie ausgelegte Form gießen und einen Tag ruhen lassen. Mit Brioche und glacierten Apfelspalten servieren. Dazu in zwei Esslöffel Butter einen Esslöffel Zucker karamelisieren lassen, mit Calvados und Weißwein löschen, die Apfelspalten kurz dünsten und im Saft erkalten lassen.

Garnelenkraftsuppe

Zirka dreißig (große) Garnelenkarkassen, aus den Köpfen das Beuschel herausdrücken, alles etwas zerkleinern, eine Karotte, eine große Zwiebel, zwei Stangen Staudensellerie grob hacken, drei angedrückte Knoblauchzehen, zwei Zweige Thymian, etwas Tomatenmark, mit einer Flasche Weißwein und Wasser aufgießen, bis alles bedeckt ist, eine Stunde köcheln lassen. Noch weiter ziehen lassen, dann durch ein Spitzsieb gießen und gut ausdrücken.

Dreiviertel Liter entfettete Rindsuppe zugießen, das Ganze durch ein Tuch filtern und auf zirka eineinviertel Liter einkochen. Mit fünf Esslöffel heller Sojasauce und Weißwein abschmecken, als Einlage eine Karotte, eine Stange Sellerie und vier Deka geschälten Ingwer in Streifen schneiden und in der Suppe al dente kochen. Im letzten Moment kommen neun halbierte Garnelenschwänze hinein, kurz ziehen lassen.

Garnelensalat

Knoblauchscheiben werden in Olivenöl goldgelb angeschwitzt, aus dem Öl genommen, in demselbigen die Garnelen braten und wieder herausheben. Mit Weißwein ablöschen und einkochen, dann die Garnelen zurück, mit Petersilie etc. und frischen Olivenöl wird abgeschmeckt.

Gemüsecremesuppen und Varianten

Eine kleine gehackte Zwiebel wird in 3 Deka Butter angeschwitzt, das jeweilige Gemüse kommt grob zerkleinert dazu – wobei man an die unterschiedliche Ausgiebigkeit und Intensität denken wird: Wo Sie mit einem halben Kilo Karotten Auslangen finden, werden Sie bei Spargel doppelt so viel nehmen. Das Gemüse wird mit Hühnersuppe bedeckt und gedünstet.

Wenn das Gemüse weich ist, wird püriert. Mit Suppe und/oder Obers wird dann weiter verdünnt. Crème fraiche kann verwendet werden, wenn süßliche Gemüse wie rote Rüben, rote Paprika, orange Kürbisse nach einem säuerlichen Kontrapunkt verlangen. Die Mutter aller Gemüsesuppen ist die Potage Parmentier: Rindsuppe, das Weiße von zwei Stangen Porree und ein halbes Kilo mehlige Kartoffeln dünsten, pürieren, mit Milch aufgegießen und Obers verfeinern, fertig.

Gemüsepfanne

In eine mit Knoblauch eingeriebene und geölte Auflaufform je eine Reihe Melanzanescheiben, gelbe Paprikastreifen, geachtelte Zwiebeln, Zucchini- und Tomatenscheiben schlichten. Mit Thymian bestreuen, salzen, mit Olivenöl beträufeln, mit Alufolie abdecken und bei 180 Grad eine halbe Stunde im Rohr braten. Folie weg und eine weitere Viertelstunde ins Rohr. Kalt servieren, eventuell mit einem Schuss frischen Olivenöls.

Hechtnockerln in Kressesauce

8 Esslöffel Wasser, Salz und 3 Deka Butter aufkochen. 7 Deka Mehl einrühren und einen Brandteig herstellen, abdecken und kühlen.

Ein halbes Kilo Hechtfleisch im Cutter pürieren und neun Deka flüssige Butter einrühren, kaltstellen. Nach und nach zuerst 1 Ei und 2 Eiklar mit dem Brandteig vermischen, die Fischmasse unterziehen, danach die Masse wieder im Tiefkühler herunterkühlen, 18 Deka Obers langsam unter ständigem Schlagen einarbeiten, mit Muskat, weißem Pfeffer und Salz würzen und die Masse durch ein Haarsieb streichen.

Boden und Ränder eines großen, niedrigen Topfes buttern, mit Suppenlöffel Nockerln formen und nebeneinander im Topf plazieren, kochendes Wasser am Topfrand hinunter vorsichtig zugießen, die Nockerln zehn Minuten pochieren. Aus dem Hechtkopf hat man zuvor einen Fischfond gekocht, mit Weißwein und Obers reduziert, mit Dotter legiert, mit Butterflocken montiert, mit Gartenkresse melangiert. Damit die Nockerln nappieren.

Hechtsuppe, klar

Eine gehackte Zwiebel in Olivenöl anschwitzen, den Schädel eines kapitalen Hechts im Ganzen zugeben und eine halbe Stunde auf kleiner Flamme schmurgeln lassen (die Flüssigkeit kommt vom Hechtschädel). Dann mit trockenem Weißwein und Rindsuppe im Verhältnis 50:50 aufgießen, zusammen rund eineinhalb Liter, dazu kommt das Weiße einer großen Porreestange, eine Knolle Fenchel, eine große Karotte (alles in Scheiben), zwei Lorbeerblätter, Thymian, zwei bis drei geschälte und gehackte Paradeiser, Orangenschale, Pfeffer und Salz. Nochmals eine halbe Stunde kochen lassen, durch ein Spitzsieb passieren, mit Safran und Pernod abschmecken. Als Einlage kommen die Hechtwangen hinein und eine Julienne von Karotten und Stangensellerie.

Huhn mit Austernpilzen und Sonnenblumenkernen

Ein Kilo Hühnerbrust in Streifen schneiden, mit zwei Zentiliter Sojasauce begießen und marinieren lassen. Währenddessen werden die Austernpilze, ebenfalls ein Kilo, portionsweise in Erdnussöl gebraten, dann die Hühnerstücke anbraten und mit den Pilzen vermischen. Zuletzt sieben Deka Sonnenblumenkerne rösten, dazugeben und das Ganze mit Salz und Rotweinessig abschmecken. Etwa zwei Stunden ziehen lassen.

Kaninchen mit Artischocken von Carluccio

Ein Kaninchen in Stücke schneiden, mit seinen Innereien in Olivenöl anbraten, Zwiebeln und Oliven dazu, Salbeiblätter und Majoran, salzen, mit Weißwein löschen und Deckel drauf. Eine halbe Stunde später kommen die Artischockenherzen dazu und etwas Tomatenmark, das Farbe geben soll, und noch 15 Minuten später die Petersilie.

Beilage: Kartoffeln, geschnitten, in einer Auflaufform, mit reichlich frischem Rosmarin, Zwiebeln, den ganz kleinen Oliven und reichlich Olivenöl und grobem Salz und Pfeffer darüber.

Karottensuppe

Einen Teelöffel Kardamom und einen Teelöffel Koriander im Mörser zerstoßen, mit einem großen Esslöffel Marillenmarmelade und etwas gehackter roter Zwiebel in zwei Esslöffel Olivenöl anschwitzen. Die in Scheiben geschnittenen Karotten dazu und mit Hühnersuppe aufgießen, dünsten, pürieren und mit einem Achtel Obers verfeinern.

Karpfenbeuschelsuppe

Besorgen Sie sich so viele Schädel, Schwanzstücke, Gräten und Innereien vom Karpfen, wie Sie nur auftreiben können. Bringen Sie alles bis auf die Innereien in Wasser und Weißwein (je nach Säure bis zu einer Flasche) zum Kochen, schöpfen Sie den Schaum ab. Lauch, Wurzelwerk, Lorbeerblatt, Thymian und Pfefferkörner beigeben und mindestens eine halbe Stunde lang mitkochen. Gießen Sie den Fischfond ab, lösen Sie das Fischfleisch aus, und, wenn nötig, garen Sie das Wurzelwerk in etwas Suppe fertig, bevor Sie es hacken.

Die sorgfältig geputzten und gewässerten Karpfeninnereien werden ebenfalls in der Fischsuppe gegart und mit der Gabel zerdrückt. Den Fond selbst kochen Sie ein (machen Sie keine Einbrenn, sondern binden Sie die Suppe eventuell mit vorher gekochten und passierten Spalterbsen). Ausgelöstes Fischfleisch, Innereien und Gemüse zufügen, dann mit ein, zwei Schuss Cognac abschmecken, unter Umständen auch noch einen Spritzer Weißwein dazugeben. Als Einlage servieren Sie in Butter knusprig gebratene und mit Knoblauch gewürzte Semmelwürfel.

Karpfensuppe

Ein halbes Kilo Karpfenfilet wird entgrätet, enthäutet und in eineinhalb Zentimeter breite Streifen geschnitten. Einen gelben und vier rote Paprika im Ganzen im Rohr braten und enthäuten: Den gelben und einen roten in Rauten schneiden, sie kommen als Einlage in die Suppe. In zwei Esslöffel Butter drei Schalotten und Knoblauch anschwitzen, die restlichen drei roten Paprika gewürfelt dazu, durchschwenken und mit drei Achtel Obers und zwei Achtel Weißwein aufgießen, weich dünsten und pürieren. Erst kurz bevor die Suppe auf den Tisch kommt, die Karpfenstreifen in drei Achtelliter Fischfond pochieren, den pochierten Fisch und die Paprikarauten in die Suppenteller verteilen. Das Paprika/Obers/Wein-Gemisch mit dem Fischfond aufgießen und mit Butter montieren. Falls der Weißwein zu wenig Säure gegeben hat, vorsichtig mit Balsamico-Essig abschmecken.

Käsknöpfle

Für vier Personen rechnet man insgesamt 25 Deka Käse – ein Viertel bis ein Drittel Surakäse. (Das ist ein ganz magerer Vorarlberger Käse in Rollenform, für die Knöpfle muss er noch topfig sein). ein Drittel Räskäse (Von der Konsistenz ähnlich dem Tilsiter) und ein gutes Drittel Bergkäse – der grob gerieben und vermischt wird. Im großen Topf Wasser zum Kochen bringen und inzwischen den Knöpfleteig machen: 40 Deka griffiges oder doppelt griffiges Mehl, vier Eier, Salz, Pfeffer, Muskatnuss und Wasser (keine Milch!). Dies alles mit einem Kochlöffel zu einem Nockerlteig schlagen, der sofort verarbeitet wird. Dazu den Knöpflehobel über dem Topf mit dem stark kochenden Wasser in Anschlag bringen, den trichterförmigen Aufsatz mit Teig füllen und die Knöpfle ins Wasser hobeln, und zwar in Partien, nicht den ganzen Teig auf einmal. Die Knöpfle sollen nur ganz kurz gekocht werden und werden mit einem Sieb herausgefischt. In einen Topf, der warm gestellt wird, kommen nun schichtweise Knöpfle, darauf der Käse, dann wieder Knöpfle und so fort, hin und wieder mit einer Gabel leicht durchheben. Darüber wird zerlassene Butter gegossen, das Ganze mit goldgelb gebratenen Zwiebelringen und Schnittlauch gekrönt.

Trick: Im Finale die gerösteten Zwiebel samt ihrer Bratbutter in eine kleine Schüssel abgießen, und in der Zwiebel-Bratpfanne wird ein Schöpfer Kochwasser aufgekocht, das dann über die Käsknöpfle geleert wird. Mit dem Kochlöffelstiel ein paar Mal durchfahren, um die Feuchtigkeit, die die Konsistenz angenehm sämig (statt schwer klumpig) macht, gut zu verteilen. Dann erst die Zwiebelringe und Butter darüber. Dazu serviert man Salat.

Kletzen- und Früchtebrot

Für vier Striezel: 25 Deka Kletzen, zwölfeinhalb Deka saftige Dörrzwetschken, 80 Deka Rosinen, 25 Deka Dörrfeigen, 20 Deka Korinthen, 10 Deka Walnüsse, sechs Deka Aranzini, die fein geriebene Schale einer Orange und einer halben Zitrone, 20 Deka Zucker, eineinhalb Kaffeelöffel Zimt, ein halber Kaffeelöffel Nelkenpulver und ¼ l Rum. Die Kletzen ein bis zwei Tage in Wasser einweichen, dann dünsten, bis sie weich sind, Kerngehäuse und Stängel entfernen und kleinwürfelig schneiden, ebenso die Zwetschken, Feigen, Nüsse und Arancini, mit dem übrigen plus 1/8 l Kletzensud vermischen und ein paar Stunden stehen lassen.

Teig zum Untermischen: ein Dampfl aus 1 Deka Germ, einem Esslöffel Zucker und 1/10 l Milch herstellen, das gegangene Dampfl mit 3/16 l Milch und 30 Deka Weizenmehl vermischen. Diesen Teig mit der zimmerwarmen Früchtemasse vermischen.

Beugelteig zum Einschlagen: ein halbes Kilo Weizenmehl, 3/16 l Milch, 8 Deka Butter, ein Deka Germ. Zuerst aus einem Esslöffel Zucker, einem Deka Germ und Milch ein Dampfl machen, die Butter wird mit einem Teil des Mehls abgebröselt, dann die restlichen Zutaten dazu und zu einem glatten Teig verarbeiten, abdecken und rasten lassen.

Den Teig in vier Teile teilen und sehr dünn auswalken (zuerst Nudelmaschine, dann Walker) und in ein ausgewalktes Rechteck einen (von vier) Fruchtmasseziegel einschlagen. Striezel umdrehen und aufs Blech transferieren. Dann mit einer Stricknadel Muster einstechen. Die Striezel (erst einmal zwei davon auf einem Blech) werden bei 180 Grad eine gute Stunde gebacken, währenddessen regelmäßig mit Wasser bepinselt.

Städtische Variante: Ein Kilo geschwellte Kletzen, 1 Kilo Rosinen, ½ Kilo Zwetschken, ebensoviel Dörrfeigen, Pignoli, Aranzini, etwa ¼ Kilo Datteln und eine Tasse Zitronat. Als Würze die Schale von zwei Zitronen, Anis, Fenchel, Koriander, Nelken und Neugewürz, je eine Messerspitze. Alles wie gehabt schneiden und in einem halben Liter Cognac oder Zwetschkernem (oder auch Rum) einweichen und 24 Stunden ziehen lassen.

Zehn Dotter und ½ Kilo Zucker schaumig rühren, die Früchtemasse und Schnee von zehn Eiern dazu plus ½ Kilo griffiges Mehl. Striezelchen formen, mit Ei bestreichen und mit Mandeln belegen, bei mäßiger Hitze rund eine dreiviertel Stunde backen.

Kletzenbrot: 60 Deka Kletzen werden ein bis zwei Tage in kaltem Wasser eingeweicht, in diesem Wasser werden die noch harten Früchte vorsichtig aufgekocht. Sobald sie weich sind, werden Stiele und Kerngehäuse entfernt und die Früchte kleinwürfelig geschnitten. Ebenfalls klein schneiden: 60 Deka Dörrzwetschken, 15 Deka Dörrfeigen, 32 Deka Rosinen, fünf Deka Haselnüsse, ebensoviel braune, ungeschälte Mandeln und fünf Deka Orangeat. All das wird mit den Kletzen, einem schwachen Achtel Slibowitz und ebensoviel Vogelbeerschnaps vermengt, dazu kommen noch die dünn geriebenen Schalen von zwei Zitronen und einer Orange, Muskat, Wacholder, Zimt, Koriander und Nelken. Das Ganze über Nacht ziehen lassen. Diese Masse wird dann mit einem frischen Roggenteig vom Bäcker (unbedingt mit Natursauerteig zubereitet) vermischt. Es funktioniert mit einem stark gewürzten Bauernbrotteig sehr gut, nur müssen Sie dann selbst nicht mehr so viel würzen, eher nur mehr Zimt und Nelkenpulver. Aus der zusammengemischten Masse zwei Laibe formen, die auch noch in dünn ausgewalkten Teig eingeschlagen werden können. Man lässt sie an einem warmen Platz noch einmal etwas gehen, dann mit Wasser bestreichen, ein bisschen verzieren, mit geschälten Mandeln etwa, und rein ins Backrohr für knappe zwei Stunden bei 180 Grad. Zwischendurch einige Male mit Wasser bestreichen, und nicht gleich anschneiden – es sollte mindestens eine Woche rasten.

Kohlsuppe aus dem Valtellina (nach Carluccio)

Die Kohlstücke eine Dreiviertelstunde lang kochen, in eine heiße Pfanne (nicht zu flach) werden abwechselnd Schichten von Kohl, Fontinakäsestückchen, Weißbrotstücken gelegt, das Ganze mit Hühnersuppe übergießen, also einweichen, und am Schluss, mit genügend goldgelber zerlassener Butter gekrönt, etwas ziehen lassen.

Krautrouladen und Variationen

Ein großer, flacher, lockerer Krautkopf wird blanchiert (man kann auch vorher die Blätter ablösen und einzeln blanchieren). Aus den einzelnen Blättern die ganz groben Rippen herausschneiden, die fehlenden Keile werden dann mit kleineren Blättern geflickt. Für etwa neun Stück: Ein dreiviertel Kilo gemischtes Faschiertes (Kalb, Rind und Schwein), ein bis zwei in Milch eingeweichte, gut ausgedrückte Semmeln, etwas Wasser oder Suppe, mit Salz, Pfeffer, gemahlenem Kümmel, Muskat und Thymian würzen. Alles vermischen, in gleiche Stücke teilen und gut im Kraut einwickeln. Eine Pfanne mit etwas Fett ausschmieren, Rollen hinein, ganz wenig Wasser dazu und ins Rohr geben.

In einem Topf zehn Deka ganz klein geschnittenen Surspeck anlaufen lassen, eine klein geschnittene Zwiebel und einen Esslöffel Mehl dazu, vier Teelöffel Paprikapulver und zwei Teelöffel Tomatenmark, Thymian, etwas Majoran, Salz, abschmecken, mit Suppe aufgießen und reichlich Sauerrahm dazu. Wenn die Krautrollen im Rohr zu brutzeln anfangen, immer wieder mit dieser Sauce aufgießen. Zum Schluss die Krautrollen mit feinstgeschnittenem Hamburgerspeck belegen, der dann glashart wird.

Varianten:

Das Faschierte mit Reis mischen, und in die Sauce kann man noch alle möglichen fein gehackten Gemüse und das restliche Kraut, sogar Essigkurken, geben. Möglich ist es auch, die Zwischenräume zwischen den Rollen mit Sauerkraut auszupolstern.

Die (nicht sauren) Krautblätter werden wie oben behandelt, blanchiert und abgeschreckt. Eine große gehackte Zwiebel (für acht Stück) in Butter goldgelb rösten, 3 zerdrückte Knoblauchzehen kurz mitrösten, gemischtes Faschiertes dazu. Ein gutes Viertel Kilo Sauerkraut ausdrücken (den Saft aufheben!), fein hacken und unter das Faschierte mischen. Salzen, pfeffern, Rouladen machen und in Butter von allen Seiten fast braun anbraten, mit Suppe aufgießen und etwa eine halbe Stunde lang dünsten. Dann die Rouladen aus der Sauce nehmen. Zu dieser wird der Sauerkrautsaft gegossen, mit Sauerrahm und Mehl ein Gmachtl angerührt, dazugegeben und aufgekocht, mit Senf und gehackten Kapern abschmecken.

Östliche Variante: Rouladen mit Sauerkraut umwickeln, in einen hohen Topf legen, immer eine Schichte Rollen, dann eine Schicht Sauerkraut, auf dem Herd garen.

Lachsforelle gebeizt

Je frischer die Lachsforelle in die Beize kommt, desto zufrieden stellender ist das Ergebnis. Sie wird filetiert und entgrätet. Auf die Innenseiten eines rund 1 Kilo schweren Fisches trägt man gut zwei Esslöffel Salz und ein bis zwei Esslöffel Zucker, maximal zwanzig weiße Pfefferkörner, zehn Pimentkörner (beides im Mörser zerstoßen) und ein bis zwei Bund gehackte Dille auf. Mit der bestrichenen Seite nach unten in ein Gefäß legen, beschweren (am besten mit einem Holzbrett, auf dem ein Stein liegt) und zwei Tage liegen lassen. Dann aufschneiden.

Lachslasagne

In einem Topf Wasser mit Wurzelwerk, etwas Salz und Zucker aufkochen 1 bis 1 ½ kg Lachsfilets darin vorsichtig pochieren (innen sollte der Fisch noch etwas roh sein) und häuten. Für die Bechamelsauce zwei Deka gehackten Knoblauch in fünfzehn Deka Butter anlaufen lassen und neun Deka Mehl dazu geben; licht rösten, mit einem halben Liter Fischsud, sechs dl Milch und 40 ml Sherry aufgießen. Die Sauce etwa drei Minuten kochen lassen, dann wird sie mit Muskat, Zitronenschale, vier Deka frisch geriebenem Parmesan, Pfeffer und Salz gewürzt. Da hinein wird ein Kilo pochierter und grob gehackter Spinat gerührt; das Ganze noch einmal aufwallen lassen. Dann 35 Deka Teigwaren vorkochen. Das können Lasagneblätter sein oder auch Tagliatelle.

Beim Einschlichten in eine feuerfeste Form beginnt man mit einer dünnen Schicht Sauce, dann Pasta, dann Fischstücke und wieder von vorne. Wichtig ist, dass sowohl Fisch als auch Teigwaren in der Bechamelsauce gut eingebettet sind, um das Austrocknen zu vermeiden. Mit einer Lage Pasta und Sauce abschließen, frisch geriebenen Parmesan darauf und für etwa vierzig Minuten ins Backrohr. Vor dem Servieren sollten die Lasagne etwas abkühlen, dann lassen sie sich leichter schneiden.

Lammkeule auf Ratatouille

Sie brauchen einen großen Bräter, in den nicht nur die Keule, sondern auch das Ratatouille hineinpasst.

Ratatouille: Gewürfelte (etwa zwei Zentimeter) Melanzani, Zucchini, Paprika (alle Farben), Frühlingszwiebel oder rote Zwiebeln, Lauch, Stangensellerie und, wenn Sie wollen, auch Fenchel. Darüber gießen Sie Paradeissauce: Eine fein gehackte Zwiebel in Olivenöl glasig werden lassen, zwei Dosen Pelati dazu, etwas Zucker, zwei Lorbeerblätter, Thymian, ein paar Sardellenfilets, Knoblauch, ein Viertel Rotwein, Salz, Pfeffer und einkochen.

Die Paradeissauce unters Gemüse gemischt, ein Schuss Olivenöl dazu, die Lammkeule drauflegen und ins Backrohr schieben. Gebraten wird zuerst bei höherer Temperatur, bis zu 250 Grad, nach einer Viertelstunde zurück auf 200 bis 220 Grad schalten, das Gemüse öfters umrühren.

Bevor Sie hinein schneiden, rasten lassen. Es sollte außen durchgebraten und innen rosa bzw. rot sein.

Lammstrudel

Eine mit Knoblauch gespickte Lammschulter braten, auslösen, faschieren und mit Sauerrahm, einem Ei, Zitronenschale, Salz, Pfeffer und Petersilie (aber auch anderen Kräutern, nach Belieben) vermischen. Bratensaft verwenden, damit es nicht zu trocken wird.

Wer es nicht so pur fleischig liebt, kann eine durch den Fleischwolf gedrehte Semmel (oder Bröseln) in die Faschiertenmasse mengen. Die Fülle in Blätterteig geben und backen.

Leberaufstrich

Drei Kilo Speck (Filz), drei kg Schweinsschulter und ein Kilo Schweinsleber, alles geschnitten, fünf Deka Knoblauch, drei Viertel Kilo Zwiebeln hacken, alles zusammen rösten, dazu zwei Deka Salz, alles vermischen. Auf ein Kilo dieser Masse kommen sechs Gramm Leberaufstrichgewürz. Dann durch den Fleischwolf drehen und in Gläsern einrexen.

Liptauer

25 Deka Brimsen und 15 Deka Butter mit etwas Sauerrahm vermischen. Mit etwas Zwiebel und Knoblauch (durch die Knoblauchpresse drücken), Essiggurkerl, Kapern (beides fein gehackt), scharfem Senf, Sardellenpasta, edelsüßem und scharfem Paprika, ein bisschen Tomatenmark, zerkleinertem Kümmel, Salz und Pfeffer würzen.

Maibock mit Morcheltagliatelle und Frühlingszwiebeln

Rehrücken auslösen, die Filets marinieren. Aus den zerhackten Knochen einen Fond kochen, mit Obers zu einer Sauce reduzieren. Mit Wacholder, Thymian, einer Idee Port und Cognac würzen. Die Filets als Medaillons rosa braten und rasten lassen.

Die Morcheln putzen und halbieren. Etwas Schalotten in Butter anschwitzen, die Morcheln dazu und kurz mitrösten. Mit Cognac, Madeira und Weißwein löschen, Obers beifügen und reduzieren, mit etwas Kalbsfond verfeinern, salzen und pfeffern und pro Person ein paar Nudeln kochen.

Von den Frühlingszwiebeln (drei pro Person) das Grüne ziemlich kürzen, langsam in Butter mit etwas Zucker braun werden lassen, Pfeffer, Salz, mit ein wenig Wasser löschen und etwas dünsten und karamelisieren.

Maischolle

Pro Person eine halbe Scholle nehmen, die Fische vom Verkäufer häuten und filetieren lassen. Erlauben Sie aber nicht, dass er die Karkassen weg schmeißt, sondern tragen Sie sie nach Hause. Sie sind ein Pfeiler des Gerichts. Mit ihnen einen Fischfond kochen.

Ist er fertig, wird er abgegossen, dafür eignen sich hervorragend Stofftaschentücher. Etwas vom Fond beiseite geben, den Großteil mit Obers einkochen. Die Filets im restlichen Fischfond pochieren und mit der abgeschmeckten Sauce darüber servieren, dazu Blattspinat und vielleicht Früherdäpfel.

Paprika, mariniert

Vier große gelbe/rote Paprika für rund eine halbe Stunde bei 200 Grad ins Rohr. Inzwischen aus einem Teelöffel Salz, zwei Esslöffel Olivenöl, einem Esslöffel Weißweinessig, einer zerdrückten Knoblauchzehe und Fines Herbes eine Vinaigrette machen. Wenn die Paprika anfangen, schwarze Blasen zu werfen, diese in einen großen Topf geben, Deckel drauf: Der Dampf hebt die Haut der Paprika, sie sind dann leichter zu schälen. Schälen, in Streifen schneiden und marinieren.

Pasta

al limone
Etwas Obers mit Zitronensaft, Zitronenschale, Petersilie mit der heißen Pasta vermischen, fertig.

alla bolognese
In halb Butter und Olivenöl kommen gehackte Zwiebel, mageres Rind- und Schweinefaschiertes, etwas Tomatenmark, Paradeissauce, Weißwein, Salz. Eventuell Knoblauch, aber keine Kräuter, die haben in der echten Bolognese nichts verloren! Mindestens drei Stunden lang köcheln lassen, Pasta dazu (die Pasta zur Sauce und nicht umgekehrt) und mit dem Parmesan servieren.

alla carbonara
In gutes Olivenöl Zwiebelringe und, etwas später, nicht zu klein geschnittenen Knoblauch hinein geben. Achtung, das Öl nicht zu heiß werden lassen; Knoblauch und Zwiebel sollen schön langsam den Geschmack abgeben, ohne braun zu werden. Sie werden dann wieder herausgefischt und weggeworfen. In diesem parfümierten Öl grob gewürfelten pancetta (geräucherten Bauchspeck) anbraten. Den Speck ebenfalls nicht zu stark anbraten. Die Pasta kochen (am besten eignen sich Penne und Maccheroni). Daneben schon die Eier richten: Eines für den Topf und eines pro Person lautet die Faustregel. Die Eier werden verquirlt und gesalzen (aufpassen, denn wie viel hängt davon ab, wie salzig der Speck ist). Parmesan frisch reiben. Die Pasta wird mit dem heißen Öl und dem Speck vermischt. Dann gießt man – wobei der Topf auf kleiner Flamme gehalten wird – langsam die Eier drüber und streut mehr oder weniger unter

ständigem Rühren gleichzeitig den Parmesan dazu. Notfalls noch etwas Öl nachgeben, damit die Mischung geschmeidig wird. Umrühren und schnell servieren, denn das Ganze ist nicht besonders heiß, weil es nicht mehr kochen durfte. Pfeffer aus der Pfeffermühle über jeden Teller und noch ein bisschen Parmesan.

alla marchigiana
Ein Häufchen gewürfelte Zwiebel, (Stangen!)-Sellerie und Karotten im Olivenöl anschwitzen. Pancetta (geräucherten Bauchspeck) dazu, dann mit einem Glas Weißwein einkochen. Jetzt die Paradeiser (geschält und entkernt) dazu.

alla molisana
Zur angeschwitzten Zwiebel gehackte Petersilie, Basilikum, Knoblauch und in Würfel geschnittenen Rohschinken, vielleicht auch noch Peperoncino geben.

alla puttanesca
Im Olivenöl Knoblauch und Peperoncino anschwitzen. Im richtigen Augenblick die Sardellenfilets dazu geben, dann noch zerquetschte Paradeiser (ohne Haut und entkernt), Kapern und schwarze Oliven, beides zerhackt, aber nicht zu klein. Schmeckt frisch gut, aber auch eingekocht. Dieses Sugo-Rezept ist eines der wenigen, die sich sowohl für lange als auch kurze Pasta eignen.

con i brocoli
Bei Pasta mit Broccoli handelt es sich bei den Nudeln im Original immer um orecchiette, das heißt, um mit dem Daumen plattgedrückte Teigscheiben, deren Ränder etwas dicker als ihr Zentrum sind. Man kann aber auch kurze Pasta verwenden.

Die Broccoli in Salzwasser kochen. Dieses Wasser nicht weg schütten, sondern die Broccoli heraus fischen, wenn sie weich sind. In dem Broccolisud werden dann die Nudeln gekocht. Während die Broccoli kochen, hat man in Olivenöl gehackte Zwiebeln, Knoblauch, Peperoncino (nach Belieben) und Speck angebraten. Dazu kommen dann die weich gekochten Broccoli und werden mit einer Gabel zerdrückt. Dann fügt man Sardellenfilets zu. Kosten und aufpassen, dass es nicht zu salzig wird. Bei Tisch noch Pecorino und Olivenöl druntermischen.

con le sarde

Für vier bis sechs Personen ein halbes Kilo frische Sardinen waschen, filetieren und abtrocknen. Fenchel mit viel Grün, das beiseite gelegt wird. Das Weiße vom Fenchel (nur zarte Teile nehmen) rund zehn Minuten in Salzwasser kochen, dann abtropfen und würfeln. Das Kochwasser nicht wegschütten, darin wird später die Pasta gekocht.

Fünf Deka Sultaninen waschen und rund eine Viertel Stunde in etwas lauwarmem Wasser einweichen. Einstweilen bereiten wir eine Mischung aus Petersilie, mindestens vier gehackten Sardellenfilets, zwei bis drei Knoblauchzehen, etwas Zitronenschale, Olivenöl und eventuell einem Löffelchen Fenchelsamen zu. Eine große Zwiebel hacken, in Öl anschwitzen, dazu kommt der gewürfelte Fenchel mit ein paar Esslöffel von seinem Sud, die Sultaninen mit etwas von ihrem Einweichwasser, die Sardellenmischung siehe oben, ein ordentlicher Löffel Tomatensugo (oder ein geschälter, gehackter Paradeiser) und zwei Esslöffel Pignoli. Dann kommen die leicht gesalzenen Sardinenfilets dazu und werden vorsichtig (mit Deckel drauf) gegart, ganz am Schluss das gehackte Fenchelgün beigeben. Die Sardinen können auch extra in einer Pfanne in Olivenöl gebraten werden, damit sie im Sugo nicht so zerfallen.

Con pomodoro e basilico

zwei Paradeiser enthäuten, entkernen und hacken. Kurz ins heiße Öl geben, salzen, pfeffern, die Spaghetti dazu und in kleine Würferl geschnittenen Mozzarella und Basilikum.

mit Herrenpilzen oder Eierschwammerln

Mit den Schalotten etwas Knoblauch (gehackt, sonst wird er bitter) anschwitzen. Bei Eierschwammerln ist das Trockenrösten besonders wichtig, erst dabei entwickeln sie ihre pfeffrige Note. Mit Weißwein und Obers aufgießen, etwas Hühnerfond dazu, und am Schluss Petersilie. Mit Nudeln servieren.

mit Krebssugo

Krebse in Salzwasser drei Minuten kochen oder zehn Minuten ziehen, nicht zu lange, sonst werden die Krebse mehlig und trocken. Danach werden die Schwänze und Scheren ausgelesen. Die Karkassen im Rohr trocknen, zerstoßen und langsam in Butter anschmurgeln. Gehackte Schalotten zugeben und anschwitzen, mit etwas Cognac löschen. Dann kommen Paradeiser, Thymian und Knoblauch dazu, mit Weißwein und Wasser aufgießen. Das Ganze soll ½ Stunde vor sich hin köcheln; danach rasten lassen und abgießen. Dieser Fond wird zusammen mit Obers reduziert, bis er die richtige Konsistenz, geschmacklich und physikalisch, erreicht. In dieser sämig eingekochten Sauce wird dann das Schwanzerl- und Scherenfleisch aufgewärmt und frisches Basilikum dazu gegeben. Mit Tagliatelle servieren.

mit Morcheln
Morcheln vorsichtig putzen, halbieren, Schalotten in Butter anschwitzen und die Morcheln mitrösten (sie sollen das Wasser verlieren, das gilt für alle Schwammerl). Dann salzen, mit etwas Weißwein, Madeira und Cognac löschen, Obers dazugießen und einkochen, am Schluss mit Kalbsjus verfeinern. Als Sugo für Tagliatelle.

mit Muscheln (Blitzpasta)
Spaghetti kochen, in etwas Olivenöl eine Knoblauchzehe anbraten (gehackt), den Saft einer Dose Miesmuscheln natur dazugeben. Darin die Muscheln wärmen, salzen und pfeffern, Petersilie dazu, ein bisschen Peperoncino, die Pasta und am Schluss einen Schuss besten Olivenöls.

mit rohen Paradeisern
Ein Dreiviertel Kilo Paradeiser schälen, entkernen, grob hacken, im Sieb abtropfen lassen und mit zwei Deziliter Olivenöl, mindestens einer geschälten und zerdrückten Knoblauchzehe und einem Bund geschnittenem Basilikum zugedeckt eine Stunde kalt ziehen lassen. Salzen, pfeffern und unter dreißig Deka Spaghetti mischen, in angewärmten Tellern servieren, darauf kommt geriebener Pecorino oder auch Mozzarellawürfel. Man kann auch das Öl erwärmen – vielleicht mit dem Knoblauch und Peperoncino –, so dass nur die Paradeiser roh untergemischt werden.

mit Schafskäse
Zwei Knoblauchzehen in Olivenöl anbraten und darin die Spaghettini hinein mischen. Dazu kommen dann etwa fünf Deka zerdrückter Feta, Mozzarella oder Ziegenkäse. Pfeffern, in vorgewärmte Teller geben, Basilikum und ein Spritzer aus der Olivenölflasche.

mit Spargel
Eine kleine halbe Zwiebel fein hacken und in Butter anschwitzen. Ein halbes Kilo weißen Spargel schälen, die Spitzen abschneiden, den Rest in Scheiben schneiden und zu den Zwiebeln geben. Mit einem schwachen Achtel Weißwein und einem Viertel Obers aufgießen, ein paar Brösel vom Hühnerwürfel, die Spargelspitzen dazugeben, zudecken und dünsten, bis sie al dente sind, Spitzen herausnehmen. Ohne Deckel weiterköcheln, bis das Obers eingedickt ist, salzen, pfeffern, mit dem Pürierstab zerkleinern und im letzten Augenblick Schinkenstreifen, Kräuter und die Spargelspitzen darunter mischen. Zu diesem Sugo passt fast alles außer Spaghetti.

mit Thunfisch
Knoblauch und Zwiebeln anbraten. Ein Achtel oder ein bisschen mehr Obers und ein guter Schuss Weißwein hinein, einkochen, weißen Thunfisch und Petersilie dazu. Am besten passt dann kurze Pasta.

quattro formaggi
Gorgonzola, Provolone, Fontina (alle drei mild) und Taleggio. Nummer fünf ist der Parmesan. Die ersten vier im Wasserbad mit Obers zergehen lassen (am besten wäre hier die italienische Koch-Panna, ein nicht so fettes, dickflüssiges Obers). Nicht zu viel davon, damit die Sauce nicht zu fett und zu dünnflüssig wird. Über die pasta corta gießen, dann mit Pfeffer und Parmesan verfeinern. Derselbe Sugo passt natürlich auch bestens zu Gnocchi.

Pfirsich-Chutney und Variationen

Zwei rote Zwiebeln und zwei Kilo geschälte, grob geschnittene, feste Pfirsiche im Mixer etwas zerkleinern. Dann ein halbes Kilo Rosinen, vier, eher fünf Knoblauchzehen, zwei Esslöffel Chili-Pulver je nach Schärfe gehäuft oder nicht, zehn Deka frischen Ingwer, je fünf Deka Orangeade beziehungsweise Zitronat, zwei Esslöffel Senfkörner, ein gestrichener Teelöffel Salz, drei Achtel Portwein, ein Achtelliter Essigessenz und 75 Deka braunen Zucker. Diese Masse zum Kochen bringen – der stechende Essiggeruch verflüchtigt sich wieder. Auf kleiner Flamme unter ununterbrochenem Rühren eine Stunde lang kochen. Gegen Ende der Kochzeit probieren und heiß in Einmachgläser abfüllen.

Punschhendl

Eine große Hand voll Rosinen in süßem Sherry einlegen, sie müssen mindestens 24 Stunden lang marinieren. Das Huhn innen und außen reinigen, von den Fettpölsterchen am Bauch befreien, salzen und pfeffern. Zwei große ungeschälte Granny Smith werden entkernt und in wirklich kleine Würfel geschnitten, mit den abgetropften Rosinen vermischt und ins Huhn gestopft, dieses wird zugenäht und mit der Brust nach unten in einen Bräter gesetzt. Die Schalen von zwei großen unbehandelten Orangen möglichst dünn, ohne weiße Haut, abschälen und in winzige Würfel schneiden, auf das Huhn streuen.

Die restliche Fülle rund um das Huhn verteilen, mit einem Achtel Liter Weißwein und/oder stark reduzierter Hühnersuppe aufgießen, Deckel drauf und bei 160 Grad für eineinhalb Stunden ins Rohr, regelmäßig begießen. Den entstandenen Saft in ein Gefäß abgießen, das Huhn mit der Brust nach oben drehen, mit einem guten Achtel Cognac begießen und einen Butterziegel von mindestens zehn Deka auf die Hühnerbrust setzen. Bei hoher Hitze noch einmal zwanzig Minuten ohne Deckel ins Rohr und weiter begießen.

Rasten lassen, die beiden Säfte zusammen gießen, unter Umständen etwas einkochen und abschmecken (Salz, Pfeffer, Cognac, Hühnerwürfel). Das Punschhendl wird mit Basmatireis serviert, dazu passt Fenchel- oder Stangenselleriegemüse.

Räucheraalstreichwurst

Zwei fein gehackte Schalotten in etwas Fischfond – ersatzweise Weißwein – andünsten und stark reduzieren. Zwanzig Deka geräucherten, zerpflückten Aal (vorher die Haut abziehen, Fettschicht abkratzen, Gräten entfernen) und einen Becher Crème fraiche dazugeben, das Ganze aufkochen und im Cutter pürieren. Dann die vorher eingeweichte Gelatine auflösen (zwei Blätter) und unter die Aalmasse rühren, gut kühlen und zwei Deziliter geschlagenes Schlagobers unterziehen. Zwei Esslöffel Kräuter (Dill, Petersilie, Kerbel) dazu und mit Salz und Zitronensaft abschmecken.

Die Hälfte der Masse in die ausgelegte Form gießen, um darauf der Länge nach ein in blanchierte Spinatblätter gewickeltes zusätzliches Aalfilet legen (wenn es recht dick ist, eventuell halbieren). Dann die restliche Masse einfüllen. Dazu Krenparadeiser, das sind geschälte und entkernte Tomatenwürfel, in gerissenem Kren und Salz gewälzt servieren. Dieses Rezept ist auch mit Räucherforelle sehr schmackhaft, verwenden Sie dafür die im Geschmack kräftigeren Bauchteile.

Rehfilet Wellington mit zweierlei Kohl

Von einem Rehrücken die Filets (ungefähr 80 Deka) auslösen, sie werden geputzt und einen Tag in eine Marinade gelegt aus: ein Deziliter Olivenöl, zwei Zentiliter Cognac, fünf zerdrückte Wacholderbeeren, ein Zweig Thymian, ein Lorbeerblatt, zwei Gewürznelken, Pfefferkörner, je eine geschnittene Karotte und Schalotte.

Die Duxelles für die Auskleidung des Blätterteiges wird aus acht Deka getrockneten, eingeweichten und sehr fein gehackten Steinpilzen gemacht. Sie werden zu drei gehackten Schalotten gegeben, die in Butter angeschwitzt wurden. Durchrösten, mit einem Schuss Weißwein und nach und nach ein Viertel Liter Obers aufgießen und völlig einkochen. Die Rehfilets salzen und pfeffern, kurz auf beiden Seiten in Öl anbraten, auskühlen lassen, mit der Duxelles bestreichen und in den dünn ausgerollten Blätterteig einwickeln (Teigränder unter die Filets), mit Eigelb bestreichen und 15 Minuten bei 220 Grad goldgelb backen. Ganz kurz rasten lassen und mit einem elektrischen Küchenmesser aufschneiden. Das Fleisch mit etwas Sauce (Rehfond eingekocht, mit Port und Madeira verfeinert, mit Butter montiert) napieren.

Dazu ein Broccolipüree: pürierte Broccoli mit Obers abrühren, mit Salz, Pfeffer und Muskat würzen.

Rehfilet

Die Filets legen wir für vierundzwanzig Stunden in eine Marinade aus einem Deziliter Olivenöl, zwei Zentiliter Cognac, ein paar zerdrückten Wacholderbeeren, grünen Pfefferkörnern und Nelken, einem Lorbeerblatt, einer Schalotte und einer Karotte (gehackt) sowie Thymian. Die zerhackten Knochen und der Abfall vom Filet-Putzen kommen für dieselbe Zeit in eine Rotwein-Marinade (pro halbes Kilo Knochen ein dreiviertel Liter) mit Stangensellerie und wieder Karotten, Wacholderbeeren, Nelken, Thymian und Lorbeer. Nach Ablauf der Marinadezeit röstet man die abgetropften

Knochen und das Gemüse an. Dann mit der Marinade und, wenn nötig, Wasser aufgießen, rund eineinhalb Stunden köcheln lassen, abgießen, gegebenenfalls reduzieren und entfetten.

Die Filets werden in Butter rosa gebraten und warm gestellt. Überflüssige Butter weg, in die Pfanne mit den Bratenrückständen kommt die Rotweinsauce, die mit Obers aufgegossen und eingekocht wird. Zum Abschluss mit Cognac und Portwein verfeinern, mit einer Spur Preiselbeer- oder Ribiselmarmelade abrunden.

Rehleber geröstet

Schalotten anschwitzen, die enthäutete Leber im Ganzen hinein und mit einem Glas Madeira vor sich hin dünsten lassen, dazu Salz, Pfeffer, Thymian und Rehfonds, so vorhanden, und noch rosa servieren.

Rheinankenterrine mit Kressesauce

27 Deka (ca. ein halbes Kilo brutto) gehäutete und gut gekühlte (kurz in den Tiefkühler) Rheinankenfilets im Cutter zerkleinern, nach und nach drei Achtel sehr kaltes Obers unterrühren, dann die Masse durch ein Sieb streichen. Salzen, pfeffern, ein Spritzer Zitronensaft. Vier Becher gut buttern, die Masse einfüllen, mit Alufolie abdecken und im Wasserbad bei 170 Grad zwanzig Minuten lang garen. Einen Tag kühl stellen, die Tasse kurz in heißes Wasser tauchen und stürzen und vierteln.

Dazu kommt die Kressesauce: Ein Viertelliter Fischfond mit einem Achtel Wein auf die Hälfte reduzieren, überkühlen lassen, zwei Dotter unterrühren, im Wasserbad aufschlagen, bis die Sauce eindickt, kalt schlagen. Ein Achtel Schlagobers und zwei Becher gehackte Gartenkresse untermischen, salzen, pfeffern, vielleicht noch etwas Zitronensaft.

Risotto

Zum richtigen Risotto gehört Rundkornreis, der weichkörnig, weil stärkehaltig ist. Er nimmt beinahe bis zur Selbstauflösung Flüssigkeit auf und setzt gleichzeitig Stärke frei. Das ergibt einen klebrigen Reis, der die Geschmacksstoffe der Zutaten viel besser transportiert. Weiters steht und fällt das Risotto mit der Qualität der Suppe, in der der Reis gegart wird. Je nach den späteren Zutaten braucht man eine entfettete Rind-, Hühner- oder Fischsuppe. Von ihrer Stärke hängt auch ab, wie sehr man das Risotto noch salzen muss.

al parmigiano

Klein gehackte Zwiebeln und, wenn Sie wollen, Knoblauch in halb Butter und halb Olivenöl anschwitzen. Dann den Reis dazu geben, unter ständigem Umrühren glasig werden lassen und mit Weißwein löschen. Oberste Grenze ist ein Sechzehntel pro Person.

Nach und nach kommt nun die kochende Suppe dazu. Wie viel, hängt vom Reis und von der Kochstufe ab (Verdampfung!). Grob kann man rechnen, dass man dreimal so viel Flüssigkeit wie Reis braucht. Sobald der Reis weich genug, aber nicht zu weich und nicht völlig trocken ist, weg von der Hitze. Ein schönes Stück Butter und genügend geriebenen Parmesan hinein, fünf Minuten zugedeckt rasten lassen.

alla Milanese

anstelle des Olivenöls Rindermark zum Anrösten der Zwiebel nehmen. Nach dem ersten Schöpfer Suppe Safran dazu geben. Das weitere Procedere siehe oben, mit Parmesan und Butter.

al Barolo

Anstelle des Weißweins mit Barolo (Piemonteser Rotwein) aufgießen, wobei man hier pro Person ein schwaches Achtel bemessen kann.

allo Spumante

Die Rindsuppe durch Hühnersuppe und den Barolo durch Sekt ersetzen.

mit Herrenpilzen

Getrocknete Pilze eignen sich für Risotto ganz ausgezeichnet. Es wird damit viel stärker im Geschmack. Die getrockneten Steinpilze ein paar Stunden einweichen. Zwiebel und Knoblauch (eventuell Speck) goldgelb rösten, den Reis dazu geben, weiterrösten und mit einem Glas Weißwein löschen. Erst wenn der Wein verdampft ist, nach und nach die kochend heiße Rindsuppe hineinlöffeln. Weiterköcheln und umrühren. Ziemlich am Anfang die Würfel einer geschälten Tomate hinein geben, dann ziemlich bald die Pilze und von deren Einweichwasser (vorher durch ein Tuch gießen, wenn das Risotto nicht knirschen soll). Das ist sehr dunkel, macht eine hässliche Farbe, gibt aber viel Geschmack.

Mit frischen Pilzen wird alles feiner und zarter, und Speck wäre nicht angebracht. Das Finale eines Risotto ist wieder standardisiert: ein Stück Butter hinein und rasten lassen. Parmesan nach Wunsch.

mit Spargel
Rechnen Sie ein Viertelkilo Spargel pro Person. Spargel schälen, die Spitzen abschneiden und in Hühner- oder Rindsuppe al dente kochen. Dann gehackte Frühlingszwiebeln in Butter anschwitzen, vier Deka (immer pro Person) Risottoreis hinzufügen und mit Weißwein löschen. Anschließend die in Scheiben geschnittenen kopflosen Spargelstangen dazugeben und mit kochender Suppe nach und nach aufgießen. Wenn der Reis den richtigen Biss (nicht zu weich und nicht zu hart) hat, kommt pro Person ein Esslöffel Butter und die Spargelspitzen hinein, mischen und rasten lassen.

mit Wurst
Luganiga, die rohe Schweinswurst – bei uns am ehesten mit Schweinsbrät zu vergleichen – ist in Österreich schwer zu finden. In Italien ist sie als Meterware auf dem Markt. Die Wurst mit Butter und Zwiebeln anrösten, dann ein Risotto wie üblich zubereiten und am Schluss außer Butter und Parmesan noch einen Teelöffel Zimt dazu geben.

Saibling-Krebs-Suppe vom Eselböck

Eine gehackte Zwiebel und das Weiße von einer Lauchstange fein geschnitten in etwas Butter glasig anschwitzen, eine Knolle geschälter Ingwer (im Ganzen) mit einem Esslöffel Kokosmilch und einem Liter Fischfond aufgießen, zwei Stangen Zitronengras zugeben und eine halbe Stunde kochen lassen, ein Sechzehntel Liter Obers hinein, pürieren und durchs Sieb streichen, salzen und pfeffern.

Als Suppeneinlage: Den grünen Teil vom Lauch in Streifen schneiden und in Salzwasser garen, ein Saiblingsfilet vierteln, mit Salz, Pfeffer, Koriander und Limettensaft würzen und glasig braten. Lauch, Saibling und acht Krebsschwänze in Suppenteller verteilen, Suppe drüber und mit fein geschnittenem Bärlauch garnieren.

Saiblingsmilchsuppe

Für die Saiblingsmilchsuppe wird als Basis eine Knoblauchsuppe zubereitet: eine kleine Einbrenn mit Rindsuppe, Gemüsebrühe oder klarer Fischsuppe aufgießen, zerdrückte Knoblauchzehen dazu, kochen, passieren und mit Obers verfeinern. Dann wird die Milch der Milchner (ein Milchner ist ein männlicher Saibling) in der heißen Suppe stocken gelassen.

Sauerampfersuppe

Ein Viertelkilo in feine Streifen geschnittene Blätter ohne Stiele in aufgeschäumter Butter unter Rühren ein paar Minuten anschwitzen. Daneben einen Liter Hühnersuppe erhitzen, sechs Dotter und ein Viertel Schlagobers verschlagen, langsam in die fast kochende Suppe einfließen lassen, unter Schlagen – wieder nur fast – bis zum Siedepunkt bringen, dann kommt der Sauerampfer dazu.

Sauschädel in Aspik

Den Sauschädel im großen Kochtopf gut wässern, das Schnoferl, falls nötig, ein bisschen rasieren, mit Wasser bedecken und zum Kochen bringen. Den Schaum abschöpfen, zwei Bund Wurzelwerk, eine Zwiebel halbiert, zwei Knoblauchzehen, zwei Lorbeerblätter, Pfeffer- und Pimentkörner, Thymian, Zitronenschale, ein Schuss Essig und vorsichtig Salz dazu und zwei bis zweieinhalb Stunden kochen lassen (das Wurzelwerk bereits nach einer Stunde wieder herausnehmen). Dann den Sauschädel aus dem Sud nehmen und, nachdem er abgekühlt ist, den Rüssel ablösen und zur späteren Verwendung zur Seite legen.

Anschließend wird das Kopffleisch ausgelöst. Das Fleisch und das Wurzelgemüse in Würfel schneiden. Der Sud wird abgeseiht, entfettet und auf einen Liter Flüssigkeit eingekocht. Mit Salz und Essig würzen und über Nacht kalt stellen. Am nächsten Tag: Nochmals entfetten, vorsichtig erwärmen und mit der Schneerute zwei Eiklar unterschlagen, unter ständigem Rühren zum Kochen bringen und einige Zeit simmern lassen. Dann ein großes Tuch befeuchten, über ein Sieb legen, das Schweinsaspik hindurch gießen, abschmecken und überkühlen lassen. Eine dünne Schicht Aspik in eine Schüssel gießen, stocken lassen. Darauf das in Scheiben geschnittene Schweinsschnoferl dekorativ arrangieren, mit Petersilienblättern können Sie Glücksskleeblätter nachformen. Darauf wieder eine dünne Schicht Aspik gießen (sehr vorsichtig, damit das Muster nicht verrutscht) und wieder stocken lassen. Fleisch und Wurzelgemüse unter das restliche Aspik mischen und in die Schüssel gießen. Alles stocken lassen.

Scampi alla Buzara

2 mittlere gehackte Zwiebeln, 5 Knoblauchzehen und ½ Bund Petersilie in $^{1}/_{16}$ l Olivenöl anschwitzen, 4 gehackte, geschälte Paradeiser zufügen, 1 Kilo Scampi, die nicht zu groß sein sollen, dazu, mit $^{1}/_{8}$ l Weißwein löschen. Deckel drauf und 15 Minuten auf kleiner Flamme vor sich hin dünsten lassen, immer wieder am Topf rütteln, am Schluss mit weißem Pfeffer und Salz abschmecken.

Schwarzbrotauflauf

Eine Knödelmasse mit Schwarzbrotwürfeln zubereiten. Eier trennen, vom Eiklar wird Schnee fabriziert und unter die Masse gehoben. In gebutterten Förmchen (Tassen) im Wasserbad bei 180 Grad garen. Schwarzbrotknödel können auch mit gewürfeltem Käse, Schinken, Kräutern, etc. zubereitet werden.

Schwarzbrotsuppe, süß

25 Deka Schwarzbrot in Wasser ziehen lassen, dann pürieren. Mit zwei Esslöffeln Rosinen, einem Esslöffel Korinthen, Zitronenschale, einem Teelöffel Zucker zirka eine Viertelstunde köcheln lassen. Einen Eidotter mit $^{1}/_{16}$ l Wein verrühren und die Suppe damit legieren, mit Zimt und Zucker bestreuen.

Semmelkren

Altbackene Semmeln in dünne Scheiben schneiden, mit kochender, kräftiger Rindsuppe aufgießen. Die Masse wird auf dem Feuer mit der Schneerute zu Brei geschlagen, dann mit Muskat und Salz gewürzt und großzügig mit Sauerrahm und Dotter legiert. Zum Schluss kommt gerissener Kren hinzu. Unter Umständen mit Crème double verfeinern.

Senfsauce vom Scherleitner

Ein Glas Dijon-Senf (20 Deka), die doppelte Menge (selbst gemachte) Mayonnaise, zirka drei Esslöffel Honig, zwei Esslöffel weißen Weinessig, Dille, Salz und Pfeffer.

Spargel mit Béarnaise

Die angegebene Menge reicht für ein Kilo Spargel. Zwei Schalotten fein hacken, mit zwei Esslöffeln Weißweinessig und drei Esslöffeln getrocknetem Estragon (der getrocknete ist geschmacklich besser als der oft zu grasige frische) mit zwei Deziliter Wasser in einer kleinen Kasserolle eine halbe Stunde vor sich hin köcheln lassen, wenn nötig Wasser nachgießen. Der Sud wird durch ein sehr feines Sieb gegossen (Kräuter ausdrücken), etwas salzen und auf zwei Teelöffel einkochen. Etwas überkühlen lassen, zwei Dotter unterrühren. In einer Pfanne fünfzehn Deka Butter schmelzen, die flüssige Butter in einem dünnen Strahl unter ständigem Rühren unter die Ei-Essenz mischen, was eine Art Buttermayonnaise ergibt. Unmittelbar vor Garwerden des Spargels wird die Sauce im Wasserbad dick gerührt, mit gehacktem Kerbel finalisieren.

Spinatstrudel

Blattspinat al dente, lieber ein bisschen kleiner hacken, angeschwitzte Zwiebeln und Knoblauch, geschnittene schwarze Oliven und Schafskäse und Parmesan. Um das Ganze zusammenzuhalten, kommt ein Ei in die Mischung. In Blätterteig wickeln und backen.

Stör in der Folie

Für vier bis fünf Personen nimmt man einen Zwei-Kilo-Fisch. Auf dem Backblech eine doppelte Lage Alufolie formen, einen maßgeschneiderten Bräter für den Stör, mit genug Spielraum an beiden Enden. Karotten, Fenchel, Stangensellerie und Porree werden sehr fein gehackt und in die Form gelegt, den gesalzenen Stör in dieses Bett hineinsetzen, ein paar Butterflocken drauf. Mit Aludeckel sorgfältig verschließen und für eine Stunde bei 180 Grad in die Röhre.

Inzwischen einen Fischfond mit nicht zu wenig Wein einkochen, etwas Obers dazu, wieder einkochen und so weiter. Dann wird das Fischpaket geöffnet, die Rückenschuppen abgehoben, die Haut abgezogen und die Rückenfilets entnommen. Der Saft (geliert relativ stark durch die viele Knorpelmasse) und das Gemüse werden in die Sauce gegeben. Dazu werden Petersilienkartoffel und Blattspinat serviert.

Streichwurst von Gans- oder Entenleber

Dreißig Deka geputzte Leberstücke in dickere Scheiben schneiden, in Butter bei niedriger Temperatur vorsichtig braten – sie sollen innen unbedingt noch rosa sein! Der Bratfond wird mit je einem Esslöffel Port und Madeira gelöscht, eingekocht und zusammen mit der Leber im Cutter püriert. Dann durch ein Haarsieb streichen, zehn Deka Butter in der Pfanne nussgelb erhitzen, etwas abkühlen lassen und unter die Lebermasse mischen, mit Salz, Pfeffer und Muskat würzen. Unter die erkaltete Masse werden zwei Deziliter geschlagenes Obers gezogen und damit eine mit Alufolie ausgekleidete Kastenform gefüllt, kühlen.

Süß-saures Schweinefleisch

Zuerst Orangen- und Zitronensaft mit den Schalen beider zustellen und kochen, geschnittene Äpfel, Zwiebel, Gurke, Ingwer und Koriander hinzufügen und zwei Stunden kochen lassen, durch ein Sieb abgießen, mit Tomatenmark eindicken und mit etwas Zucker, Salz und Essig – der kommt in China natürlich vom Reis – abschmecken. Dann ein Schweinskarree in Würfel schneiden – nicht zu groß und nicht zu klein –, in Weizenmehl wenden, frittieren, Sauce darauf.

Thunfischaufstrich

Abgetropften weißen Thunfisch aus der Dose mit einem Esslöffel Zitronensaft im Cutter pürieren. Zwei Esslöffel Mayonnaise unterrühren, salzen, pfeffern und kaltstellen, vor dem Servieren mit einem Esslöffel Cognac parfümieren.

Topfensoufflé mit Limettensauce

Für vier Personen zwei Eigelb mit vier Deka Staubzucker sehr cremig schlagen, eine Messerspitze geriebene Zitronenschale und acht Deka passierten Topfen (20prozentiger) untermischen; drei Eiweiß mit drei Deka Kristallzucker zu einem festen Schnee schlagen, ein Drittel davon vorsichtig unter die Dottermasse rühren, dann den Rest dazu. 6 Kaffeehäferl buttern und mit Kristallzucker ausstreuen, die Tassen befüllen und im Wasserbad bei 180 Grad im Backrohr fünfzehn bis zwanzig Minuten backen, dabei die Backrohrtür nie aufmachen, sonst geht die Luft raus.

Limettensauce: Fünf Deka Zucker in einer Kasserolle karamelisieren, mit dem Saft zweier Limetten und einem Deziliter Weißwein löschen, Zesten der Limetten und einen Teelöffel fein gehackten Ingwer zugeben, etwas einkochen, fertig.

Wachtel mit Semmel-Gansleberfülle und Variationen

Eine Semmel entrinden, in Würfeln schneiden und mit heißer Milch übergießen, gehackte Schalotten in Butter goldgelb andünsten, gehackte Wachtelinnereien, so vorhanden, mitrösten. Mit Semmelmasse, Gansleberwürfel (unter Umständen auch aus der Dose) und einem Ei vermischen, salzen, pfeffern, mit genügend frischem Thymian würzen. Die Wachteln innen und außen pfeffern und salzen, füllen und zunähen, in einer Kasserolle Butter zerlassen und die Wachteln hineinsetzen. Deckel drauf und bei 170 Grad cirka eine halbe Stunde ins Backrohr. Falls die Wachteln dann zu blass sind, für einige Minuten mit der Brust nach oben unter den Griller legen. Den Bratensaft mit Hühnerfond und Cognac aufgießen, reduzieren, Butterflocken unterrühren. Dazu passt bestens ein Broccoliflan oder Selleriegemüse.

Die Fülle kann in mehreren Varianten zubereitet werden: statt Gansleber Morcheln, die mit den Innereien mitgeröstet werden, mit Cognac und Port löschen; statt Morcheln Steinpilze, und mit Wein löschen; für Wildenten eine Semmelfülle mit gehackten schwarzen Oliven und Schinkenwürfel oder eine ganz einfache Semmelfülle mit den Innereien des Vogels und frischen Kräutern.

Walnuss-Soufflé

Zwei Deka Butter in einer Pfanne zerlassen, zwei Deka Mehl unterrühren, mit 18 Zentiliter Milch aufgießen und unter Rühren eine Art Brandteig herstellen. Überkühlen lassen, nach und nach drei Eidotter hinein und sechs Deka grob geriebene Walnüsse untermischen. Sechs Tassen buttern und mit Zucker ausstreuen. Aus fünf Deka Kristallzucker und drei Eiweiß einen festen Schnee herstellen, diesen unter die Dottermasse heben, die Tassen befüllen, kochendes Wasser in einen Topf tun, Tassen hineinstellen und bei 200 Grad eine halbe Stunde backen. Das Soufflé auf Teller stürzen und mit Preiselbeeren und Weinchaudeau servieren.

Wildschwein-Senfschlögel mit Grieß-Semmelknödeln

Mehrere Esslöffel (auf eineinhalb Kilo Fleisch vier große) guten scharfen und milden Senf, reichlich frischen Pfeffer, Thymian und Majoran und eine kleine Menge Öl (kein Salz!) mischen, mit dieser Mischung den sauber geputzten, ganzen Schlögel fest einreiben, dass das Fleisch fast schon wieder trocken ist, und mindestens 24 Stunden abgedeckt ziehen lassen.

Sollte der Senf völlig eingetrocknet sein, wenn Sie das Fleisch wieder hervorholen, reiben Sie es noch einmal etwas mit Senf ein, salzen und braten es zugedeckt etwa eineinhalb Stunden, immer wieder begießen. Gegen Ende zwei Teelöffel grünen Pfeffer und vier Teelöffel Kapern zusetzen, kurz vor Schluss, wenn der Braten weich ist, einen schwachen Viertelliter Sauerrahm dazu. Das Fleisch aus der Sauce heben, diese pürieren, dann mindestens ein Viertel Schlagobers dazu und noch etwas einkochen lassen.

Semmelknödel mit Grieß: Drei Achtelliter Milch, zehn Deka Butter, achtzehn Deka Grieß, drei Eier, Salz, drei alte gewürfelte Semmeln und etwas Butter. Die Milch wird mit Butter und Salz aufgekocht, den Grieß einlaufen lassen und das Ganze dick einkochen. Auskühlen lassen, dann die Eier und die Semmelwürfel einrühren, mindestens eine Stunde ziehen lassen. Die mittelgroßen Knödel werden etwa zehn Minuten lang in Salzwasser gekocht. Dazu Kren- und Cumberlandsauce:

Für die Krensauce: eine leichte Einmach mit Suppe und etwas Wein aufgießen und frischen Kren hinein reiben. Für die Cumberlandsauce: in vier Esslöffeln Rotwein abgeriebene Orangen- und

Zitronenschale (von je einer Frucht) plus eine klein gehackte Schalotte einkochen und auskühlen lassen, ein halbes Kilo Preiselbeerkompott und ein Viertel Kilo Ribiselkompott oder besser noch -marmelade, zwei Teelöffel Senfpulver, ein Teelöffel sehr scharfen Dijonsenf, ein Teelöffel Grillsenf, zwei Teelöffel ausgepresster Saft von frischem Ingwer, etwas Cayennepfeffer oder Tabasco, Saft von einer Orange und einer Zitrone, drei Esslöffel Rum, ein paar Tropfen trockenen Sherry und ein Schuss Portwein, etwas Salz unterrühren. Je nach der gewünschten Konsistenz pürieren oder nicht.

Zunge mit Rosinen

Eine große geräucherte Rindszunge mit viel Wurzelwerk, Lorbeerblatt, Pfefferkörnern und einem kräftigen Schuss Apfelessig in den Druckkochtopf und vierzig Minuten kochen. Die Zunge wird dann sofort gehäutet.

Sauce: Eine halbe Tasse braunen Zuckers, einen gehäuften Teelöffel Senfpulver, zwei Esslöffel Zitronensaft, etwas Zitronenschale, eine schwache Tasse Rosinen und zwei Tassen des Zungensuds zum Kochen bringen und etwas eindicken, dann mit Eidotter binden. Auf dem Teller über die Zungenscheiben anrichten. Dazu kann man Couscous mit italienischen Kräutern servieren.

Glossar

*für im Buch vorkommende Dialektausdrücke**

angfressen, Angfressenheit – Angfressen sein bedeutet verärgert – fed up! – sein. Uns nicht ganz einsichtig, sind wir doch im Zustand der physischen Angfressenheit meist ganz zufrieden und heiter.

angschmiert – getäuscht, zum Narren gehalten

Ausgsuachat, das (oberösterreichisch) – das Ausgesuchte, jedoch in negativem Sinne, das was man weggibt, weil man es selbst nicht will. Das Ausgsuachat vom Reh geht an den Wildbrethändler.

aushageln – Entfernen des Darms bei Wildgeflügel durch das Weidloch mittels eines Hakens. Wer aus dem Wort »Weidloch« Analogieschlüsse zur Bedeutung von »Weidmann« zu schließen dürfen glaubt, irrt.

auszuzeln – auslutschen, ein Zuz ist ein Schnuller

Bankert, das Die Fuchs Leopoldin ist kein Bankert, weil ganz legitim im Ehebett gezeugt – und nicht auf dem Bankl.

Baz, der – wie Gatsch, breiig-cremige Masse, es bazt: sehr feuchter Schneefall. Der Bazi – Kerl – ist eher bayrisch, aber auch der Nestroy hat ihn schon gekannt und als Lumpazi(vagabundus) unsterblich gemacht.

Beisl, das – In Wien so ein Mittelding zwischen Kneipe und Trattoria. Aber seit sich der Herr Siebeck so oft in Wien herumtreibt, weiß das eh jeder Castrop-Rauxler.

Beuschl (Beischl), das – der Bauschen: die oberen Innereien (Lunge, Herz, Milz) eines zu verzehrenden Tieres. Aber auch der österreichische Mensch besitzt eines, wie anders wäre es zu erklären, daß eine besonders starke Zigarre »Beuschlreißer« heißt. Weiters kennen alle Wiener Choristen den »Beischl-

* erstellt mit der tätigen Mithilfe von Freunden und Peter Wehles Standardwerk »Sprechen Sie Wienerisch?« Von Adaxl bis Zwutschkerl.« (Ueberreuter, Wien 1980)

ziaga« (Beuschelzieher) – ein Gesangsstück, das sehr viel Atem braucht –, und wenn man es nicht derschnauft (siehe Präfix der-), dann ist man eben »hin am Beischl«.

Blunzen, die – Blutwurst, von mittelhochdeutsch »blunsn«, aufblähen. Ein praktisches Wort, vielfach verwendbar: Das ist mir blunzn (egal), oder auch als Bezeichnung für ein blödes Weibsstück.

Bowern (Plural) (oberösterreichisch) – kleine Mehlklumpen, die entstehen, wenn man eine Einbrenn nicht ordentlich weiterverarbeitet.

Bratl, das – Braten, natürlich Schweinsbraten (nota bene: nicht Schweinebraten!), das »Bratl in der Rein« (siehe Rein dortselbst) wird im Oberösterreichischen sogar besungen. »Bratlgeiger« waren vagabundierende Musikanten, die um ein Essen spielten – oft wird es weniger als ein Bratl gewesen sein. Und Rabenbratl: Dieses Wort verwendet der Ehemann der Fuchs ab und zu, wenn er von seiner Tochter Leopoldine spricht. Ein Rabenbratl ist ein durchtriebenes, schlitzohriges Ding – daß es moralisch nicht einwandfrei, ist beim Alter der Fuchs Leopoldin jedoch auszuschließen.

Burenhäutl, das – (gesprochen: -heidl), Burenhaut, Burenwurst, auch »Haaße« (Heiße) genannt, am Würstelstand zu verzehren. Sie ist der schlagende Beweis dafür, daß der Wiener stoffwechselmäßig anders gebaut ist als der Rest der Menschheit. Angeblich hat sie ein aus dem Burenkrieg heimgekehrter Fleischhauer erfunden. Und wenn wir Sie schon in die Niederungen der Wiener Gastronomie führen: Es gibt auch die »Käsekrainer«: Ihre Order am Würstlstand würde dann »a Eitrige« (die zerfließenden Käsestücke!) lauten. Eine komplette Burenheidlbestellung klingt so: Reiß her a gschnittene Haaße mid an Siaßn, an Buckl, ana Wuazn und ana Hüsn (Reichen Sie mir bitte eine aufgeschnittene Burenwurst mit süßem Senf, einem dicken Stück vom Brotanschnitt, einem Pfefferoni und einem Bier).

Bschoad, der (oberösterreichisch) – Bescheid, in Oberösterreich kann man den nicht nur geben, sondern auch mitgeben – dann handelt es sich um ein Doggy bag für Menschen.

Dampfl, das – Hefeansatz, Vorteig, in warmer Milch aufgelöste Hefe, zum Gehen gebracht.

Deka, der – eigentlich Dekagramm (das), ein Deka sind – wenig überraschend – zehn Gramm.

der – Die Verben mit dem Präfix der- sind im Österreichischen eine eigene Kategorie, der- zeigt an, daß man etwas dertan hat – also das Tun erfolgreich abgeschlossen hat. Wobei »erfolgreich« nicht unbedingt positiv sein muß: Man kann sich auch derrennen, das heißt, so sehr rennen, bis man irgendwo anrennt.
derpacken – eine Arbeit überstehen,
derstrudeln – sich eilend bemühen,
derwarten – wir haben's derwartet, heißt, das Erwartete ist eingetroffen.
derwürgen – erfolgreich gewürgt, ergo erwürgt und viele andere ...

Duliö – Rausch

eh – ohnedies, sowieso. Philosophische Betrachtungen eines Waldviertler Bauern zu einem Argument, das ihn nur halb überzeugt: No eh – und do wieda net a!

Eierschwammerl, das – Pfifferling

Eierspeis, die – Rührei

Einbrenn, die – Wie hieß das noch in Deutschland? Mehlschwitze! Einbrennen ist – leider – ein allgegenwärtiges österreichisches Kochverfahren.

Einsoachen – einweichen

Erdäpfel, der – Leider setzt sich auch in Österreich die Kartoffel immer mehr durch, fast ausgestorben ist die schöne Bezeichnung »Bramburi«, die etymologisch auf Brandenburg zurückgeht, woher Erdäpfel nach Österreich importiert wurden. Dialektal gibt es auch noch die Krumpern (Grundbirnen).

Erdäpfelwuzerl, das – Wuzerl sind etwas Gewuzeltes, wuzeln heißt rollen, drehen. Ein Wuzerl ist aber auch eine kleine, runde Person.

Ezzes (Plural) – jiddisch: Ratschläge

Faschiertes, das – Hackfleisch

Fasching, der – Karneval, wird am Aschermittwoch zu Mitternacht begraben

frotzeln – sagen wir mal: verhohnepipeln

fuzelig – in kleinste Teile zerlegt, fuzeln oder auch fizeln aus dem Mittelhochdeutschen, »vitze«: Garnreste beim Spinnen

gach – jäh, schnell, ebenfalls mittelhochdeutsch; und wer seiner Wut Ausdruck verleiht, kriegt einen Gachen.

Gatsch, der; gatschig, eingatschen – kommt etymologisch von Kot, gemeint ist alles Manschige, »Hupf in Gatsch und schlag Wellen« ist eine österreichische Variante des Götzzitats. Und der »Kellergatsch« ist ein Aufstrich beim Heurigen (siehe dortselbst).

genant – Da fehlt kein n! Unser genant ist ein Gerundium von genieren, und zwar ist die Sache genant, für die man sich geniert.

Germ, der – Hefe

Gmachtl, das – bei uns Sauerrahm, mit Mehl versprudelt (um das Gerinnen des Sauerrahms beim Aufkochen zu verhindern); aber ein Gmachtl ist eigentlich alles, was man schnell mit Mehl zusammenrührt (zum Beispiel zum Eintropfen in die Suppe).

Gmias, das – Gemüse

gneißen, Gneißer, der – erahnen, verstehen, kommt vom Althochdeutschen »ganniuuizen«. In einer in Wien spielenden Fernsehserie, dem Kaisermühlen-Blues, ist der Herr Gneißer ein besonders depperter (= dümmlicher) Lokalpolitiker der Sozialistischen Partei. Sein Pendant aus der Österreichischen Volkspartei heißt »Schoitl«, also Trottel. Ein Publikumserfolg!

Godn, der oder die – Pate, im Oberösterreichischen auch das Patenkind

Golasch, das – manchmal auch Gollasch, die Wiener Aussprache fürs ungarische Gulyás

grantig, Grant, der – zornig, mißmutig, könnte von »greinen« kommen. Aber die Wiener Volkskundler haben eine viel hübschere Erklärung: Mit dem spanischen Hofzeremoniell kamen im Barock auch die spanischen Granden nach Wien, die sich so überheblich aufführten, daß die Wiener bald einen ordentlichen Grant auf sie bekamen. Und da gibt es die Geschichte von den zwei Granden, die bei jüdischen Lehrern in Spanien Deitsch gelernt hatten, bevor sie nach Wien kamen und sich vorstellten: Mir sennen zwa spanische Granden ...

Graunder oder Graund, der – rechteckiger, gemauerter Waschzuber in der Waschküche, zum Schwemmen der Wäsche, aber auch gemauerter Wasserbehälter im Freien, in dem das Regenwasser (zum Blumengießen) gesammelt wurde

grausen, grauslich, Grausen, der oder das – sich ekeln, Ekel. Das s in der Mitte gibt dem Grauen eine österreichische Dimension, finden Sie nicht? Zugegeben, es stimmt nicht ganz, aber stellen Sie sich einmal vor, Goethes Gretchen hätte zu Faust »Heinrich, mir graust's vor dir« gesagt! Wolfgang Amadeus Mozart, als Kind zu Gast bei Maria Theresia, soll als Antwort auf die Aufforderung zum Zugreifen bei Tisch entgegnet haben: »Danke, mir graust's schon.« In anderen Quellen war's der Anton Bruckner, natürlich nicht bei der Maria Theresia, sondern in irgendeinem adeligen Haus. Also ist die Geschichte wahrscheinlich überhaupt erstunken und erlogen.

Gschamsterer – low-key-Ausdruck für Freund, Geliebter, kommt von Gehorsamster (»Gehorsamster Diener«)

gschert – von geschoren, bäuerlich, derb, eines unserer Lieblingswörter, wie auch unser Lektor kritisch anmerkte. Ist aber schwer zu ersetzen, hat es doch einen ironischen Unterton, der seinen hochdeutschen Synonymen völlig fehlt. Die Herkunft: Die (unfreien) Bauern durften früher keine langen Haare tragen. Heute ist die Geschichte natürlich eher umgekehrt: Nicht der Provinzler, der Wiener ist gschert, zumindest in den Augen der Provinzler. Wahrscheinlich sind es ja beide. Im Biedermeier hieß der Tod auch der gscherte Hansl, nur einer der zahlreichen Namen für den Tod in Wien.

Gschistigschasti, das – aus dem Tschechischen »čisté šaški«, purer Unsinn, unnützes Zeug. Peter Wehle berichtet in seinem Standard-Werk »Sprechen Sie Wienerisch?« von einem Kinderauszählreim: Gschisti gschasti gummilasti (auch gehört: gumberlasti).

gschmackig, Gschmackn, der – pikant, anregend, ein geschmackiger Wein ist – dieselbe Wurzel – ein schmeckerter Wein, stark aromabetont (z.B. Muskateller); früher ging diese Geschmacksrichtung auch noch ins Süßliche, eher für den »Frauenmund« also.

Gschlader, das – dünne, unter Umständen auch nicht sehr appetitliche Flüssigkeit, wahrscheinlich von mittelhochdeutsch »slote«: Mischung von Lehm und Wasser. In Österreich oft für einen inadäquaten Kaffee gebraucht, aber auch eine Suppe kann ein Gschlader sein, ein Wein, ein warmes Kracherl (Limonade mit Kohlensäure) und, wie wir seit Helmut Qualtinger-Travnicek wissen, auch eine Bullabess, (Bouillabaisse). Kaiser-Günters Mutter sagte zum Gschlader auf Brünnerdeutsch »Sprunder«, und daß diesen Ausdruck niemand von uns mehr kennt, ist Grund genug, ihn zu bringen.

gschtaucht – untersetzt

gschwarig (oberösterreichisch) – schwer, korpulent

Gselchtes, das Gselchte – Geräuchertes

Gsiberger, der – »Ich bin z'Kuba gsi«, sagt der alemannische Vorarlberger, wenn er von Kuba heimkehrt, und heißt deshalb zu Recht »Gsiberger«. Der Gsiberger zeichnet sich außer durch seinen sprichwörtlichen Fleiß besonders durch seine Käsknöpfle aus. Wir haben diese im Repertoire, seit wir einen echten Gsiberger derheiratet (siehe der-) haben.

gsparig (oberösterreichisch) – sparsam bis geizig

Gspritzter, der Gspritzte – Gspritzt (sprich: gschpritzt) ist eines der Wörter, die wir unsere nicht deutschsprachigen Freunde zu allererst lehren. Ein Gspritzer ist zuerst einmal ein (rescher bitte!) Wein, der mit Soda versetzt wird: Fifty/fifty ist es ein Wintergspritzer, ein Drittel Wein, zwei Drittel Soda ist es ein Sommergspritzer. Aber auch eine Person kann gspritzt sein, nämlich gspritzt im Hirn, das heißt prätention, eitel, nervtötend. Gspritzte sind etwa ein paar der ständig wiederkehrenden Protagonisten in der beliebten ORF-Fernsehsendung »Seitenblicke«. Szene im Wirtshaus. Gäste: Herr Ober, zwei Gspritzte. Ober: Das seh' ich eh, aber was wollen'S trinken?

Gstankerl, das – natürlich von Gestank, ein Gschtankerl kann aber etwas durchaus Feines sein – etwa das Pinot-Gstankerl bei einem Wein oder ein Knofl-Gstankerl ...

Gstopfter, der Gstopfte – pekuniär wohlbestallter Mensch, gestopft ist er, weil ihm die volle Brieftasche die Brust aufbläht.

Gwand, das – Kleidung

Hackn, die – Arbeit gleichzeitig Arbeitsstelle (ich geh in die Hackn), wer keine hat, ist »hacknstad« (stad = still). Angeblich und einleuchtend kommt es von der klassischen Landstreicherarbeit, dem Holzhacken im Tausch für ein Essen.

Häfn, der oder das – ist ein Topf, aber auch das Gefängnis (Häfnbruder!) – und das Häferl ist demgemäß ein kleiner Topf oder auch eine Tasse (aber kein kleines Gefängnis!). Weil das Häferl geschwind übergeht, kann damit auch ein jähzorniger, aber auch ein »leicht ang'rührter« (leicht zu kränkender) Mensch bezeichnet werden.

halt – eben, nicht im Sinn von flach, sondern dieses wunderschöne Füllwort: Da kann man halt nix machen. I bin halt a echts Weana Kind. Gibt es übrigens schon im Gotischen (»haldis«) und im Althochdeutschen (»halto«).

hantig – herb, bitter, gallig, ein uraltes deutsches Wort, Geschmacksrichtung, und wenn das Maidlein nicht so anschmiegsam und lieblich ist, wie es die Herren gern haben, dann ist sie hantig – deshalb gibt es heute viel mehr hantige Weiber als früher, Göttinseidank!

Herzpinkerl, das – der Liebling von jemandem, ein Pinkerl ist ein aus Tuch geformter Behälter, in dem man seine (Wert-)Sachen mitträgt. Aber übertragen bedeutet es auch Schicksal, Last des Schicksals: Jeder tragt sein Pinkerl und steht bald im Winkerl ...

Heuriger, der Heurige – Auch dieses identitätsstiftende Wiener Vokabel ist nicht auf der Nudelsuppn dahergeschwommen, wie man bei uns sagt, sondern kommt aus dem althochdeutschen »hiu jaru«, dieses Jahr. Der Heurige ist der Wein der letzten Lese (zu St. Martin, am 11. November, zum erstenmal ausgeschenkt – damit wird der vorhergehende Jahrgang zum »Alten«), andererseits das Lokal, wo er ausgeschenkt wird. Unter Heurigen (nur im Plural) versteht man auch junge Erdäpfel. Und dann gibt es noch die Bedeutung von »Heurigen«, die nur negativ artikuliert wird: »Das ist auch kein Heuriger mehr«, im Sinn von »Das ist ein erfahrener Mensch«, durchaus als Kompliment zu verstehen.

hobn (oberösterreichisch: Kein Wiener kann mit diesem Wort etwas anfangen) – hobn tut ein Most, wenn er so adstringierend ist, daß es einem den Mund (und vielleicht sonst noch einiges) zusammenzieht, das machen die Mostbirnen.

kakanisch – Kakanien (von k. k., kaiserlich königlich, also altösterreichisch) ist der Schauplatz von Robert Musils »Mann ohne Eigenschaften«.

kampeln – kämmen, geschneuzt und gekampelt: für besondere Anlässe ordentlich hergerichtet. Ein fescher Kampl ist ein leckerer Knabe, wobei natürlich die Assoziation mit dem Hahnenkamm völlig richtig am Platz ist.

Karfiol – Blumenkohl

Karkassen (Plural) – Gerippe bzw. Panzer zu verzehrender Tiere. Wir bringen dieses Wort in unserem Glossar, weil ein Leser aus Nairobi (!) auf einer Ansichtskarte um Aufklärung gebeten hat. Er schrieb: Ich kenne nur »Tscherkessen«. Wir antworteten ihm: Karkassen sind so etwas Žhnliches wie das Chassis beim Auto. Tatsächlich wissen wir jetzt, daß es für ein Schiff eine eigene »Karkassenversicherung« gibt..

Klachlsuppe, die – allgemein für Schweinssuppe, Klachln sind geschnittene Schweinshaxen (oder auch Schwanz und Ohren), alle Teile des Schweines halt, die knorpelig sind. Klachl ist aber eines der wenigen Schimpfwörter aus dem kulinarischen Bereich, die sich auf Männer beziehen: Ein blöder Klachl ist ein blödes Mannsbild.

Klumpert, das – überflüssige Gegenstände, wertloses Zeug

Knackwurst, die – auch Beamten-, Maurer- oder Eisenbahnerforelle oder Studentenschnitzel, des Hundes Lieblingsbelohnung, eigentlich deutsche Importware, denn sie wurde 1553 das erste Mal offiziell bei Hans Sachs erwähnt. In Österreich gibt es weiters jede Menge »alter Knacker«, das sind keine alten Würste, sondern ältliche Männer. Knackig ist heute ein epitheton ornans, das gerne für den A ... verwendet wird, und zwar für den weiblichen sowohl als auch für den männlichen, so er es verdient.

Knofl und Zwiefl – Knoblauch und Zwiebel, die Tante Heide der Harrer findet Knofl ganz furchtbar, deshalb sei ihr heute gesagt, daß es von althochdeutsch »chlovolouch« kommt, und da das erste l im Wort eh schon unwiederbringlich assimiliert ist, wollen wir wenigstens das v phonetisch behalten, gelt ja?

Kohl, der – Wirsing

Kren, der – Meerrettich, tschechisch Křen

Krispindl, das – zartes, schwaches Wesen, das Wort erinnert an den heiligen Crespinus (Krispin), den Schutzpatron der Schneider, die bekanntermaßen alle klein und schmächig waren.

Krusperl , das – Kruste, im Idealfall mit mannerwafferlähnlichem Biß, und weil das so lecker ist, heißt »verkruspeln« vernaschen, durchaus im übertragenen Sinn.

Küchenschammes, der – jiddisch, der Diener, Helfer in der Küche, der die den Juden am Sabbat verbotenen Tätigkeiten ausführte

Laberl, das – Laibchen, ein kleiner Laib, ein faschiertes Laberl ist eine Frikadelle beziehungsweise Bulette. Aber auch der Fußball heißt Laberl, haben wir uns sagen lassen. A Laberl reißen ... das ist genau das, was jüngst (März 1999) die Österreicher gegen die Spanier nicht getan haben. (0:9, sic!)

Lavoir – Waschschüssel, sprich Lavoor, wienerisch Law£r, mit einem schönen harten l, wie es nur Russen und MeidLinger – und österreichische Politiker – können

Latschen (Plural) – bequeme Schuhe

Leich', die – Die Leich' ist nicht nur der oder die liebe Verstorbene, sondern auch dessen oder deren Begräbnis. Beim »Leichansagen« (oberösterreichisch) wird den zum Begräbnis Geladenen der Ort und die Zeit der Leich genannt. Eine Leich' muß »schön« sein, am schönsten ist sie – oder auch das Allerseelenfest -, wenn man den Weinkeller des Verblichenen leertrinken darf. Den Rausch anläßlich der Leich' sehen die Gläubigen traditionell quasi als Pflicht: »Wir haben ja bet' (gebetet) für die arme Seel« – und wenn's was genützt hat, muß man das ja feiern.

letschert – welk, nicht bißfest, aber auch eine Person kann letschert sein.

letteln – schlammig schmecken, die Lettn (laut Duden: der) besteht aus Ton, Lehm, in Ostösterreich heißt auch das Abwaschwasser des Geschirrs Lettn.

Mamalad – Marmelade, pardon Konfitüre. Alle Österreicher unserer Generation haben dabei dieselbe Assoziation, den Waschpulver-Werbespot der berühmtesten Ski-Tochter der Nation, Annemarie (Moser-)Pröll: »Da Mamalad-Fleck ist weg«.

Marillen – Aprikosen

Melanzani - Auberginen

Mistgrabler – der juvenile Hahn, sein Lebenszweck ist nicht die Fortpflanzung, sondern der Verzehr (im passiven Sinn!). Dazu O-Ton aus dem Hause Heikerdinger (Timelkam) angesichts der frischgeschlüpften Singerlpopulation (Singerl = Kücken) mit hohem männlichen Anteil: Sohn (hocherfreut): Muatta, scheiß da nix an, die Gockerl eß ma alle söm (=selbst). Mutter (weniger erfreut): Bleda Bua, mia haum d'Henna do zum Legn.

Mostschädl, der – Oberösterreicher, das – alte – Nationalgetränk ist dort der Most, was sich angeblich auf den oberösterreichischen Kopf auswirkte, wir wollen es ja nicht so recht glauben. Ungern bringen wir auch den Wiener Ausdruck für Most: die »Landessäure«.

Naschmarkt, der – großer Viktualienmarkt mitten in Wien, dem Vernehmen nach beginnt dort der Balkan.

Neb(b)ochant, der – jiddisch, einer, der nichts weiß und nichts kann

no na (net) – Antwort auf eine selbstverständliche Aussage, etwa: Wartender klopft an besetzte Telefonzelle. »Wollen S' telefonieren?« »No na, brausen (=duschen) werd' ich mich wollen!«

Obers – schlicht und ergreifend: Sahne. Das Oberste auf der Milch ist das Obers, no na net! Schlagobers wäre demnach Schlagsahne, nicht mehr und nicht weniger. Sahne, allen unseren – wie man in schlechteren Zeiten sagte: reichsdeutschen – Nachbarn sei es jedoch ins Stammbuch geschrieben: Sahne ist in Österreich ein Reizwort, die »Schlach«-Sahne erst recht. Gastronomen, die das Unwort auf die Speisekarte schreiben, begehen Hochverrat. Gibt uns natürlich zu denken, daß wir uns übers Obers definieren, aber ...

Papperl, das – ist Nahrung in qualitativ (und bestimmt auch quantitativ) ansprechender Form, meist in Union mit dem nicht minder wichtigen Pipperl (ergötzlicher Trank, von lateinisch bibere) auftretend, gutes Papperl und Pipperl bringen das Wienerherz in den güldensten Farben zum Leuchten.

Paradeiser, der – Deutsche glauben, das sei schlicht das österreichische Wort für – horribile dictu – Tomate. Welch trauriges Mißverständnis! Hätten wir sonst einen ganzen Artikel über unsere Liebe zur Frucht aus dem Garten Eden geschrieben? Wenigstens die Italiener mit ihrem Apfel von Gold, dem pomodoro, verstehen uns. Und deshalb behaupten wir: Mozzarella mit Paradeisern sind göttlich, wohingegen Mozzarella mit Tomaten eine ganz und gar irdische Angelegenheit sind. Na gut, wenn dic Paradiesfrucht botanisch und nicht ideologisch bezeichnet wird, verwenden sogar wir manchmal das Wort Tomate.

patzig (auch patzert) oder batzig – gatschig, klebrig. Je schärfer das harte p – im Österreichischen sonst stark vernachlässigt – gesprochen wird, desto wahrscheinlicher handelt es sich um eine Person, eine trotzige, arrogante, uneinsichtige, die einen »Patzer« – einen Fehler – nie einsehen würde.

Petersil, der – die Petersilie, gleich dem Dill geht sie im Österreichischen des finalen -e verlustig und erfährt eine Geschlechtsumwandlung.

Plastiktazerl, das – ein wichtiges, ein schönes Wort: auf neudeutsch sagt man Tupperware dazu. Plastiktazerl ist ein Wort des österreichischen Widerstands der 2. Hälfte des 20. Jahrhunderts: Oder können Sie sich vorstellen, daß »Plastiktazerlnparties« zu veranstalten möglich wäre?

pomali – tschechisch: langsam, gemächlich, meistens mit dem Attribut »schön« versehen, was auch einiges über das – verlorene (?) – österreichische Lebensgefühl aussagt.

Pompfunebrer, der – Die Pompfunebrer sind ganz allgemein die Menschen, die ein Leichenbegängnis ausrichten, Bestatter und ihre Gehilfen also. Im 19. Jahrhundert gab es laut Wehle noch eine »Entreprise des pompes funèbres« in Wien. Bei Auswärtigen hinterläßt vor allem derjenige Pompfunebrer nachhaltigen Eindruck, der am Grab das Schauferl reicht, mit dem dem lieben Verstorbenen ein bißchen Erde auf den Sarg gedonnert wird, und der (der Pompfunebrer, nicht der liebe Verstorbene) dafür ein Trinkgeld, einen »Schmattes« (polnisch szmata: Fetzen, d.h. Inflationsgeld) zu bekommen hat. Seinen unvergeßlichen Fernsehauftritt hatte so ein Wiener Pompfunebrer bei der Leich' des seligen Kreisky: Und zwar suchte damals sein Amtsnachfolger Franz Vranitzky vor den internationalen Kameras in Großaufnahme mit steigender Nervosität in allen Rocktaschen nach einem angemessenen Obulus für Big Bruno, möge ihm die Erde leicht werden.

Porri, der – Porree, Lauch

Powidl, der – tschechisch: Pflaumen/Zwetschkenmus, ohne Zugabe von Zucker werden die Zwetschken stundenlang zu dicker, aber nicht schneidfester Konsistenz eingekocht, unverzichtbar für allerhand österreichisch-böhmische Mehlspeisen. Wie vieles andere auch, diente der Powidl dem kakanischen (siehe dortselbst) Menschen zur Ausrede – die allerdings niemand recht glauben wollte: »Bist wieder zur Mali-Tant' Powidl-Kochen gefahren?«

Prato, Katharina – eine Art Ahnfrau von Harrer/Fuchs, auch wenn wir sie nicht mehr um Erlaubnis fragen können. »Die Süddeutsche Küche« der Edlen von Scheiger, 1858 in Graz erschienen, war ein Meilenstein in der österreichischen Kochbuchliteratur, es gab Neuauflagen bis in die jüngste Zeit. Die Prato war das Standardwerk für unsere Urur- bis Großmütter, auch wir sind noch immer beeindruckt, nicht zuletzt vom Umfang ihres Werkes.

Rein, die, Reindl, das – eine Rein ist eine große Kasserolle, ein Reindl ein Topf mit nicht sehr hohen Wänden. Und »die hat an Arsch wie um zehn Gulden a Rein – wie's G'schirr noch billig war« ist ein durchaus achtbares Kompliment.

Ribisel, die – Johannisbeere, der österreichische Ausdruck stammt vom italienischen »ribes« ab beziehungsweise aus dem Mittellateinischen, das seinerseits aus dem Arabischen kommt (ribas).

Roas, die (oberösterreichisch) – Reise, aber da die Oberösterreicher eher bescheidene Leute sind, ist es meist eher ein Ausflug. Und wenn etwa die Fuchs und die Harrer in die Wachau fahren, ist es eine »Weiberroas«.

Ruhm, Franz – Standardwerk der Wiener Kochbuchliteratur; »Kochbuch für alle. Rezepte der Wiener Küche«, 1933, aber später auch in zeitgeistigen Variationen: Kriegsküche, Rohkost etc., letzte Publikation 1968

Sackerl, das – als Nylon- oder Plastiksackerl (-tüte) auch in die österreichische Musikgeschichte eingehend, setzte sie unser aller Opernführer Marcel Prawy doch erfolgreich zum Archivieren ein.

schiach – häßlich, aus dem Mittelhochdeutschen »schiehe«, »schiach wie die Nacht« oder »schiach wie der Zins (=Mietzins)«.

Schlampertheit, schlampert – unordentlich, nachlässig, ein schönes altes Wort, mittelhochdeutsch »slampen« hieß »schlaff herabhängen«. Der, der schlampert ist, heißt Schlampertatsch. Eine Schlampn ist jedoch immer weiblich und sozusagen moralisch unordentlich – was immer das auch heißen mag.

schmurgeln – der Duden sagt »umgangssprachlich für ‚in Fett anbraten'«. Wir verstehen eher darunter, etwas langsam und mit wenig Hitze auf dem Herd – na eben schmurgeln zu lassen.

Schnepfendreck, der – Eingeweide, Herz (ob Magen oder nicht gehen die Glaubensschulen auseinander), Galle und Enddarm einer Schnepfe, kulinarisch aufbereitet als Brotaufstrich.

Schnittling oder Schniddling, der – wieder keine österreichische Verunglimpfung des Schnittlauchs – wir haben einfach das ältere Wort! »Snitelinc« hieß es im Mittelhochdeutschen. Ein Schnittling auf allen Suppen ist einer, der sein Maul zu allem aufreißt, ein typischer Journalist?

Schnoferl, das – gehört zu schnaufen, ein Schweindl hat ein »Schnoferl« (Rüssel), und ein beleidigter Mensch macht eines.

Schöberl, das – eine klassische Suppeneinlage der Wiener Küche. Wehle hat zwei Erklärungen für die Herkunft des Wortes: erstens den Herrn Schöberl, der es erfunden hat, zweitens den »Schub«, mit dem sie in den Ofen befördert werden. Sei es, wie es sei, jedenfalls handelt sich's um eine biskuitartige

Masse, die entweder auf ein Backblech aufgetragen, gebacken und in Würfel oder Rhomboide geschnitten oder in eigene Schöberlformen (Mini-Terrinenform) gefüllt und gebacken wird. Schöberlvarianten gibt es viele: Schinken, Krebs- oder Kaiserschöberl (letztere mit faschierten Kaisern?) etc. etc. Und der Major Schöberl (Ernst Waldbrunn) war natürlich der unvergeßliche Kabarettpartner vom Oberstleutnant Nordberg (Karl Farkas).

Schwammerl, das – Pilz, und allein, daß es einen Fußpilz, aber kein Fußschwammerl gibt, läßt das Match eins zu null fürs Österreichische ausgehen.

seinder und meinder (oberösterreichisch) – eh und je, nie und nimmer, aber das läßt sich wohl nur durch einen Beispielsatz erklären: Das hat es seinder und meinder nicht gegeben, daß die Fuchs und die Harrer zum Spargel den Sauvignon Blanc verweigert hätten.

sekkieren – quälen, ärgern, stören, nicht nur »er sekkiert mich«, sondern auch »es sekkiert mich« im Sinn von »es stört mich«

Stelze, die – Haxe von Schwein, Kalb oder Lamm.

Steri, der (oberösterreichisch) – Kletzenbrot (dunkler Brotteig mit Dörrobst), vor Weihnachten produziert.

Taschenfeitl – Taschenmesser, das »Feitl« kommt vom Mittelhochdeutschen »vitelen«, sägen. Es gehört zur Grundausstattung fürs Paradeisereinkaufen am Naschmarkt und andere knifflige Wechselfälle des Lebens.

Teller, das – oberösterreichisch: Gib den Butter auf das Teller!

Topfen, der – Quark. Wehle bringt dazu den ergreifenden Schüttelreim: »Du ißt ja soviel Topfenstrudl, du wirst dich noch verstopfen, Trudl!« Aber auch auf den Topfenneger – einen Menschen, der lange nicht mit der Sonne in Berührung gekommen ist – darf man in diesem Zusammenhang nicht vergessen.

Trzesniewski, der – der Unaussprechliche, dessen berühmte Aufstrichbrötchen in aller Wiener Munde ist. Klassisches Accompagnement: ein Pfiff Bier

Trumm, das, Trümmer (Plural) – größeres Stück, Exemplar, ein Trumm Weibsbild verlangt nach keiner weiteren Erklärung, Hundstrümmerln detto.

Verhackerts, das (steirisch) – Brotaufstrich aus faschiertem, fettem Gselchten.

verhunzen – verderben, verunstalten.

versumpern – versumpfen, ein wichtiges Wort: in einem Wirtshaus/Heurigen die Zeit übersehen und hängenbleiben, dabei sich nach und nach eintrankeln.

Wampen, die, wampert – dicker Bauch, dick, »Wampen« ist das echt deutsche Wort für Embonpoint, kommt es doch aus dem Althochdeutschen »wambe«.

walken – ausrollen

Wappler, der – ein Mensch ohne Charakter und Ehrgeiz

zach – zäh

Zähnt oder Zähnd (Plural) – Zähne, eh klar, was uns beeindruckt, ist, daß die österreichische Form im Plural das indogermanische -t erhalten hat, das man in anderen Sprachen (italienisch, französisch, griechisch), und deshalb auch im Wort Dentist findet. Wehle meint dazu: Zähnd sind auf jeden Fall europäischer als Zähne!

zamschreien (zusammenschreien, sich durch Rufen verständigen) tun sich die Weinberln (Rosinen) im Kuchen: Wenn sie das nicht können, ist das der schlagende Beweis dafür, dass sie zu wenige sind, ergo daß die Köchin eine Gsparige (siehe dortselbst) ist.

Zecherl, Zechen (Plural) – natürlich Zehen, vom Knofl, aber auch von der Sau, und eine Zechn ist auch noch ein blödes Weib.

zermantschkern oder zermatschkern – etwas zerdrücken, zerkleinern.

Zniachtl, das – vom ausgestorbenen »zernichten«, ein Zniachtl ist ein mageres, kleines, unbedeutendes Menschlein.

Zuagraste, der, die – Zugereister, das heißt einer, der anderswo als in seiner Heimat ansässig geworden ist. Ein Zuagraster bleibt man in Österreich sein Leben lang und über den Tod hinaus, und trotz seiner bekannten Xenophobie ist wahrscheinlich Wien doch der Ort, wo man als Zuagraster in Österreich am besten lebt.

zufleiß – absichtlich, vorsätzlich.

Zwetschken – In der süddeutschen Bezeichnung für Pflaumen (auch Zwetschge, Zwetsche) soll das Wort »Damaskus« stecken, das immer als Heimat dieser Frucht galt.

Index der Rezepte